中央高校基本科研
Fundamental Research F

生育中人格权益的民法保护

生育中的人格权益类型在现代社会受生命科技等的影响而愈来愈多地呈现出新型化、复杂化的特征，并且彼此之间的冲突在价值多元化的背景下亦日趋激烈。本书围绕近年来发生的生育中的典型案例如体外胚胎案、胎儿利益案、代孕子女案等展开讨论，希望为编纂中的民法典的相应规则的完善

朱晓峰 著

中国财经出版传媒集团

经济科学出版社
Economic Science Press

图书在版编目（CIP）数据

生育中人格权益的民法保护/朱晓峰著 . —北京：
经济科学出版社，2019.3
ISBN 978 - 7 - 5218 - 0448 - 5

Ⅰ. ①生… Ⅱ. ①朱… Ⅲ. ①民法 - 研究 - 中国
Ⅳ. ①D923.04

中国版本图书馆 CIP 数据核字（2019）第 066751 号

责任编辑：王　娟　张立莉
责任校对：隗立娜
责任印制：邱　天

生育中人格权益的民法保护
朱晓峰　著
经济科学出版社出版、发行　新华书店经销
社址：北京市海淀区阜成路甲 28 号　邮编：100142
总编部电话：010 - 88191217　发行部电话：010 - 88191522
网址：www. esp. com. cn
电子邮件：esp@ esp. com. cn
天猫网店：经济科学出版社旗舰店
网址：http://jjkxcbs. tmall. com
北京季蜂印刷有限公司印装
710×1000　16 开　14.75 印张　250000 字
2019 年 5 月第 1 版　2019 年 5 月第 1 次印刷
ISBN 978 - 7 - 5218 - 0448 - 5　定价：72.00 元
（图书出现印装问题，本社负责调换。电话：010 - 88191510）
（版权所有　侵权必究　打击盗版　举报热线：010 - 88191661
QQ：2242791300　营销中心电话：010 - 88191537
电子邮箱：dbts@ esp. com. cn）

目　　录

第一章

导　论

费孝通先生曾明确指出："生育制度中就包括着生和育的两部分。生殖本是一种生物现象，但是为了要使每个出生的孩子都能有被育的机会，在人类里，这基本的生物现象，生殖，也受到了文化的干涉。"[①] 这里的"生殖"主要是指人类"种族的绵续"，"文化的干涉"主要指人类用文化或者理性的手段来控制生殖作用。[②] 而在当代中国，生育制度不仅涉及中国人种的繁衍问题，还与亟须调整的计划生育政策、日益凸显的失独家庭养老问题、日趋严重的空巢老人现象、日渐加剧的社会老龄化趋势、日趋失衡的男女性别比例、严格计划生育政策下生育权基本法律保障问题以及飞速发展的生命科技等纠结在一起，使得对于生育的理性处理尤其是通过法律的理性处理变得愈来愈复杂。这种复杂性主要表现在以下几个方面。

第一，生育中所涉及的利益类型较多。例如，在宜兴冷冻胚胎案中，存在涉案当事人双方对胚胎所享有的权益、社会公共利益、死者人格利益等，甚至冷冻胚胎本身是否享有法律上应受保护的利益，也不无讨论余地；[③] 代孕案中除被侵害的社会公共利益外，还有受托人、委托人及孩子的利益；[④] 在节育手术失败致怀孕案中，则主要涉及怀孕者本人及胎儿的利益；[⑤] 错误出生案中除母亲的利益外，还有因错误而出生的人的利益；[⑥] 在他人过错致胎儿死亡案中，除孕妇本人利益受损而应保护外，胎儿以及

---

① 费孝通：《乡土中国·生育制度》，北京大学出版社 1998 年版，第 115 页。

② 费孝通：《乡土中国·生育制度》，北京大学出版社 1998 年版，第 101 ~ 102、115 页。

③ 参见江苏省宜兴市人民法院（2013）宜民初字第 2729 号民事判决书；江苏省无锡市中级人民法院（2014）锡民终字第 01235 号民事判决书。

④ 参见上海市闵行区人民法院（2015）闵少民初字第 2 号民事判决书；上海市第一中级人民法院（2015）沪一中少民终字第 56 号民事判决书。

⑤ 参见湖南省长沙市中级人民法院（2017）湘 01 民终 3925 号民事判决书；江苏省常州市中级人民法院（2017）苏 04 民终 3406 号民事判决书。

⑥ 参见云南省平安中西医结合医院与陈武凤医疗损害赔偿纠纷案，云南省昆明市五华区人民法院（2006）五法西民初字第 487 号民事判决书。

与胎儿有特定法律关系的主体如胎儿父亲的利益保护问题，也应予考虑；①在怀孕情形下男女双方就是否终止妊娠无法形成统一意见进而终止妊娠或孩子出生时，除争议双方的利益外，还涉及胎儿本身的利益；②在女方怀孕期间，属独生子女的男方死亡，还存在男方父母对胎儿的利益；违反计划生育政策强制引产案与法院不准再生案中，存在公共利益、私人利益；③在通奸生育案中，涉及婚内男方利益、女方利益、第三者利益以及孩子利益等。④

第二，生育中涉及的利益性质非常复杂。在前述案件中，除典型的人格权益如节育手术失败案中的身体健康权，代孕母亲案、计生部门因怀孕妇女违反计划生育政策而强行引产案等当中涉及的生命权等内涵外延较为明确、法律性质较为清晰外，很多利益内涵外延并不明确，法律性质亦不清晰。例如，冷冻胚胎案中的双方当事人对胚胎享有利益的法律属性是什么，财产性质的还是人身性质的？是兼具人身属性的财产利益？抑或是兼具财产属性的人身利益？在女方怀孕后，男女双方就是否终止妊娠无法达成一致意见而女方擅自终止妊娠或执意生下孩子时，涉案双方的利益的法律属性及其行使边界等，并不明确，即究竟是否存在生育权？相应的权利主体是谁？生育权属于基本权利还是私法上应受保护的一种具体人格权类型，或者仅是一种人格利益而需要通过一般人格权规则进行保护？还需进一步研究。

第三，生育所涉及的利益之间的冲突非常严重。例如，代孕母亲案中的社会公共利益与委托人私人利益间的冲突、委托人与受托人私人利益间的冲突以及未成年人最大利益保护问题中的权益冲突异常显著；在女方怀孕后，男女双方就是否终止妊娠无法达成一致意见而女方擅自终止妊娠或执意生下孩子时，男方利益与女方利益之间存在激烈冲突，甚至在特定情形下如属独生子女的男方死亡时，男方父母的利益与女方利益之间还存在剧烈冲突；在计生部门因怀孕妇女违反计划生育政策而强行引产案以及为

---

① 参见宁夏回族自治区银川市兴庆区人民法院（2018）宁0104民初80号民事判决书；甘肃省庆阳市中级人民法院（2015）庆中民终字第44号民事判决书。
② 参见最高人民法院指导案例50号"李某、郭某阳诉郭某和、童某某继承纠纷案"（中华人民共和国最高人民法院审判委员会讨论通过2015年4月15日发布）。
③ 参见山东省潍坊市中级人民法院（2016）鲁07行终321号行政裁定书；重庆市第一中级人民法院（2006）渝一中民终字第2711号民事判决书；重庆市第一中级人民法院（2016）渝01民终1773号民事判决书。
④ 参见天津市第二中级人民法院（2015）二中民一终字第1128号民事判决书；江苏省南京市六合县人民法院（2000）六民初字第731号民事判决书。

生男孩而引产致法院不准再生案中，存在私人利益与社会公共利益的激烈冲突问题；在通奸生育案中，涉及婚内男方的人身权益与妻方甚至特定情形下的第三者的利益的冲突问题。

第四，涉及的生命科技与传统法律观念之间的矛盾非常尖锐。例如，冷冻胚胎案中处于争议焦点位置的胚胎，在法律上究竟如何定性，本质上涉及传统法律观念及相应的法律规则体系如何与现代社会背景下新的社会情势相适应的问题；代孕母亲案、节育手术失败致他人怀孕案以及错误出生案等，很大程度上也涉及前述矛盾。法律是否应完全拒绝代孕，因他人过错而未能活着出生的胎儿是否享有法律上应受保护的利益，错误出生案中的胎儿遭受的损害在现行法律体系下如何保护等，传统法律观念及相应的法律规则应对起来难免捉襟见肘。

就这些已经暴露出来的法律问题来看，其集中反映在人身权益的界定与保护领域内。党的十八届四中全会就法治作了集中阐述，法治的主旨与核心是对每一个人的尊重与保护；对于每一个人来说，对其人格尊严的尊重与保护，又是其存在与发展的主旨与核心。对此，在司法实践中，法院在涉及侵害生育权的案件中亦有清晰表述。例如，对于以受害人患有严重智力障碍而禁止其生育为由并强制进行绝育手术的侵害行为，法院认为："认为'患者患有严重智障，属婚姻法禁止生育人群，应行绝育'的表述无法律依据，因为我国法律只规定了禁止结婚的情形，并没有具体规定禁止结婚的人群就无生育权，更无绝育的强制性规定。"[①] 这种尊重现实生活中具体人之人格尊严和人格自由发展并为之提供保护的司法实践态度，实值赞同。

对于法学研究而言，在中国当代社会背景下，尤其是在编纂民法典的历史背景下，理应关注纷繁复杂的现实生活所反映出来的问题以及司法实践为解决此类问题所作出的有益尝试和面临的困惑，并以之为砖石基础来建构法秩序或法体系的内外在体系，使民法典在该领域的内外在体系相互融贯并满足体系性、科学性的一般性要求。以此为出发点，本书以笔者近几年已经陆续公开发表的若干篇论文为基础，围绕近来发生的、具有较强典型意义和较高社会影响力的案例，集中就"体外胚胎的法律地位与私法对待""胎儿利益民法保护规则的具体构造""抚养纠纷中未成年人抚养权归属的确定规则""监护纠纷中代孕子女监护人的确定标准""继承纠

[①]　参见江苏省南通市中级人民法院（2006）通中刑一终字第0068号刑事判决书。

纷中父母子女关系的确定与继承规则""配偶权侵害的赔偿责任及正当性基础"六个主题展开分析和讨论。另外，在每个主题讨论结束后，都附录有相关主题的裁判案例，以供读者参考使用。

　　整体而言，应时代需要而编纂的民法典，须积极回应现实生活的迫切需求并提出妥善的解决方案。① 对此，法学并不需要过于匆忙，相反，它需要内在的集中精神、最冷静的观察和最全面的研究，以此为科学、体系的立法提供支持和保障。②

---

　　① 参见王利明等：《民法典应从中国土壤中生长》，载《人民日报》2015 年 5 月 6 日，第17 版。

　　② Vgl. Carl Schmitt, Die Lage der Europaeischen Rechtswissenschaft, Internationaler Universitaets-Verlag, 1950, S. 21.

第二章

体外胚胎的法律地位与私法对待

体外胚胎法律纠纷的出现与现代生命科技的飞速发展密切相关。科学技术的进步使生育不再囿于传统的生育方式。对于身陷特定生理困囿如患有不孕不育的自然人而言，体外胚胎技术的发展能够助益于其生育权益的完满实现。存在的问题是，当精子、卵子从人体分离出去并在人体之外因人工技术而结合成为具有生命潜力的胚胎时，该胚胎的法律地位为何？在其尚未植入母体时，究竟应当依据什么规则进行处置？发轫于传统社会背景下的民事法律制度，似乎尚未对此做好应对准备，其在面对相关纠纷时，显得有些张皇失措。此种现象在 2013 年江苏宜兴的冷冻胚胎案中表现得尤为突出。

第一节 问题的提出

一、基本案情

沈某与刘某于 2010 年 10 月 13 日登记结婚，于 2012 年 4 月 6 日取得生育证明。2012 年 8 月，沈某与刘某因"原发性不孕症、外院反复促排卵及人工授精失败"，要求在南京市鼓楼医院（以下简称"鼓楼医院"）施行体外受精－胚胎移植助孕手术；鼓楼医院在治疗过程中，获卵 15 枚，受精 13 枚，分裂 13 枚；取卵后 72 小时为预防"卵巢过度刺激综合征"，鼓楼医院未对刘某移植新鲜胚胎，而于当天冷冻 4 枚受精胚胎。治疗期间，刘某曾于 2012 年 3 月 5 日与鼓楼医院签订《辅助生殖染色体诊断知情同意书》，刘某在该同意书中明确对染色体检查及相关事项已经了解清楚,同意进行该检查;愿意承担因该检查可能带来的各种风险;所取样本如有剩余,同意由诊断中心按国家相关法律、法规的要求代为处理等。2012年9月3日,沈某、刘某与鼓楼医院签订了《配子、胚胎去向知情同意书》,其知情同意书上载明两人在鼓楼医院实施了试管手术,获卵15枚,移植0枚,冷冻4枚,继续观察6枚胚胎;对于剩余配子(卵子、精子)、胚胎,两人选择同意丢弃;对于继续观察的胚胎,若发展成囊胚,两人选择同意囊胚冷冻。同日,沈刘二人与鼓楼医院签订了《胚胎和囊胚冷冻、解冻及移植知情同意书》,医院在该同意书中明确,胚胎不能无限期保存,目前该中心冷冻保存期限为一年,首次费用为三个月,如需继续冷冻,需补交费用,逾期不予保存;若超过保存期,沈刘二人选择同意将胚胎丢弃。2013年3月20日,沈某驾驶的汽车途中在道路左侧侧翻,撞到路边树木,造成刘某当日死亡,沈某于同年3月25日死亡的后果。现沈刘二人的4枚受精胚胎仍在鼓楼医院冷冻保存。沈某父母与刘某父母均主张继承4枚胚胎,沈某父母诉至法院。

二、争议焦点

从本案涉及的主要法律问题来看,其焦点可归纳为以下三点。

(一)体外胚胎的法律属性

体外胚胎的法律属性决定其应当依据何种法律规则被处置,因此,其为本案法律争议解决的前提。对此,一审法院认为,胚胎为特殊之物,不能成为继承标的,也不能买卖。[①] 二审法院对此持不同立场,其认为,胚胎既不是物,也不是人,而是介于人与物之间的过渡存在,比非生命体更具道德地位。[②]

(二)体外胚胎如何处置

体外胚胎的处置规则建立在其法律属性的认定基础之上,构成本案的核心争议点。一审法院认为,作为特殊之物的体外胚胎,既不能继承,也不能买卖,夫妻以生育为目的对留下的胚胎所享有的受限制的权利不能被继承,只能依据其生前与医院签署的协议由医院销毁。[③]

---

① ③　参见江苏省宜兴市人民法院(2013)宜民初字第2729号民事判决书。
②　参见江苏省无锡市中级人民法院(2014)锡民终字第01235号民事判决书。

二审法院则认为，作为生命过渡形式的体外胚胎并非物，其在伦理上含有两个家族的遗传信息，与死者双方父母有密切关联性，从感情上，胚胎承载着老人的哀思寄托与精神慰藉等人格利益，因此，法律上应受特殊尊重与保护，应由双方父母监管和处置。但在行使监管权和处置权时，应遵守法律且不得违背公序良俗和损害他人之利益。①

（三）原卫生部禁止代孕的规定对于体外胚胎处置的影响

一审法院认为：夫妻双方对其权利的行使应受限制，即必须符合我国人口和计划生育法律法规，不得违背社会伦理道德，且必须以生育为目的，不能买卖胚胎等。沈刘二人均已死亡，通过手术达到生育的目的已经无法实现，故两人对手术过程中留下的体外胚胎所享有的受限制的权利不能被继承。据此可以发现，一审法院认为以卫生部等发布的部门规章为基础的行政规章等，会对体外胚胎的处置产生影响。在本案中，这些部门规章会导致体外胚胎只能依据协议被医院销毁，而不能由原被告监管和处置。②

二审法院持不同立场。其认为，原卫生部制定的相关规章尽管"规定胚胎不能买卖、赠送和禁止实施代孕，但并未否定权利人对胚胎享有的相关权利，且这些规定是卫生行政管理部门对相关医疗机构和人员在从事人工生殖辅助技术时的管理规定，医院不得基于部门规章的行政管理规定对抗当事人基于私法所享有的正当权利。"③据此，二审法院认为，本案中原被告主张的对体外胚胎的监管和处置权，原则上并不受原卫生部制定的相关行政规章影响。

下文拟就这些争议，梳理我国学说理论与司法实践中的主要观点，并希冀从中归纳出助益于争议解决的、兼具合法性、正当性基础的具体解决方案。

第二节　体外胚胎的法律属性

对于体外胚胎的法律属性，现行法并未明确予以规定，学理上对此亦众说纷纭，没有定论。除了主体说（包括有限自然人说和法人说）、客体

---

① ③　参见江苏省无锡市中级人民法院（2014）锡民终字第 01235 号民事判决书。
②　参见江苏省宜兴市人民法院（2013）宜民初字第 2729 号民事判决书。

说（包括财产说和私生活利益说）和中介说之外，① 我国学说理论上关于体外胚胎法律属性的主要立场，还包括如下几种。

一、特殊之物说

学理上有观点认为，罗马法以来的"人—物"二元绝对区分论并不科学严谨。该观点认为：②"人的组织或身体都不能简单地被划归为传统的二元区分中的任何一个方面。物的概念界定取决于复杂的语境因素，如宗教传统和信仰、文化传承和内涵、科学伦理与政策、政治价值与平衡等。冷冻胚胎的性质界定在很大程度上取决于大众和当事人的具体认识。与尸体不同，冷冻胚胎是新兴事物，大众对其还没有形成共识的先见性评价。冷冻胚胎的处理要遵守科学伦理，不能被任意破坏，也不能用于不合乎科学目的的实验，因此需要法律特别规制。"由于我国法律上"人的概念具有相当的严格性，无论在科学伦理上还是在最严格意义的法律概念上，冷冻胚胎都不是人，无法获得和人一样的法律地位，无法获得人格，也无法获得我国继承法上的特殊保护。"该观点同时还指出，虽然冷冻胚胎是自然意义上的物，但与传统法律意义上的物相比，二者之间存在重大区别："第一，冷冻胚胎有实际发育成为人的可能，在主流社群的判断中，人自然比动物具有更高的价值，法律制度也只能以人为中心建构。第二，冷冻胚胎具有不可替换性和不可逆性。一般而言，物具有可替换性。而独一无二的基因特性决定了冷冻胚胎一旦被破坏，既不可能替换也永无逆转可能。基于人类中心主义的基本价值，冷冻胚胎的价值通常比这些特定物要高。第三，冷冻胚胎具有特定人的专属性。它专属于取出精子或者卵子的人或者由他们组成的夫妻。对于冷冻胚胎的权利人而言，即使胚胎的确可以被视为其财产对待，但并不意味着其他人亦可同样如此对待该胚胎，更不意味着财产法的归属和交易规则都能直接予以适用。"据此该观点认为：冷冻胚胎的法律性质不能在传统的简单的"人—物"二元框架下得到界定。其不能被定性为人，但的确更接近真实的生命，因此，需要获得特殊的尊重和对待；其是物，但又具有与物和人体组织不同的特征，即发育成

---

① 参见徐国栋：《体外受精胚胎的法律地位研究》，载《法制与社会发展》2005年第5期，第50页。

② 参见孙良国：《夫妻间冷冻胚胎处理难题的法律解决》，载《国家检察官学院学报》2015年第1期，第111~113页。

为人的潜力和绝对独特的价值。这决定了财产法和合同法规则必须基于上述特征进行调适性筛选和选择性适用。

二、具有人格属性的伦理物说

持此观点的学者认为，应当将冷冻胚胎等脱离人体的器官和组织认定为具有人格属性的伦理物。这一立场的主要理由在于以下几个方面：[①]

第一，人体器官或者组织脱离人体之后，不再具有人格载体的属性，应当属于物的性质。民法上，市民社会的基本物质构成从来就是两分法，即人和物的两种基本类型，据此构成市民社会的主体和客体，非此即彼，不存在第三种类型。即使使用人格物概念，其"人格"是修饰"物"的限定词，"物"则是中心词，构成偏正结构的概念。

第二，认定冷冻胚胎等脱离人体的器官和组织的法律属性为物，并不否认其所具有特殊性。与普通物相比较，冷冻胚胎等脱离人体的器官和组织尽管具有有体物的外形，但其内容中包含着潜在的生理活性，甚至存在生命形式，具有主体资格。而在普通的物中，无论如何不会存在这样的因素。就是那些具有人格象征意义的特定纪念物品，如订婚戒指、定情物等，也是因为具有了特定纪念意义而使其具有一定的人格象征意义，而非其中包含了潜在的人格。这正是人格象征意义和潜在人格之间的区别。

第三，将冷冻胚胎定性为伦理物完全可以保护具有潜在人格的物的利益。作为物的三种基本类型的伦理物、特殊物和普通物，伦理物具有最高的法律物格，应对其权利予以最为充分的保护，其目的就在于保护伦理物的特殊性。

用伦理物的概念界定冷冻胚胎等脱离人体的器官和组织，认定其为特殊的伦理物，可以对其进行特别保护。对于冷冻胚胎可以首先使用对物的保护方法，但同时采用更谨慎、更周到的方法对其潜在人格予以特殊保护。

三、物权客体与人格权客体双重属性说

有观点认为，冷冻胚胎兼具物权客体与人格权客体双重属性，其核心

理由在于以下几个方面：①

第一，具有物权客体属性而得为特殊之物的主要原因在于，其在具备特殊性的同时，具备传统法律理论中有形物的基本要素：首先，精子、卵子等为人身之一部分，由身体自然分离时，已非身体之一部分，得为法律上之物。而冷冻胚胎是从人体内采出精子、卵子进行技术处理产生，在人体之外，以不违背公共秩序与善良风俗为限，也可以成为法律上的物。其次，冷冻胚胎是高科技产物，由专业机构保存，"利用科学技术加以支配者，是具有可支配性"，反映了"物的范围是随着社会的发展和人们支配的提高而不断扩大"。另外，冷冻胚胎的目的是植入母体孕育生命，能满足人类社会生活的需要。最后，冷冻胚胎是一种有形体，"所谓胚胎不过是等于苔藓或绒毛一类的东西而和其他任何一种哺乳动物的卵没有区别。"当然，冷冻胚胎具有发展为生命的潜能，在人体内着床便是胎儿，是含有未来生命特征的特殊之物，应给予尊重。②

第二，冷冻胚胎具有人格权客体属性的核心理由在于生育权人享有的自主决定的人格利益。自主决定权是"就与他人无关的事情，自己有决定权"。自主决定是人格权的主要内容，包括意思决定自由在内，可归入其他人格利益中。由于胚胎是在体外培育、受精的，夫妻双方对其享有自主决定生育和不生育的权利。在法律明确规定自主决定权之前，自主决定是"人格自由的内容，实现对于具体人格权的补充，保护新型的人格利益"。冷冻胚胎作为生育自主决定的人格利益具有人格权客体的属性。

四、区别分析说

该说认为，无论将体外胚胎视为主体、客体、人格利益，还是主体与客体之间的过渡性存在，都存在缺陷，都无法涵摄实践中用途各异的体外胚胎与丰富的个案情形。因此，应当以人、物转化说与分离目的说为基础，以生育权为核心解构体外胚胎的法律属性。具体而言，应以两层区分标准来确定体外胚胎的法律属性：③

第一层区分标准：体外胚胎存放之目的对储存于母体外之胚胎法律地

---

①② 参见李燕、金根林：《冷冻胚胎的权利归属及权利行使规则研究》，载《人民司法·应用》2014年第13期，第37页。

③ 参见周华：《论类型化视角下体外胚胎之法律属性》，载《中南大学学报》（社会科学版）2015年第3期，第76～77页。

位的探讨，并不全然以生命之价值或道德之地位为唯一的判断标准，而应同时兼顾这些胚胎在"用"的目的下的思维。体外胚胎之存在可分为三种目的，一者为移植母体内而孕育后代，二者用于捐献，三者用于科学研究。当胚胎是为孕育子女而存放时，该胚胎对供体夫妻而言，是代替或延续其生育功能的保障，其最终将与母体结合成为体内胚胎而孕育生命，此时其应作为身体之一部分予以法律上的保障；而当供体夫妻表示胚胎其已捐出或提供为研究之用时，表明该类胚胎将永久与供体分离，不再回归母体，而此时胚胎之法律属性转化为物，成为所有权之客体。

第二层区分标准：体外胚胎之供体是否存活。该标准在厘清第一层区分标准的前提下进行，若胚胎是为捐献或研究之用而存放，即为物之属性，而其所有权人对其之处分已明确做出，不受供体是否存活之影响。唯有当体外胚胎为供体人身之一部分以发挥生育功能、供体以其为基础行使生育自主权时，供体之存活与否方对其属性界定意义重大。在供体存活时，供体夫妻之主体地位要高于配子作为潜在的主体地位，此时体外胚胎应界定为供体人身之一部分，享有主体地位。生育权不可移转，胚胎的处置权和监管权作为生育权之延伸，同样具有人身专属性，也必须由本人行使。当夫妻双方去世后，胚胎所承载的供体生育自主权的人格利益不复存在，进而转化为物；而因其特有的生物生命体征，应被界定为特殊之物，或对于供体夫妻之亲属而言，胚胎包含着供体之遗传因子和血脉，可成为具有人格象征意义的特定物。若仅夫妻一方死亡，体外胚胎对于死亡的一方而言只剩物的属性，对于活着的一方则仍是生育自主权之人格利益基础，此时应优先考虑人格利益。

在我国，还需要区分夫妻何者存活而有具体处置上的差异：对于夫亡妻活者，此时胚胎之法律地位仍回归其第一层区分标准，根据妻子对胚胎之处理而决定法律属性；而对于夫活妻亡者，因我国立法并不允许代孕，胚胎对其已无法发挥延续生育功能之作用，因此胚胎仅能归结于物之属性。[①]

五、中间体说

我国学说理论上还有观点认为，当前学理上存在的主体说、客体说等

---

① 参见周华：《论类型化视角下体外胚胎之法律属性》，载《中南大学学报》（社会科学版）2015年第3期，第77页。

对于体外胚胎法律属性的界定都存在缺陷。在该说看来，体外胚胎既非主体，亦非客体，而是中间体。对此的核心理由在于以下几个方面。①

（一）体外胚胎并非主体

之所以如此的原因有三：第一，胚胎没有自我意识，只能将之看作生物上的生命体，其并不能享有权利主体的法律地位。胚胎仅具有生命迹象，是潜在的自然人，并不能享有自然人一样的法律保护。直到这些胚胎被植入母亲的子宫之前，它们只不过是具有可能性的细胞。即使这些胚胎被移植到了母亲的子宫之内，其能够发展成婴儿的可能性仍然比较低。第二，当胚胎（可能的人）与现实存在着的人发生冲突时，后者的利益高于前者。第三，将胚胎视为主体的观点存在伦理上的缺陷，难以接受。

（二）体外胚胎亦非客体

主要原因在于：人的身体不是物，但身体的某一部分与身体分离后，与身体分离的部分可以认为是物，其所有权由该人获得，但胚胎并非是身体的直接分离物，而是独立的个体，无法将其解释为身体的一部分。若将胚胎认定为法律上的物，则可能产生违背常理的结果。第一，体外胚胎具有发展成为人的潜力，若将体外胚胎认定为物，那么将如何解释从物到人的转变，在现有的法律体系下无法解释从权利客体向主体的转变；第二，传统民法理论认为物具有可转让性，若将体外胚胎认定为物，则意味着体外胚胎亦可转让，这就会导致人类生命组织的商品化，与人类尊严相违背，也不符合伦理道德要求。

基于前两点，持中间体的学者认为，传统民法理论坚持一种道德宇宙的两分法即非人即物的观点，但现实生活中，存在大量介于人与物之间的实体。人享有完全的伦理地位，物完全没有伦理地位，中间状态的实体享有一定的伦理地位。因此，应当突破传统的人物二分体系，承认介于主客体间的新领域，即"拟权利主体说"。该观点的目的是为了保护独立存在的而又不适合界定为人亦不适合归类为物的法益。"拟权利主体"作为一种中间状态的实体，具有一定的主体资格，在进行利益衡量时，不能仅从他人权利或公共利益出发，亦必须同时考量这些"拟权利主体"的利益，

---

① 参见张善斌、李雅男：《人类胚胎的法律地位及胚胎立法的制度构建》，载《科技与法律》2014 年第 2 期，第 294 页。

维护其利益。尽管体外胚胎发育为人的潜力非常有限，但并不能否认这种"可能性"的存在，与单纯的物相比，胚胎作为人类潜在的生命，理应得到尊重和保护，本质上是对人类尊严和伦理道德的维护。在法律上，往往体现在禁止胚胎的商品化上，也体现在将胚胎用于研究时，对其发育阶段及用途做出限制等方面。当然，应当给予体外胚胎以充分的保护并不意味着使其享有与自然人一样的地位，因为胚胎发育成为人的可能性毕竟是有限的，使胚胎享有与人一样的法律和道德地位，将会带来难以预计的伦理道德风险，也会严重制约科学的进步。因此，胚胎的法律地位应当为中间体，应当以中间体的模式来保护胚胎。

六、分阶段保护的中性法律地位说

持该说的学者认为，在体外胚胎的法律地位与保护问题上，应当采取摆脱人物二分困扰的分阶段保护模式，实事求是地根据胚胎在不同发展阶段（包括是否以生育为目的、是否已植入母体内等）的不同情况，衡量相关的冲突法益，分别给予不同程度的保护，以保障体外胚胎这样的无法被界定为人，但又不适合于被物化的重要法益。在该说内部，对于应否以及如何分阶段对胚胎进行保护亦存在激烈争论。有观点认为，发育越完善、越成熟的胚胎，越应受到像人一样的保护。至于不同阶段的划分标准，有观点主张以客观的量变标准，以医学上的变化，包括形态上的变化、神经系统的发展和大脑的发育来决定胚胎所应受到法律保护的程度；也有观点主张主观的质变标准，以具有知觉、自我意识、自主活动和推理能力作为确定保护程度的依据。对此，有观点认为，前述分阶段保护的观点仍未摆脱非物即人的窠臼。在其看来，于此的分阶段保护模式，不应完全以胚胎的生物学上的发展阶段作为确定其法律地位和受保护程度的唯一标准，而应在确立胚胎的中性法律地位的前提下，放弃对体外胚胎是人是物的争执，从现实的情况和需要出发，对个案中胚胎所应受到保护的法益范围及程度做出具体的规范。①

依据这种立场，以生育为目的的人工授精的体外胚胎，其所应受到保护的程度就应当高于为研究目的所收集的胚胎；已植入母体的胚胎较之实验室试管中的胚胎显然具有更强的应受保护性，等等。而在当前的医学领

---

① 参见满洪杰：《人类胚胎的民法地位刍议》，载《山东大学学报》（哲学社会科学版）2008年第6期，第101～102页。

域内，人工胚胎可以分为以研究为目的和以生育为目的两大类。在以研究为目的的使用状况下，可以分为胚胎的采集、使用和处理三个阶段。在采集阶段，根据我国科技发展的需要和社会伦理观念，采集发育不足 14 天的胚胎应当得到允许，但必须遵循当前社会和研究领域普遍接受的伦理规范，任何突破现有伦理规范的行为，必须在法定伦理审查机构批准的前提下进行。在使用阶段，研究机构和人员有权控制和使用胚胎，但不得滥用权力而随意处置胚胎。在处理阶段，对于使用后的胚胎应当充分尊重胚胎的尊严，不得将其作为普通物随意抛弃。以生育为目的的胚胎，应当享有更多的法益。以植入母体的子宫为界限，之后的胚胎应享有胎儿的一切权益。在此之前，应当通过生育权问题解决胚胎的归属、使用等问题，不能单纯地将胚胎作为男女双方的财产或其身体的一部分。①

七、小结

整体来看，在我国现有法律体系以及与之相适应的法律理论体系中，如何妥善安置和处理体外胚胎，确实存在难题。这种难题的出现是法的安定性与社会现实需求之间的固有紧张关系所导致。在当代社会背景下，具体人现实需求的多样性、复杂性以及多变性等，使得制定法的安定性所遭遇的困境愈发凸显出来。对此，法学理论以及直面社会生活需求的司法实践不应墨守成规，而应在维护法之安定性的基本前提下，对于实践问题的解决提供正当性、合法性无虞的答案。就此而言，分阶段保护的中性法律地位说更值得赞同。

第三节　体外胚胎的具体处置规则

对于现实生活中出现的体外胚胎，究竟应当依据什么规则来涵摄？具体应当如何处理？由于现行法律规范体系内并未提供明确的规则，导致在解释论上存在巨大的争议空间。

---

① 参见满洪杰：《人类胚胎的民法地位刍议》，载《山东大学学报》（哲学社会科学版）2008 年第 6 期，第 102 页。

一、裁判依据与合法性基础

在我国当前司法实务中，法院对于涉体外胚胎纠纷的处理规则，集中体现在前述胚胎案二审法院在判决书的详细论述当中。依其表述：关于人体胚胎的法律属性及其规制，在我国目前尚无明确的法律依据。前述胚胎案一审、二审期间，医院主张人体冷冻胚胎不能转让、赠送等禁止性行为所援引的依据主要就是原卫生部 2001 年颁布的《人类辅助生殖技术管理办法》①《人类辅助生育技术规范》等部门规章②。问题是，这些部门规章和技术规范所规制约束的对象是谁？是否存在特定的对象指向？由于人体胚胎承载了人格、伦理特性，显然不能像一般商品那样在市场上自由流通，而必须遵循特定的规章制度。医疗机构作为人体胚胎培育、使用的有资质部门，无疑应受到严格的规范约束。而且原卫生部颁布的部门规章中规定的诸如"禁止以任何形式买卖配子、合子、胚胎""禁止实施胚胎赠送""医疗机构和医务人员不得实施任何形式的代孕技术"等，仅适用于卫生部门下属的医疗机构、科研院所等单位及其医疗工作人员，并未对一般公民尤其是失独公民就其或者其子女遗留下来的胚胎行使监管、处置权作出禁止、限制性规定。③

依据实务上的观点，医院在性质上仅仅是作为人体冷冻胚胎培育、移植的专门机构，仅是具备胚胎保管资质的普通法人机构，在胚胎所有者因故死亡后，作为保管人的医疗机构，并不是行政机关和司法部门，没有任何法律或行政法规规定和权力赋予可以主导亡故者遗留胚胎保管权、处置权的归属。而四位失独老人所主张的诉讼请求是对已故子女遗留胚胎的监管、处置权，与原卫生部的上述规章中规定的"禁止以任何形式买卖配子、合子、胚胎""禁止实施胚胎赠送"等禁止性规定也不冲突。这是因为四位失独老人自身作为普通的自然人当然不具备保管冷冻胚胎的条件和资质，若其将胚胎从医院获取后存放于不具备相应条件的地方，胚胎必然不能存活。实际上，四位老人并未主张将四枚冷冻胚胎从医院取出自己保管或交由另外具有资质、具备条件的机构保管，其也同意继续将胚胎存放

---

① 参见中华人民共和国卫生部令第 14 号。
② 参见卫科教发［2001］143 号。
③ 参见张圣斌、范莉、庄绪龙：《人体冷冻胚胎监管、处置权归属的认识》，载《法律适用》2014 年第 11 期，第 45 页。

于第三人处，只是医院的地位应当限定为只能作为合法收费保管胚胎的受托人，而没有处置胚胎的权利。既然原卫生部的部门规章这一纵向的约束规范体系存在明确的规制对象和范围，那么按照"法无禁止皆可为"的私法精神，医疗机构也就不能基于部门规章约束管理对象为其自身的行政管理规定对抗当事人基于私法所享有的正当权利。①

上述观点还承认："由于我国法律对胚胎性质的界定并未明确，司法机关裁判的依据的确相当薄弱。因为以事实为依据，以法律为准绳是法院审理案件的基本原则，严格依法裁判被认为是现代法治的必然结论。因此，在没有明确法律依据时，当事人诉求被以不予受理或驳回起诉等方式拒绝裁判在我国司法裁判整体保守的大环境下也就被认为是顺理成章。然而，这种保守观念在面对民众诉求时往往缺乏正义色彩。近代法哲学的理论一般认为，司法救济是权利救济的最终保障，诉权是人权的重要组成部分，作为承担定纷止争责任的司法机关不能仅因为没有具体明确的裁判依据而拒绝裁判，也不能以制度不健全、法律没有规定而剥夺当事人的诉讼权利，这是比较法上公认的不得拒绝裁判法理的基本蕴含。司法机关在面对法律规定不完善、不明确甚至没有规定时，应在遵循宪法及其相关部门法精神的基础上，综合诸如政策、伦理甚或民意等各种要素，在不违背法律禁止性规定的前提下精巧运用各种解释方法，以更加开放性的姿态，作出兼顾各方利益主体诉求以致利益保护最大化的裁判结论。"② 基于这种考虑，本案二审法院认为应支持失独老人享有监管、处置冷冻胚胎权利的核心理由在于以下几个方面。③

第一，在人伦角度，冷冻胚胎具有潜在的生命特质，不仅含有已故夫妻的 DNA 等遗传物质，而且含有双方父母两个家族的遗传信息，双方父母与涉案胚胎亦具有生命伦理上的密切关联性。

第二，在情感角度，白发人送黑发人，乃人生至悲之事，"失独"之痛，非常人所能承受体会。已故夫妻遗留下来的胚胎成为双方家族血脉的唯一载体，即使不能培育为后代，对于失独老人而言却也承载着哀思寄托、精神慰藉等人格利益。

第三，在特殊利益保护角度，胚胎是介于人与物之间的过渡存在，具

---

① 参见张圣斌、范莉、庄绪龙：《人体冷冻胚胎监管、处置权归属的认识》，载《法律适用》2014 年第 11 期，第 45 ~ 46 页。

② 参见张圣斌、范莉、庄绪龙：《人体冷冻胚胎监管、处置权归属的认识》，载《法律适用》2014 年第 11 期，第 46 页。

③ 参见江苏省无锡市中级人民法院（2014）锡民终字第 01235 号民事判决书。

有孕育成生命的潜质，比非生命体具有更高的道德地位，应受特殊尊重与保护。在子女身故后，其父母不但是世界上唯一关心胚胎命运的主体，而且亦应当是胚胎之最近、最大和最密切倾向性利益的享有者。

二、学理上的争议与解决方案

与法院对体外胚胎所持的基本立场相对，我国学理上对于体外胚胎的纠纷解决，主要存在如下几种方案。

（一）协议 + 任意性法律规则模式

在该模式下，当事人即胚胎的生物学上的父母享有协议处理冷冻胚胎的自由，法律应当充分尊重当事人于真实意思表示基础上达成的协议。对此的正当性考量在于：第一，肯定了冷冻胚胎被认定为物的事实，又未忽视对冷冻胚胎的尊重，具有明显的正当性基础；第二，尊重了当事人的自由意志和选择，而且将该自由意志和选择定格于签署知情同意书之时，具有客观性；第三，该观点最大程度地增加了确定性，为未来的纠纷解决提供了具有高度可预见性的规则和明确的指引，从而可以避免没有必要的诉讼或即使诉讼也能提供清晰的解决规则。在学理上看来，依协议处理冷冻胚胎，应判定两个因素：一是在订立协议时，当事人是否做出真实的意思表示及何种意义上的真实意思表示，法律程序如何保障当事人表达真实意思；二是在冷冻胚胎的语境下，真实意思表示是否有必要予以扩张，即允许反悔，等等。[1]

对于第一个因素，实践中应重点关注知情同意书的签署。简单地将签署同意书作为当事人真实意图的表达远非充分。像手术风险一样，医院对冷冻胚胎的处理条款必须单独告知当事人；更为直接的变革是，医院与当事人单独签订一份冷冻胚胎处理协议，医院并承担告知义务。[2]

对于第二个因素，因为夫妻双方都有生育权，除非有特别规定，法律不允许强制任何人做父母或强制创设血缘性身份关系。在二者发生冲突时，哪种权利具有优先性，取决于法律的价值判断。一般而言，行使不生

---

[1] 参见孙良国：《夫妻间冷冻胚胎处理难题的法律解决》，载《国家检察官学院学报》2015年第 1 期，第 113 页。

[2] 参见孙良国：《夫妻间冷冻胚胎处理难题的法律解决》，载《国家检察官学院学报》2015年第 1 期，第 115 页。

育权利方的利益优于行使生育权利的一方。此时，未经另一方当事人同意，一方不能做胚胎移植。在不涉及夫妻生育权的情形下，冷冻胚胎的处理有多种选择，如继续保存、赠与他人、销毁或交由诊所研究等。在当事人将冷冻胚胎赠与他人时，尽管该处理也涉及夫妻双方或一方的生育权，但法律肯定了他们放弃做法律父母的权利，也不必使其承担做法律父母的义务。如果协议约定冷冻胚胎交由诊所进行科学研究，该协议就不再允许双方当事人改变既有合意。因为冷冻胚胎的研究既不影响夫妻任何一方的生育权行使，也不会影响未来儿童的利益。此时法律完全尊重当事人选择的自由，即当事人的合意具有最终性。同理，夫妻当事人继续保存和销毁的请求也具有最终性。①

如果不存在处理冷冻胚胎的有效协议，或者协议没有对此进行规定或者超出所规定的事由时，法律究竟应当如何处理相关纠纷？在学理上看来，如果夫妻双方没有形成有效的协议，任意性法律规则的设计理念应当是：首先，优先保护行使不生育权方的利益。其次，冷冻胚胎是否可以销毁、赠与他人或用作科学研究？对此，若协议已经约定了相应的处理方式，如销毁，医院继续保存冷冻胚胎并不能为夫妻创设任何合法债务，其行为已构成违约；若协议约定继续保存，但未约定继续保存的期限，且无法达成新协议，此时法律的确会面临选择难题。基于对冷冻胚胎的重要性、夫妻生育利益和医院经济利益的平衡，继续保存期间以不超过第一次保存期限为原则。若夫妻不履行继续保管费的给付义务，医院应当诉请法院，法院可依照简易程序处理。另外，若夫妻双方未就处理达成任何协议，继续保管是一种替代性的处理方式。对此，双方如何分担继续保管费？若一方要求继续保存，另一方不反对，此时应当由要求继续保存方承担继续保存费用；若另一方拒绝保存，为了尊重不保存方的利益，此时法律应当选择予以销毁。若不再继续保存冷冻胚胎，协议并没有约定不继续保管后的处理方式，而且双方当事人也未就此达成协议，法律同样应当优先考虑不生育权方的利益，将销毁作为唯一的处理方式。②

---

① 参见孙良国：《夫妻间冷冻胚胎处理难题的法律解决》，载《国家检察官学院学报》2015年第1期，第116～117页。

② 参见孙良国：《夫妻间冷冻胚胎处理难题的法律解决》，载《国家检察官学院学报》2015年第1期，第118～119页。

（二）区分处理模式

持该观点的学者认为，应区分不同情况来确定体外胚胎的处理规则。①

第一，夫妻双方健在且夫妻关系存续期间，对冷冻胚胎的处理，若夫妻双方意见一致，且符合法律规定，应尊重双方合意；由于冷冻胚胎从配子提取到培育再到植入母体内都是双方自主决定权一致的体现，其间任何阶段出现双方意思不一致的情形，不得强制处分。

第二，夫妻双方均健在但离婚的，双方离婚时，对冷冻胚胎处置意见形成合意的，从其合意；如果双方都同意将其植入女方体内，本质上这是双方的自主决定权，只是由于各种原因使得怀孕时间推后而已，这与自然生育无大的区别，离婚后植入冷冻胚胎发育成婴儿，这与离婚前怀孕所生子女一样都是离婚双方的子女。在是否植入胚胎以实现生育权问题上，离婚时夫妻意见不一，法院应当衡量生育和不生育的两个权利，一般不想生育的一方会得到支持。如果涉及不同权利，法院更要对各方利益进行慎重衡量。当然，当事人与医疗机构签订的知情同意书或其他合同只有不违反法律规定，不对自己的决定权作出强制，才是有效的。

第三，夫妻一方死亡的，冷冻胚胎对于死亡的一方而言只剩物的属性，而对于活着的一方仍属自己决定的人格利益，当人格利益的处置与对于物的处置不一致时，应优先考虑人格利益。如果此时对于冷冻胚胎的处置，死亡的一方生前没有明确表示反对的，此时冷冻胚胎视为生存一方的自主决定权的体现。当然，如果死亡一方生前表示过自主决定的意思，此种意思如果与活着一方的意思一致的，从合意；如果意见不一致的，活着的一方不得处分。

第四，夫妻双方死亡的，冷冻胚胎上载有的夫妻自己决定生育的人格利益也随之消灭。此时的冷冻胚胎只是单纯的物权客体，虽然由于其具有潜在生命的特殊性，法律规定其不能成为买卖的标的，不得流通等。此时，死亡夫妻的继承人对于冷冻胚胎的权利也同样具有财产利益与人格利益的双重属性。具体而言，继承人对于冷冻胚胎享有受限制的继承权，继承人只能继承占有权（委托保管权）、受限制的处分权（决定抛弃、法律许可的捐赠、不能买卖、不得代孕等）；继承人基于身份关系对冷冻胚胎享有人格利益，在中国传统生育文化以及计划生育国策的背景下，接受辅

---

① 参见李燕、金根林：《冷冻胚胎的权利归属及权利行使规则研究》，载《人民司法·应用》2014 年第 13 期，第 38～40 页。

助生殖手术的人大部分无法自然生育，没有子女，其继承人大多是父母等长辈，夫妻双方是独生子女，其遗留的冷冻胚胎凝聚了失独家庭的哀思寄托、传承期盼等人格利益；继承人对冷冻胚胎的受限制的处分权，继承人继承冷冻胚胎后，所有权归继承人共有，不得分割，不得进行非法处分。若继承人意见一致，可以继续保存，可以抛弃、销毁，也可以捐赠给他人、科学研究机构。经继承人一致同意，也可转由其他保存机构保存。如果继承人对其处置意见不一致，不得分割，鉴于公益的目的，还是由保存机构保存，但此种处分不得违反法律和公序良俗。

（三）物权保护模式

我国学理上将体外胚胎界定为特殊物的观点，认为私法上应主要通过物权保护的方式来处理体外胚胎。申言之：① 对于体外胚胎的所有权归属问题，应区分如下四种情形处理：第一，精子和卵子均来自供体夫妇双方，除当事人另有约定外，体外胚胎应由供体夫妇共同共有；供体夫妇离婚时，体外胚胎按双方协商一致的意见处理，归夫妻一方所有或销毁；双方不能达成一致意见的，不得继续保存，任何一方不得使用体外胚胎使之孕育出生。第二，精子来源于丈夫、卵子来源于他人捐赠，在夫妻关系存续期间，双方对体外胚胎共同共有；夫妻离婚的，因妻子与该胚胎没有任何生物学上的联系，由丈夫取得胚胎所有权；夫妻一方或双方死亡的，不管夫妻哪一方死亡，均不考虑生存方与胚胎的生物学联系，而适用精卵来源夫妻双方的规则。第三，卵子来源于妻子，精子来源于他人捐赠，在夫妻关系存续期间，双方对该体外胚胎共同共有；夫妻离婚的，因为丈夫与该体外胚胎没有任何生物学上的联系，由妻子取得胚胎所有权；夫妻一方或双方死亡的，同样适用精卵来源夫妻双方的规则。第四，精子和卵子均来源于他人捐赠，在夫妻关系存续期间，双方对该体外胚胎共同共有；夫妻离婚、一方或双方死亡的，除另有约定外，由医疗机构代为行使所有权。

当然，于此对体外胚胎的处分权相比较于其他一般物的处分权而言要受严格限制。例如，将体外胚胎转让给其他不孕夫妇的行为只能是捐献（赠与）行为，并且是无偿的捐献（赠与）行为。问题是，胚胎供体夫妇在赠与胚胎的协议生效后、胚胎转移前，能否撤销该赠与？对此依据《合

---

① 参见高勇、贺昕：《论体外胚胎的法律地位及其物权保护——兼评冷冻胚胎争夺案》，载《黑龙江政法管理干部学院学报》2015 年第 5 期，第 46 ~ 47 页。

同法》第186条并采取举轻明重类推解释方法，应允许在胚胎转移前允许捐献方撤销。另外，我国现有法律体系中关于体外胚胎所有权的行使需注意如下几点：其一是胚胎不得买卖。原卫生部《人类辅助生殖技术管理办法》中明确规定"禁止以任何形式买卖配子、合子、胚胎"。其二是对胚胎的保存应有期限限制。若允许将体外胚胎无限期保存，无疑会使人类繁殖的自然性受到冲击。

对于剩余体外胚胎的处分，各国实践中主要有四种方式：保存在医疗机构；捐赠给科研机构进行科学研究；捐赠给其他不孕夫妇；销毁。一般而言，若存在有效的协议，则依据协议处理剩余胚胎，包括一方或双方死亡、离婚等情形的预设。存在的问题是，医疗机构仅是人工辅助生育技术的实施者，并不拥有对胚胎的所有权和处分权。此时，若无有效协议或协议未对相关纠纷事项予以明确约定时，医疗机构面临两难选择：若把剩余胚胎捐赠给他人、用于科研或销毁，可能面临胚胎供体夫妇以"错误死亡"为由提起的诉讼；若继续冷冻保存，则医疗机构不仅将支付巨额的保管费用而且对其存活承担责任。学理上的观点认为，在无有效协议或协议未对纠纷事宜作出约定时，对于剩余胚胎，除用于科学研究外，只有销毁才是可行的措施。[①]

三、小结

体外胚胎的处置规则与体外胚胎的法律地位直接关联。在当代社会背景下，随着生命科技的进一步发展，人对于自身的认识愈来愈深刻全面，在这种背景之下，如何把握生命科技对于人对其自身的尺度和界限，实质上涉及人对人格尊严与人格自由发展等基本价值的认识。体外胚胎的具体处置规则应当建立在对人格尊严和人格自由发展的尊重基础之上，法律规则既应当具有普遍性，以抽象的人为规范对象，但也不应忽视具体人的现实需求。就此而言，协议＋任意性法律规则模式过于强调基因来源者的主观意志，而未充分考虑体外胚胎本身潜在的应予尊重的基本价值；物权保护模式则将体外胚胎完全物化，既未能充分反映当代社会背景下具体人的现实需求，亦未能准确对待生命科技的发展所带来的对于人格尊严和人格自由发展以更充分保护的契机。与之相比，区分处理模式在正当性上更为

---

① 参见徐海燕：《论体外早期人类胚胎的法律地位及处分权》，载《法学论坛》2014年第4期，第149页。

充分，并且解释论上亦有相应的合法性基础，应作为规制体外胚胎的一般思路。

第四节　禁止代孕与体外胚胎的处置

前述胚胎案二审法院判决支持原被告对于子女亡故后遗留的体外胚胎拥有监管、处置权，引发了如下担忧：即胚胎脱离医院后应如何监管才能保证体外胚胎不会被用于法律或公序良俗所不允许的目的？或者说，非法代孕的风险是否会因此判决结果而显著增加？应否基于非法代孕等事项的考量而拒绝承认原被告对体外胚胎的监管、处置权？

一、学理上的不同立场

有学者认为："卫计委关于胚胎不能买卖、赠与、禁止代孕的规定，虽然是医疗卫生行政管理规定，但具有普遍约束力。因禁止医疗机构买卖、赠送、代孕，也就禁止医疗机构和任何个人买卖、赠送和代孕。因代孕只有医疗机构有条件实施，自然人个人无实施技术条件。合法医疗机构不得实施，非法医疗机构更不能实施。法律的规定举轻以明重，具有普遍的约束力。因此，因为禁止代孕，继承胚胎是没有意义的。"[①] 此种观点据此推论出，前述胚胎案"初审法院认为胚胎不属于继承法规定的遗产，不能继承也是完全正确的。但由于法律对夫妻死亡，死者父母对其胚胎是否享有监管处置权欠缺规定，终审判决认为法律并未否认权利人对胚胎享有的相关权利也是符合实际的。那么，终审判决由原被告共同行使对胚胎的监管处置权，同时明确不得违反法律和社会公共道德，意味着不能代孕、赠与、买卖，也意味着不能继承。现在原被告同意继续冷冻且医院也同意继续冷冻保存。至于最终如何处理，依现行法只能是毁弃、寄希望于法律允许代孕，而依据现行法的精神，允许代孕在可预见时期内是不可能的，只能是一定时间后原被告同意毁弃，长期保存在感情上原被告也会发生变化，所谓感情寄托只是暂时的，随着原被告年龄增大及代孕无望，毁弃是当然结果。建议我国法律尽快作出夫妻一方死亡，遗留胚胎毁弃的规

---

① 参见刘士国：《中国胚胎诉讼第一案评析及立法建议》，载《当代法学》2016年第2期，第4页。

定，以使本案结果早日了结，使原被告心情尽快平复"。①

我国学理上还有观点认为，前述胚胎案"二审判决未对本案隐含的代孕问题作出明确的表述，只是说医院不得基于部门规章的行政管理规定对抗当事人基于私法所享有的正当权利的做法是正确的"。在该观点看来，"因为当事人的争议并未明确涉及代孕，而是争议权属问题，所以二审判决认为'权利主体在行使监管权和处置权时，应遵守法律且不得违背公序良俗和损害他人之利益'，并且以此控制非法代孕的法律风险，但在实际上对本案当事人传承、繁衍后代的真实意图并没有最终的结论。我国学理上对代孕的意见主要包括：坚决反对非法代孕，禁止一切代孕行为，包括本案这种极为特殊的情况；坚持禁止非法代孕的原则，但对有正当理由的代孕，法律应予以支持并予保护；可以法外开恩，作为特例予以准许，但应经过裁判；到法律准许的国家去代孕。与学理上存在的广泛分歧不同，我国社会生活实践中存在的非法代孕现象并不罕见。只要把体外胚胎的权属判决给当事人，其自有规避法律并实现其最终目的的办法。因此，提出代孕的风险控制实践中基本上无法实现。所以对代孕的控制堵不如疏。易言之，对此应提出妥当方法，使其行使权利取得合法形式。当前我国法律实践原则上禁止代孕的主要目的是防止血缘混乱发生纠纷，力行计划生育政策，防止贩卖人口。而这些因素，在本案都不存在，而且具有正当理由。既然当事人的诉求具有正当的理由，属于基本权利保护的范围，就不应在原卫生部《人类辅助生殖技术管理办法》和《人类辅助生育技术规范》部门规章的限制内，应当得到法律的尊重和保护。鼓楼医院应当在符合伦理要求的情况下，准许将该体外胚胎进行代孕，为当事人培育后代。这样做并不过分，而且会得到人民群众的支持"。②此种观点应予赞同。

二、司法实务上的主要观点

在司法实务尤其是前述胚胎案二审法院看来，本案的核心问题与本质并非冷冻胚胎本身的归属问题，而是权利归属确权后的实际使用问题。原

---

① 参见刘士国：《中国胚胎诉讼第一案评析及立法建议》，载《当代法学》2016 年第 2 期，第 4 页。
② 参见杨立新：《一份标志人伦与情理胜诉的民事判决——人的体外胚胎权属争议案二审判决释评》，载《法律适用》2014 年第 11 期，第 50 页。

审第三人南京鼓楼医院在一审、二审庭审中也始终强调，冷冻胚胎被取出后唯一能够使其成活的方式就是代孕，[①] 但目前我国法律、部门规章有明确规定，即禁止一切形式的代孕，故认为失独老人即使获取胚胎的监管、处置权也无济于事。对社会舆论关注的该焦点问题，二审法院合议庭并未忽视。在二审判决书中，在支持失独老人享有冷冻胚胎监管、处置权的同时，也明确载明：权利主体在行使监管权和处置权时，应遵守法律且不得违背公序良俗和损害他人之利益。二审法院依据私法原理在充分尊重失独老人对冷冻胚胎享有监管、处置权的同时，在判决书正文部分也做了明确提示，释法晰理的引导义务在司法责任担当的同时也并未忽略。[②]

在该观点看来，即使失独老人在获取冷冻胚胎后并未按照其原先主张的"等待国家政策改变"后再将胚胎培育成后代的观点行事，而是从事其他目前法律法规明确禁止的行为，也不能绝对认为法院的判决存在消极漠视非法代孕风险的情形。这是因为，本案的诉讼焦点在于冷冻胚胎的权利归属，亦即监管处置权纠纷，在本质上属于民事诉讼中的确权问题，而确权后的代孕与否的后续行为实际上已经超出了本案的诉讼界限，并非法院判决首先考虑的因素。在其看来，冷冻胚胎脱离医院监管交由原被告监管处置，由此产生的不当行使、处置的风险应该属于社会整体的把控范畴，尤其是政府职能管理部门应当承担相应的监督责任，那种将法院判决视同非法代孕这一"潘多拉魔盒"打开的苛责思维显然不符合司法的基本规律和社会管理的内在机理。在该观点看来，我国目前人工辅助生殖的现状是，随着生殖科技的迅速发展，人工生殖需求压力不断加大，但我国目前的民事法律未对胚胎保护做出特别规定，原卫生部颁布的《人类辅助生殖技术管理办法》等部门规章由于适用范围有限，效力级别较低、规范事项不足等缺陷，本案的终审判决，在某种意义上也暗示了立法机关宜在条件成熟时机适当时尽快启动相关立法程序，以健全完善人工生殖的法律体系，切实保障各方当事人的合法权益。[③] 此种观点颇值赞同。

---

① 这种担忧并非没有道理。事实上，本案当事人在取得对于冷冻胚胎的监管、处置权之后，确实即走向了一审法院所担忧的代孕之路。根据新闻的后续报道，当事人已经委托老挝代孕妈妈通过代孕于2017年12月9日在广州产下一名男婴。相关新闻报道参见于澄、刘青、陈睿哲、梁成栋：《〈法制日报〉此前报道的国内首例冷冻胚胎继承案，4老人寻代孕最终产子》，法制网，2018年4月12日，https：//baijiahao.baidu.com/s? id =1597523037210713187&wfr = spider&for = pc，最后访问日期：2019年3月19日。

②③ 参见张圣斌、范莉、庄绪龙：《人体冷冻胚胎监管、处置权归属的认识》，载《法律适用》2014年第11期，第46～47页。

三、区分对待代孕协议的效力

对于理论和司法实践普遍视代孕为违反法律或公序良俗的观点，应当理性对待。事实上，代孕过程中普遍会涉及代孕协议的法律效力界定问题。就代孕协议的本质来看，其属于民事法律行为。在我国现行民事法律体系下，民事法律行为是否有效取决于当事人是否具备相应的行为能力、意思表示是否真实以及是否违反法律或公序良俗。在我国当前的法律实践中，界定代孕协议是否有效，最受争议的其是否构成对法律或公序良俗的违反。那么代孕协议是否违反了法律的禁止性规定或公序良俗呢？

（一）代孕协议是否违反法律

依据《中华人民共和国人口与计划生育法》（下文简称《人口与计划生育法》）[①] 第 17 条，公民享有生育权；依据《中华人民共和国妇女权益保障法》（下文简称《妇女权益保障法》）[②] 第 41 条，妇女享有生育的自由。对于生育权的具体实现途径以及妇女所享有的生育自由，法律并未予以明确规定。这是不是意味着，特定自然人为生育权的实现而有权与那些享有生育自由的女性约定，通过由后者以代孕的形式来完成前者所欲实现的生育目的？依据《中华人民共和国民法总则》（下文简称《民法总则》）[③] 第 3 条、第 8 条、第 10 条等规定，自然人的合法权益受法律保护，但自然人合法权利的行使必须遵守法律规定，在无法律规定时应不违背公序良俗。由此需要界定的是，在狭义的法律即制定法并未就与代孕有关的事项作出规定时，普遍意义上被认为属于国家政策的行政规章，[④] 会对前述代孕协议的效力产生影响吗？

在当前的法律实践中，与代孕事宜相关的行政规章主要是指原卫生部

[①] 2001 年 12 月 29 日第九届全国人民代表大会常务委员会第二十五次会议通过，根据 2015 年 12 月 27 日第十二届全国人民代表大会常务委员会第十八次会议《关于修改〈中华人民共和国人口与计划生育法〉的决定》修正。

[②] 1992 年 4 月 3 日第七届全国人民代表大会第五次会议通过，根据 2005 年 8 月 28 日第十届全国人民代表大会常务委员会第十七次会议《关于修改〈中华人民共和国妇女权益保障法〉的决定》修正。

[③] 2017 年 3 月 15 日第十二届全国人民代表大会第五次会议通过。

[④] 国家政策对于民事行为效力的影响，相关学理讨论参见朱庆育：《民法总论》，北京大学出版社 2013 年版，第 40 页；龙卫球：《民法总论》，中国法制出版社 2001 年版，第 35 页；张红：《论国家政策作为民法法源》，载《中国社会科学》2015 年第 12 期；刘颖：《论民法中的国家政策——以〈民法通则〉第 6 条为中心》，载《华东政法大学学报》2014 年第 6 期。

2001 年颁布的《人类精子库管理办法》以及《人类辅助生殖技术管理办法》等。其中依据《人类精子库管理办法》第 3 条规定，精子与卵子的采集与提供应遵守当事人自愿和符合社会伦理原则，并且不得以营利为目的。① 这意味着，在非以营利为目的的前提下，当事人自愿且符合社会伦理原则的精子、卵子采集协议并不违反该行政规章。例如，前述胚胎案中沈刘二人在遭遇生育障碍时，自愿与医院达成的通过特定程序采集精子、卵子并形成体外胚胎的协议，产生法律上的约束力。② 同时，依据《人类辅助生殖技术管理办法》第 3 条规定，禁止以任何形式买卖配子、合子、胚胎，医疗机构和医务人员不得实施任何形式的代孕技术。③ 问题是该行政规章于此仅强调受其管理的医疗机构与医务人员不得实施代孕技术，其仅希望通过技术垄断与控制而限制代孕事件的发生。④ 原卫生部此举实际上意味着，若夫妻双方中的妻子没有生育能力，那么其原则上无法通过与他人达成代孕协议而实现生育目标。于此场合通过有效协议所取得的体外胚胎仅能通过代孕技术而由婚姻之外的第三人完成孕育的过程，这种技术恰恰是被《人类辅助生殖技术管理办法》所禁止的。

就此而言，即使国家政策可以作为民法法源而在司法实践当中事实性地发挥裁判功能，⑤ 但现行法以及相关的国家政策对代孕协议的效力也并未完全予以明确肯定或否定，因此不能遽然以《民法总则》第 143 条规定的违反法律规定来否定代孕协议的效力。对此，尚需通过公序良俗原则进一步界定。

（二）是否违反公序良俗原则

依据《民法总则》第 8 条、第 10 条、第 143 条，民事法律行为不应违反公序良俗。对于什么是公序良俗，什么情形下会存在对公序良俗的违反，法律并没有明确的规定，学理上也存在较大争议。一般认为，当民事法律行为以从事犯罪或帮助犯罪为内容、规避课税为目的、危害社会秩序、违反性道德、违反人格和人格尊严、危害家庭关系、限制经济自由、

---

① 中华人民共和国卫生部令第 15 号。

② 参见江苏省宜兴市人民法院 (2013) 宜民初字第 2729 号民事判决书。

③ 中华人民共和国卫生部令第 14 号。

④ 参见朱晓峰：《民法典编纂视野下胎儿利益的民法规范：兼评五部民法典建议稿胎儿利益保护条款》，载《法学评论》2016 年第 1 期，第 186 页。

⑤ 对于国家政策作为民法法源，学理上存在不同观点，即使是支持者，也认为应当通过民法上的转介机制而非直接适用的方式，承认其在司法实践中的作用。参见张红：《论国家政策作为民法发源》，载《中国社会科学》2015 年第 12 期，第 133 页。

违反公平竞争及违反劳动者保护时，即可认定民事法律行为因违反公序良俗而无效。[1]

在有偿代孕场合，代孕协议双方以受托人通过子宫提供生育服务行为为标的，并以一定之金钱为该服务之对价，属于对作为民法之价值基础的人的尊严的严重违反。受康德思想影响，现代以来的法律实践观所坚持的人仅能是目的而不能被当作工具的基本立场承认，"每个人都有权要求其他任何人尊重他的人格、不侵害他的生存（生命、身体、健康）和他的私人领域；相应地，每一个人对其他任何人也都必须承担这种尊重他人人格以及不侵害他人权利的义务"。[2] 对此，我国 1982 年《中华人民共和国宪法》（下文简称《宪法》）第 38 条也明确规定了人格尊严不受侵犯。[3] 这种不受侵犯的宪法上的人格尊严虽然不能直接作为民事裁判依据，但其可以通过民法上作为一般条款的公序良俗原则而对民事活动产生影响。[4] 在《民法总则》第 109 条将人格尊严明确予以规定的情况下，人格尊严条款可以直接在民事法律领域发挥作用。而将女性的子宫通过代孕协议确定为委托人提供生育服务的工具，恰恰是对《宪法》《民法总则》所确定的人格尊严以及以之为一般法律思想来源之一的公序良俗的严重违反，于此场合的代孕协议当然无效。

存在问题的是，对于无偿的情谊代孕行为是否当然无效，值得讨论。以人之尊严的普遍承认为基础的公序良俗原则，还应内涵尊重人格自由发展的积极要素。在我国现行法律体系下，特别是在此之前稍微放开的计划生育政策影响下，对那些因实施计划生育政策而仅生了一个孩子的夫妻来讲，在孩子成年后因事故去世而自己又因年龄或其他缘故一方或双方丧失

---

[1]　参见梁慧星：《市场经济与公序良俗原则》，载《民商法论丛》第 1 卷，法律出版社 1994 年版，第 57～58 页。

[2]　参见朱晓峰：《作为一般人格权的人格尊严权——以德国侵权法中的一般人格权为参照》，载《清华法学》2014 年第 1 期，第 65～66 页。

[3]　依据中国当代宪法学主流理论，1982 年《宪法》第 38 条的人格尊严应受法律保护，一方面，考虑到"文化大革命"期间关于人之尊严遭受侵犯的惨痛教训，另一方面，借鉴国外宪政主义的经验，因此，该规定具有启蒙的意义。这也表明，我国法律实践中人格尊严的思想基础并非源自传统法律文化，其毋宁是因现代社会背景下实践的需要而借鉴和学习西方宪政主义的产物。相关论述参见朱晓峰：《作为一般人格权的人格尊严权——以德国侵权法中的一般人格权为参照》，载《清华法学》2014 年第 1 期，第 49 页。

[4]　关于社会公共利益原则与公序良俗原则之间规范关系的详细论述，可参见郑永流、朱庆育等编著：《中国法律中的公共利益》，北京大学出版社 2014 年版，第 39～40 页。对基本权利规则第三人效力理论的批判观点参见李海平：《基本权利间接效力理论批判》，载《当代法学》2016 年第 4 期，第 48 页；［日］高桥和之，陈道英译：《"宪法上人权"的效力不及于私人间——对人权第三人效力上的"无效力说"的再评价》，载《财经法学》2018 年第 5 期，第 64 页以下。

生育能力的场合中，在不违反基本人伦的前提之下，是否可以适当承认那些基于友情而无偿代孕的行为？若人因自主意志选择不生或少生，那么其基于《宪法》所享有的基本权利中内涵的以基因传承和种的繁衍为核心的生育权在实践中遭遇的风险就属于自己责任的范畴；但如果因为国家的干预而使人被迫选择只生一个，那么人因为这种选择而在嗣后遭遇生育权实现危机时，国家是否有义务采取补救措施来为这些陷于困境的家庭提供救济？而通过有限度的承认代孕，恰恰可以在技术上部分程度地解决失独家庭在这里所面临的困境。① 就此而言，在坚持保护人的尊严的价值基础之上，基于人格自由发展特别是特定情形下生育权的实现的考虑，无偿的友情代孕等并不必然因违反社会公共利益原则而无效。

（三）小结

如果委托人与受托人之间签订有偿的代孕协议，以金钱给付作为受托人提供子宫并孕育体外胚胎之行为的对价，那么显然侵犯了受托人的人格尊严，违反了公序良俗原则，依据《民法总则》第 8 条、第 132 条和第 143 条，应当为无效。实践中有法院在判决书中笼统地认为《人类辅助生殖技术管理办法》"虽为部门规章，不能作为确认代孕子女法律地位及监护权的法律依据，但国家对于代孕之禁止立场已明确。私权领域虽有'法无禁止即可为'之原则，却并不代表私权主体的任何权利义务都可通过民事协议来处分，代孕行为涉及婚姻家庭关系、伦理道德等人类社会之基本问题，不同于一般民事行为，故不适用契约自由原则。尽管代孕行为在我国尚不合法……"等，并没有根据代孕所涉具体事宜对代孕协议的效力进行区分界定，显然并不适当。事实上，司法实践中持此立场的法院亦非鲜见。在深圳西尔斯国际商务咨询有限公司与孙某服务合同纠纷案中，一审法院在判决书中明确写道："在我国，代孕行为涉及代孕者的生命、身体、健康等多种重大的物质性人格利益，也涉及代孕孕母和委托代孕的父母之间关于代孕所生的子女亲属关系的确立、子女抚养的纠纷以及履行代孕合同过程中产生的多种不可预知的风险，因此，我国的相关立法已经明确规定，不允许医疗机构和医务人员从事任何形式的代孕技术，也不允许在市场上以任何形式买卖配子、合子、胚胎，在市场交易中，应严禁将相关代

---

① 事实上，沈某南等与刘某法等监管权和处置权纠纷案中的失独家庭对于子女所遗留之胚胎的争夺，所反映出来的正是这种困境。参见江苏省无锡市中级人民法院（2014）锡民终字第01235 号民事判决书。

孕的行为商业化，并杜绝相关机构因从事代孕有关的服务而从中谋取商业利益。从事代孕有关的行为与我国传统的社会伦理、道德以及公序良俗的基本原则明显相违背。在我国普遍的司法实践中，因代孕孕母和委托代孕的父母之间签署的涉及代孕权利义务关系的合同，或者以谋取商业利润为目标的中介商业代孕机构和委托代孕的父母之间签订的有关代孕的居间服务合同均会因违反我国现行立法的规定以及公序良俗的基本原则而被认定为无效合同。"① 该案二审法院亦持相同立场："我国民事主体在订立有关民事合同时不得违反我国社会的公序良俗。涉案合同的主要内容是西尔斯公司以盈利为目的，为孙某提供去美国代孕的各项前期准备及居间服务。代孕行为涉及代孕者的人格权益，也涉及代孕孕母和委托代孕的父母与代孕所生的子女之间亲属关系确立、抚养等法律、伦理难题。从事代孕有关的行为与我国传统的社会伦理、道德以及公序良俗的基本原则相违背。"② 这种全盘否定代孕的立场显然并不利于现实生活中具体人合理需求的满足。司法实践中面对具体案件的法院在判决中应注意论证言辞的严谨性，实践中亦有法院仅针对个案的情形进行处理。例如，在高某、李某委托合同纠纷案中，二审法院在判决书中即认为"双方签订合作协议约定开展赴美生子、国外代孕业务，超出了北京美嘉之星教育咨询有限公司的经营范围，而代孕业务有违我国公序良俗和社会公德，而且从事代孕和代孕中介是我国打击的对象"，从而确认合同无效。③ 从法律论证方法的严谨性上来讲，这种论证显然更值得赞同。

第五节 结 论

在我国现有法律体系中，将体外胚胎界定为何种性质本身并不重要。重要的是对于此种内涵生命潜质并体现特定主体生育利益与社会公共利益激烈博弈的存在提供一个正当性、合法性基础无虞的处置规则来。从当前学说理论与相应的司法实践所持的主流立场来看，主要应区分以下两种情况对待。

第一，在存在有效协议且协议对于体外胚胎的处置有详尽约定时，自然依协议来处置体外胚胎。夫妻对于体外胚胎的管理处置在不违反法

---

① 参见广东省深圳前海合作区人民法院（2017）粤0391民初1893号民事判决书。
②③ 参见山东省德州市中级人民法院（2017）鲁14民终1863号民事判决书。

律规定和公序良俗的前提下享有较大的自主权，此种自主权的基础在于生育权。

第二，在夫妻双方皆亡故且不存在有效的约定或约定未对体外胚胎的处置有详尽的规定，于此情形下应在平衡社会公共利益和涉案当事人之人格利益的基础上，在个案中具体确定体外胚胎的处置策略，而非当然地提供统一的解决方案，或当然牺牲社会公共利益，或全然置个案中具体当事人的人格利益保护于不顾，以此在制定法的安定性和社会现实需求之间寻得妥适的平衡。

附录案例一：沈某南、邵某妹与刘某法、胡某仙对冷冻胚胎监管处置纠纷案*

裁判要旨

夫妻双方在医院冷冻胚胎并约定保存期限，后因意外事件身亡，到期后医院不能根据约定的相关条款单方面任意处置胚胎。在我国现行法律对胚胎的法律属性没有明确规定的情况下，综合考虑伦理、情感、特殊利益保护三方面，将胚胎的监管权和处置权归已故夫妻双方父母享有。当然，双方父母作为权利主体，在行使监管权和处置权时，应当遵守法律且不得违背公序良俗和损害他人之利益。

基本案情

上诉人（原审原告）沈某南、邵某妹。

两上诉人的共同委托代理人郭某兵、郭某。

被上诉人（原审被告）刘某法、胡某仙。

原审第三人南京鼓楼医院，住所地南京市鼓楼区中山路 321 号。

法定代表人韩某曙，该院院长。委托代理人王某，该院生殖中心医生。

委托代理人郑某兰，江苏永某律师事务所律师。

上诉人沈某南、邵某妹因与被上诉人刘某法、胡某仙，原审第三人南京鼓楼医院监管权和处置权纠纷一案，不服宜兴市人民法院（2013）宜民初字第 2729 号民事判决，向本院提起上诉。本院于 2014 年 7 月 2 日受理后，依法组成合议庭审理了本案，现已审理终结。

原审法院审理查明：

沈某与刘某于 2010 年 10 月 13 日登记结婚，于 2012 年 4 月 6 日取得生育证明。2012 年 8 月，沈某与刘某因"原发性不孕症、外院反复促排卵及人工授精失败"，要求在南京市鼓楼医院（以下简称"鼓楼医院"）施行体外受精—胚胎移植助孕手术；鼓楼医院在治疗过程中，获卵 15 枚，受精 13 枚，分裂 13 枚；取卵后 72 小时为预防"卵巢过度刺激综合征"，鼓楼医院未对刘某移植新鲜胚胎，而于当天冷冻 4 枚受精胚胎。治疗期

---

* 江苏省无锡市中级人民法院（2014）锡民终字第 01235 号民事判决书。案例来源：北大法宝，【法宝引证码】CLI. C. 8318782，网址链接：https://www.pkulaw.com/pfnl/a25051f3312b07f-3673df5916fbbad9309673c55657bc423bdfb.html？keyword＝沈新南，最后访问日期：2019 年 3 月 19 日。

间，刘某曾于 2012 年 3 月 5 日与鼓楼医院签订《辅助生殖染色体诊断知情同意书》，刘某在该同意书中明确对染色体检查及相关事项已经了解清楚，同意进行该检查；愿意承担因该检查可能带来的各种风险；所取样本如有剩余，同意由诊断中心按国家相关法律、法规的要求代为处理等。2012 年 9 月 3 日，沈某、刘某与鼓楼医院签订《配子、胚胎去向知情同意书》，其知情同意书上载明两人在鼓楼医院生殖医学中心实施了试管手术，获卵 15 枚，移植 0 枚，冷冻 4 枚，继续观察 6 枚胚胎；对于剩余配子（卵子、精子）、胚胎，两人选择同意丢弃；对于继续观察的胚胎，如果发展成囊胚，两人选择同意囊胚冷冻。同日，沈某、刘某与鼓楼医院签订《胚胎和囊胚冷冻、解冻及移植知情同意书》，鼓楼医院在该同意书中明确，胚胎不能无限期保存，目前该中心冷冻保存期限为一年，首次费用为三个月，如需继续冷冻，需补交费用，逾期不予保存；如果超过保存期，沈某、刘某选择同意将胚胎丢弃。2013 年 3 月 20 日 23 时 20 分许，沈某驾驶苏 B5U858 车途中在道路左侧侧翻，撞到路边树木，造成刘某当日死亡，沈某于同年 3 月 25 日死亡的后果。现沈某、刘某的 4 枚受精胚胎仍在鼓楼医院生殖中心冷冻保存。

后因对上述 4 枚受精胚胎的监管权和处置权发生争议，沈某南、邵某妹遂诉至法院，认为其子沈某与儿媳刘某死亡后，根据法律规定和风俗习惯，胚胎的监管权和处置权应由其行使，要求法院判如所请。审理中，因涉案胚胎保存于鼓楼医院，与本案审理结果存在关联性，故原审法院追加该院作为第三人参加诉讼。

原审另查明，沈某系沈某南、邵某妹夫妇之子；刘某系刘某法、胡某仙夫妇之女。

上述事实，有病历简介、病历资料、准生证、事故认定书、结婚证、户籍资料、知情同意书及原审法院开庭笔录等证据在卷佐证。

原审法院认为：

公民的合法权益受法律保护。沈某与刘某因自身原因而无法自然生育，为实现生育目的，夫妻双方至鼓楼医院施行体外受精—胚胎移植手术。现夫妻双方已死亡，双方父母均遭受了巨大的痛苦，沈某南、邵某妹主张沈某与刘某夫妻手术过程中留下的胚胎作为其生命延续的标志，应由其负责保管。但施行体外受精—胚胎移植手术过程中产生的受精胚胎为具有发展为生命的潜能，含有未来生命特征的特殊之物，不能像一般之物一样任意转让或继承，故其不能成为继承的标的。同时，夫妻双方对其权利的行使应受到限制，即必须符合我国人口和计划生育法律法规，不违背社会伦理和道德，并且必须以生育为目的，不能买卖胚胎等。沈某与刘某夫妻均已死亡，通过手术达到生育的目的已无法实现，故两人对手术过程中留下的胚胎所享有的受限制的权利不能被继承。综上，对于沈某南、邵某妹提出的其与刘某法、胡某仙之间，应由其监管处置胚胎的诉请，法院不予支持。依照《中华人民共和国民法通则》第五条、《中华人民共和国继承法》第三条之规定，原审法院判决驳回沈某南、邵某妹的诉讼请求。案件受理费80元，由沈某南、邵某妹负担。

上诉人沈某南、邵某妹不服原审判决，向本院提出上诉称：（1）一审判决受精胚胎不能成为继承的标的没有法律依据。我国相关法律并未将受精胚胎定性为禁止继承的物，涉案胚胎的所有权人为沈某、刘某，是两人的合法财产，应当属于继承法第三条第（七）项"公民的其他合法财产"。在沈某、刘某死亡后，其生前遗留的受精胚胎，理应由上诉人继承，由上诉人享有监管、处置权利。（2）根据沈某、刘某与鼓楼医院的相关协议，鼓楼医院只有在手术成功后才具有对剩余胚胎的处置权利。现沈某、刘某均已死亡，手术并未进行，鼓楼医院无论是依据法律规定还是合同约定，对涉案胚胎均无处置权利。一审法院认定胚胎不能被继承，将导致涉案胚胎在沈某、刘某死亡后即无任何可对其行使权利之人。综上，请求撤销原审判决，判决4枚冷冻胚胎的监管权和处置权归上诉人。

被上诉人刘某法、胡某仙辩称：涉案胚胎是女儿女婿遗留下来的，上诉人和被上诉人均有监管权和处置权。要求法院依法判决。

原审第三人鼓楼医院辩称：胚胎是特殊之物，对其处置涉及伦理问题，不能成为继承的标的；根据《人类辅助生殖技术管理办法》等原卫生部的相关规定，也不能对胚胎进行赠送、转让、代孕。要求驳回上诉，维持原判。

二审查明的事实与原审查明的事实一致，本院予以确认。

另查明，南京市鼓楼医院现已更名为南京鼓楼医院。

本案的争议焦点为：涉案胚胎的监管权和处置权的行使主体如何确定？

本院认为，公民合法的民事权益受法律保护。基于以下理由，上诉人沈某南、邵某妹和被上诉人刘某法、胡某仙对涉案胚胎共同享有监管权和处置权：

1. 沈某、刘某生前与南京鼓楼医院签订相关知情同意书，约定胚胎冷冻保存期为一年，超过保存期同意将胚胎丢弃，现沈某、刘某意外死亡，合同因发生了当事人不可预见且非其所愿的情况而不能继续履行，南京鼓楼医院不能根据知情同意书中的相关条款单方面处置涉案胚胎。

2. 在我国现行法律对胚胎的法律属性没有明确规定的情况下，结合本案实际，应考虑以下因素以确定涉案胚胎的相关权利归属：一是伦理。施行体外受精—胚胎移植手术过程中产生的受精胚胎，具有潜在的生命特质，不仅含有沈某、刘某的DNA等遗传物质，而且含有双方父母两个家族的遗传信息，双方父母与涉案胚胎亦具有生命伦理上的密切关联性。二是情感。白发人送黑发人，乃人生至悲之事，更何况暮年遽丧独子、独女！沈某、刘某意外死亡，其父母承欢膝下、纵享天伦之乐不再，"失独"之痛，非常人所能体味。而沈某、刘某遗留下来的胚胎，则成为双方家族血脉的唯一载体，承载着哀思寄托、精神慰藉、情感抚慰等人格利益。涉案胚胎由双方父母监管和处置，既合乎人伦，亦可适度减轻其丧子失女之痛楚。三是特殊利益保护。胚胎是介于人与物之间的过渡存在，具有孕育成生命的潜质，比非生命体具有更高的道德地位，应受到特殊尊重与保护。在沈某、刘某意外死亡后，其父母不但是世界上唯一关心胚胎命运的主体，而且亦应当是胚胎之最近、最大和最密切倾向性利益的享有者。综上，判决沈某、刘某父母享有涉案胚胎的监管权和处置权于情于理是恰当的。当然，权利主体在行使监管权和处置权时，应当遵守法律且不得违背公序良俗和损害他人之利益。

3. 至于南京鼓楼医院在诉讼中提出，根据卫生部的相关规定，胚胎不能买卖、赠送和禁止实施代孕，但并未否定权利人对胚胎享有的相关权利，且这些规定是卫生行政管理部门对相关医疗机构和人员在从事人工生殖辅助技术时的管理规定，南京鼓楼医院不得基于部门规章的行政管理规定对抗当事人基于私法所享有的正当权利。

本院还注意到，原审在本案的诉讼主体结构安排方面存在一定的瑕疵，本应予以纠正。但考虑本次诉讼安排和诉讼目的的指向恒定，不会对诉讼主体的程序和实体权利义务的承担造成紊乱，本院不再作调整。另外，根据上诉人在原审中的诉请以及当事人之间法律关系的性质，本案案由应变更为监管权和处置权纠纷。

综上，沈某南、邵某妹和刘某法、胡某仙要求获得涉案胚胎的监管权和处置权合情、合理，且不违反法律禁止性规定，本院应予支持。依照《民法通则》第五条、第六条、第七条，《民事诉讼法》第一百七十条第一款第（二）项之规定，判决如下：

一、撤销宜兴市人民法院（2013）宜民初字第2729号民事判决；

二、沈某、刘某存放于南京鼓楼医院的4枚冷冻胚胎由上诉人沈某南、邵某妹和被上诉人刘某法、胡某仙共同监管和处置；

三、驳回上诉人沈某南、邵某妹其他诉讼请求。

一审、二审案件受理费共计160元，由上诉人沈某南、邵某妹和被上诉人刘某法、胡某仙各半负担。

本判决为终审判决。

附录案例二：郭某俊与山东山大附属生殖医院有限公司合同纠纷案*

裁判要旨

夫妻双方与医疗机构依法共同签署的实施"体外受精—胚胎移植"手术的合同对各方均有约束力。服务合同中载明每次冷冻胚胎复苏移植前需要夫妇同时签字确认，在丈夫已经死亡的情况下，妻子一方要求医疗机构继续履行合同缺乏合同上的依据。另外，《人类辅助生殖技术规范》第三条第（十三）项规定"禁止给不符合国家人口和计划生育法规和条例规定的夫妇和单身妇女实施人类辅助生殖技术"，在丈夫死亡后妻子即为单身妇女，若医疗机构为其实施人类辅助生殖技术将违反上述部门规章规定。最后，如果妻子利用之前冷冻的胚胎复苏移植生育出子女，该子女从一出生就将面临身份地位不明确的尴尬状态，对该子女来说可能会造成心理上的巨大压力，不利于其身心的健康成长。

基本案情

原告：郭某俊，女，1990年8月1日生，汉族，住所地山东省新泰市。

委托诉讼代理人：马某，女，新泰新某法律服务所法律工作者，住所地山东省新泰市。

被告：山东山大附属生殖医院有限公司，住所地济南市。

法定代表人：马某龙，总经理。

委托诉讼代理人：卜某梅，山东易某律师事务所律师。

张某，山东易某律师事务所律师。

原告郭某俊与被告山东山大附属生殖医院有限公司医疗服务合同纠纷一案，本院于2017年10月9日立案后，依法适用简易程序，于2017年11月6日公开开庭进行审理。原告郭某俊及其委托诉讼代理人马某，被告山东山大附属生殖医院有限公司法定代表人马某龙的委托诉讼代理人卜某梅、张某到庭参加诉讼。本案现已审理终结。

---

* 参见山东省济南市市中区人民法院（2017）鲁0103民初7541号民事判决书。案例来源：北大法宝，【法宝引证码】CLL C. 59177073，网址链接：https://www.pkulaw.com/pfnl/a25051f-3312b07f3763815887c58f5394884ccafea87abdbbdfb.html？keyword = % E9% 83% AD% E8% 8B% B1% E4% BF%8A% 20，最后访问日期：2019年3月19日。

原告郭某俊向本院提出诉讼请求：（1）要求被告为原告完成"体外受精—胚胎移植"手术；（2）本案诉讼费用由被告承担。事实和理由：2014年2月原告和丈夫公某因不孕到被告处诊疗，原告夫妇分别在被告医院行取卵术、取精术，被告知原告将用低温保存技术保存胚胎6管共9个。2014年8月进行了"体外受精—胚胎移植"手术，后来顺利生产了第一胎。2017年3月20日，原告夫妇为生育二胎再次实施"体外受精—胚胎移植"手术。15天后，经过检查移植手术没有成功。2017年5月4日凌晨，原告的丈夫公某服毒住院，住院期间公某多次嘱咐原告继续移植手术。虽然经过多家医院治疗，但是2017年5月31日原告丈夫不幸去世。2017年7月12日原告要求继续完成"体外受精—胚胎移植"手术，但被告以原告的丈夫不能到场签字为由，予以拒绝实施手术。原告认为，生育权是人的基本权利，不应给予剥夺。原告是为了合法的二胎生育进行胚胎移植手术。被告也已经实施了手术，原告丈夫去世之前就与原告一同实施了二胎试管婴儿手术。只不过此次手术没有成功受孕，被告拒绝为原告继续实施胚胎移植手术，缺乏理由。原告丧偶，继续完成胚胎移植手术，不仅是传承丈夫的血脉，是原告丈夫公某的遗愿，寄托了原告的全部希望，更是实现原告生育权的合法途径。基于以上事实原被告之间业已形成服务与被服务的关系，被告应当履行服务承诺，为原告完成"体外受精—胚胎移植"手术。为维护原告合法权益，现原告依法提起诉讼，请贵院依法支持原告诉讼请求。

被告山东山大附属生殖医院有限公司辩称：一、对原、被告双方存在的合同真实性无异议，对于原告所主张的请求被告为原告完成体外受精—胚胎移植手术，被告不予认可。我国已于2001年2月20日颁布了《人类辅助生殖技术管理办法》。该办法规定："人类辅助生殖技术的应用应当在医疗机构中进行，以医疗为目的，并符合国家计划生育政策、伦理原则和有关法律规定。禁止以任何形式买卖配子、合子、胚胎。医疗机构和医务人员不得实施任何形式的代孕技术。"该办法明确了人工生育技术的实施范围，禁止任何形式的代理母亲。此外，夫妻双方要求实施人类辅助生殖技术的，应符合国家计划、生育政策、伦理原则和有关法律规定，并须签署同意书。从该办法中可以看出，本案中的原告已达不到适合做体外受精—胚胎移植手术的条件。（1）被告若继续为原告做此手术就违背了国家的计划生育政策：夫妻双方符合生育二胎的条件，有权利生育二胎。此案中的原告是不符合夫妻双方的条件的（因一方去世）。（2）根据伦理原则：

被告也不能为原告实施此项手术，因为孩子一出生就在缺失父爱的家庭中，对未出生的孩子来说，也是不公平的。（3）根据相关法律的规定，做体外受精—胚胎移植手术必须夫妻双方签署知情同意书，现原告方达不到此条件，被告方无权利违规做此手术。二、因现行婚姻法对于人工生殖子女的法律地位无明确的规定，最高院为此做出司法解释，指出："在夫妻关系存续期间，双方一致同意进行人工授精的，所生子女应视为夫妻双方的婚生子女，父母子女间的权利义务关系适用婚姻法的有关规定。"从此解释中可以看出：做体外受精—胚胎移植手术（即人工授精）必须是在：（1）夫妻关系存续期间，原告不符合条件；（2）双方一致同意进行人工授精的，原告也无法做到；所以被告不能为原告做体外受精—胚胎移植手术。三、原告诉称：原被告之间已形成服务与被服务的关系，被告应当为原告完成体外受精—胚胎移植手术。被告是一家正规的医疗机构，所有的手术都是以医疗为目的，各项操作也都是符合国家法律法规的。综上，原告家庭出现此重大变故，被告深表同情，于情被告也是同原告一样的心情—对逝者表示哀痛，于法被告确实是不能为原告做此手术，请原告谅解。

本院经审理认定事实如下：原告郭某俊与公某系夫妻关系。两人因婚后不孕到被告处就诊。2014年4月8日，郭某俊、公某与被告签订一份《体外受精–胚胎移植知情同意书》，同意由被告为其实施"体外受精—胚胎移植"手术。2014年5月22日，被告为郭某俊实施取卵术，共取卵24枚，分六管冷冻保存。2014年5月27日，郭某俊、公某与被告签订一份《胚胎冷冻、解冻及移植知情同意书》，对胚胎冷冻、解冻及移植事项进行了约定，该知情同意书第4条约定：每次冷冻胚胎复苏移植前夫妇均需同时签字，或者夫妇签字的同时再审核复印全套原始有效证件。第8条约定：冷冻胚胎为夫妇共有，若夫妇关系变更（如离婚、一方死亡等情况）；我们有义务及时来医院办理胚胎销毁手续。2014年8月5日，郭某俊、公某在该《胚胎冷冻、解冻及移植知情同意书》末尾的第1次冷冻胚胎复苏一栏签字确认。2014年7月21日，被告将体外受精胚胎植入郭某俊子宫，郭某俊于2015年5月9日成功生育一女公某雨。2016年9月6日，公某与被告签订一份《冷冻保存期满后胚胎/合子/卵子处理知情同意书》，公某确认继续冷冻其在被告处冷冻保存的胚胎9个月（自2016年5月22日至2017年2月21日）。2017年3月29日，郭某俊、公某与被告签订一份《第2次冷冻胚胎解冻及移植知情同意书》，其中第4条、第8条的内容与上述《胚胎冷冻、解冻及移植知情同意书》第4条、第8条的内容相同。2017年3月31日，郭某俊与被告签订一份《冷冻保存期满后胚胎/合子/卵子处理知情同意书》，郭某俊确认继续冷冻其在被告处冷冻保存的胚胎3个月（自2017年2月22日至2017年5月21日）。2017年3月20日，被告再次为郭某俊实施体外受精胚胎移植术，但未成功。2017年5月31日，公某服毒自杀后抢救无效死亡。被告认可其现保存有四管郭某俊和公某的冷冻胚胎。

本院认为，《中华人民共和国合同法》第八条规定：依法成立的合同，对当事人具有法律约束力。当事人应当按照约定履行自己的义务，不得擅自变更或者解除合同。本案中，原告与其丈夫公某因不孕到被告处就诊，被告同意为其实施"体外受精—胚胎移植"手术，双方之间所形成的医疗服务合同合法、有效，双方均应按照严格合同约定履行各自义务。本案的争议焦点为：在公某已经死亡的情况下，原告是否有权要求被告继续履行该合同？对于该问题，本院认为应当从以下三个方面进行分析。

首先，从合同本身内容来看，郭某俊、公某与被告于2014年5月27日、2017年3月29日所签订的两份《冷冻胚胎解冻及移植知情同意书》中均载明每次冷冻胚胎复苏移植前需要夫妇同时签字确认。现公某已经死亡，无法作出该项意思表示，且原告也未举证证明公某在2017年3月20日的体外受精胚胎移植术失败后曾表示过想再次进行冷冻胚胎复苏移植的意愿，故合同所约定的进行冷冻胚胎复苏移植的条件无法实现。原告要求被告继续履行合同缺乏合同上的依据。

其次，从相关部门规章来看，原卫生部于2001年2月20日发布的《人类辅助生殖技术管理办法》第十三条规定：实施人类辅助生殖技术应当符合卫生部制定的《人类辅助生殖技术规范》的规定。《人类辅助生殖技术规范》第三条第（十三）项规定：禁止给不符合国家人口和计划生育法规和条例规定的夫妇和单身妇女实施人类辅助生殖技术。本案中，原告郭某俊在公某死亡后即为单身妇女，被告为其实施人类辅助生殖技术将违反上述部门规章的规定。

最后，从是否有利于社会关系稳定及孩子成长的角度来看，如果原告利用之前冷冻的胚胎复苏移植生育出子女，由于我国法律法规尚未对该类子女的身份地位作出明确规定，该子女从一出生就将面临身份地位不明确的尴尬状态，无疑会给相关社会关系带来一定的不稳定因素，对该子女来说也可能会造成心理上的巨大压力，不利于其身心的健康成长。

综上，原告的诉讼请求，缺乏合同及法律依据，本院不予支持。依照《中华人民共和国合同法》第七条、第八条之规定，判决如下：

驳回原告郭某俊的诉讼请求。

案件受理费 50 元，由原告郭某俊负担。

第三章

胎儿利益民法保护规则的具体构造*

传统民法的基本理念是，受民法关注的原则上只能是活着的人。对于未曾出生的胎儿而言，由于其并不具备权利能力，因此，原则上其并不在传统民法关注的视野里。然而，由于当代法的最终目的是具体的人在法律上的充分实现，为了具体人的人格尊严和人格自由发展，当代民法视域中的人就不能仅囿于活着的人，其在时间轴上应向前后延伸：对于胎儿利益的法律保护而言，德国联邦宪法法院认为："人类的尊严已经是未出生人类生命的性质，而不仅仅是已出生者或已经具有发展完全的人格的人的性质……（在）其母体怀孕期间，未出生者是某种个体性的事物，已经建立其基因性的身份，因此有独一无二性和不可替代性。它是不可分离的生命体，正处于成长和表达的阶段，还没有发展成人，但是正在向人发展。然而未出生生命的不同阶段可以从生物学、哲学和神学的角度来得到解释，问题是，这是在一个个体人类的发展中不可去除的阶段。只要生命存在于此，人类尊严就属于它。"基于此，"在母体内正在发育的胎儿，作为独立的法律主体受到《基本法》的保护"。① 对此，中国法律实践究竟持何种立场？应持何种立场？下文拟就此展开分析。

第 一 节　问 题 的 提 出

自然人的民法保护原则上以生命的存在为前提。② 但是，法律意义上的生命在什么状态下是存在着的呢？对于扎根并生成于生命科技并不十分

---

* 本部分主要内容发表于《法学评论》2016 年第 1 期。

① 参见［英］罗森，石可译：《尊严》，法律出版社 2015 年版，第 83～84 页。

② 或者说，民法中的人是活着的人，除此之外的则不是民法所关注的。参见［日］星野英一，张丽娟译：《民法中的人》，北京大学出版社 2005 年版，第 23 页。

发达的社会背景下的传统民法来说，自然人的生命始于出生，终于死亡，这似乎是不言自明的道理。① 然而，随着时代背景的急剧变化，特别是生命科技的飞速发展，使得传统意义上的生命概念在 20 世纪以后有了显著变化。② 其中最突出的是，生命科技从时间维度上拉长了生与死的跨度。③ 这种因生命科技的发展所导致的生命概念从生物学到社会学再到法学意义上的链式反应，势必对传统民法理论及相应的实践构成挑战。这种挑战主要表现为以下几个方面。

第一，民法对人的保护应始终以具备权利能力为前提条件吗？④

第二，胎儿得享有何种应受民法保护的利益？或者说，在胎儿利益的民法保护上，是否需要承认胎儿与自然人之间的现实差异，区分对胎儿至关重要而应优先得到承认的利益类型和与此相比并不十分迫切而仅需留待其活着出生后再行保护的利益类型，并以此为基础确立相应的法律规则？⑤

第三，对于生育过程中因医院的过错或者父母的坚持而出生的具有先天性严重残疾的人，是否可以因此主张不被出生的权利，或基于物质性人格利益受损而主张如医疗费等财产损害赔偿请求权以及相应的精神损害赔偿请求权？

第四，因他人侵犯母亲身体致胎儿身体健康受损，胎儿是否有权就此向行为人独立主张民法上的相关请求权？胎儿之外的与其有特定法律关系的人，如父母，是否可以据此向行为人主张相应的损害赔偿请求权？这些请求权与胎儿得主张的请求权之间的规范关系为何？

第五，胎儿因他人的过错行为未能活着出生，其可否主张民法上因生命被侵犯而得主张法律上的救济？与其有特定法律关系的主体如父母

① 参见王泽鉴：《人格权法》，北京大学出版社 2013 年版，第 100 页。

② 参见周详：《胎儿"生命权"的确认与刑法保护》，载《法学》2012 年第 8 期。

③ 当然，在传统民法领域内，生命科技领域内的生死概念标准并未普遍被民法所接受。具体参见 F. J. Säcker/R. Rixecker Hrsg. , Münchener Kommentar zum Bürgerliches Gesetzbuch: Schuldrecht Besonderer Teil Ⅲ, Band 5, C. H. Beck, 2009, § 823, RdNr. 66; J. Hager, J. von Staudingers Kommentar zum Bürgerliches Gesetzbuch mit Einführungsgesetz und Nebengesetzen, Buch 2. Recht der Schuldverhältnisse § § 823 – 825, Sellier de Gruyter, 1999, § 823, RdNr. B 1.

④ 在德国，民法学界在二十世纪六十年代就此问题提出了质疑，参见 Selb, Schädigung des Menschen vor Geburt-ein Problem der Rechtsfähigkeit?, AcP 166 (1966), S. 76. 我国学理上也有观点认为，是否享有权利或具备权利能力，并不是法律保护胎儿利益的必要前提。参见李海昕：《胎儿权益的民法保护》，载《人民司法》2009 年第 24 期。

⑤ 对胎儿与已出生的自然人是否应在法律上区别对待，法学理论和相应法律实践存在不同观点，例如，有观点基于生命平等的视角而坚持胎儿应在法律上与自然人具有同等地位，还有观点认为，胎儿民事地位的享有应通过活着出生这一解除条件而确定，等等。相关评述参见瞿灵敏：《体源者身故后遗留胚胎的法律属性及处置规则：宜兴冷冻胚胎继承纠纷案评释》，载《财经法学》2015 年第 2 期。

可否，因此主张相应损害赔偿请求权？这些请求权之间是否存在规范关系？

第六，胎儿父母可否构成对胎儿利益的侵犯？何种情形下须对胎儿承担法律责任？当第三人怂恿父母一方侵害胎儿利益的，谁有权就此向行为人主张侵权责任？行为人之间在责任承担上的规范关系是什么？

对此，在《民法总则》生效之前，除了《中华人民共和国继承法》（下文简称《继承法》）① 第 28 条承认胎儿在活着出生时对特定财产享有利益外，现行制定法在整体层面并未就此提供明确的解决方案。这导致了实践的极大困惑，不利于民法所欲保护的人在法律上的实现。② 2017 年的《民法总则》第 16 条规定："涉及遗产继承、接受赠与等胎儿利益保护的，胎儿视为具有民事权利能力。但是胎儿娩出时为死体的，其民事权利能力自始不存在。"这就部分回应并解决了现实生活中存在的问题，较之于之前的立法，有了明显的进步。③ 但问题依然存在。对此，在编纂民法典的大历史背景下，为更充分地解决胎儿利益保护问题，有必要回溯至《民法总则》制定以前，全面观察和检讨学说理论上对于胎儿利益保护的讨论和司法实践中胎儿利益的保护方案，并以此为基础来回应现实生活对于民法典编纂提出的挑战。

在《民法总则》通过之前，由学者们负责起草的几部民法典草案专家建议稿都明确规定了涉及胎儿利益保护的条款。

中国法学会起草的《中华人民共和国民法典·民法总则专家建议稿（征求意见稿）》（以下简称"法学会版草案建议稿"）第 17 条规定："涉及胎儿利益保护的，视为已出生。"

梁慧星教授负责起草的《中国民法典建议稿》（以下简称"梁慧星版草案建议稿"）第 14 条规定："凡涉及胎儿利益保护的，胎儿视为具有民事权利能力。涉及胎儿利益保护的事项，准用本法有关监护的规定。胎儿出生时为死体的，其民事权利能力视为自始不存在。"④

王利明教授负责起草的《中国民法典·人格权法编（草案）建议稿》（以下简称"王利明版草案建议稿"）第 59 条规定："胎儿的身体健康受

---

① 1985 年 4 月 10 日第六届全国人民代表大会第三次会议通过，1985 年 4 月 10 日中华人民共和国主席令第二十四号公布，自 1985 年 10 月 1 日起施行。

② 参见朱晓峰：《作为一般人格权的人格尊严权：以德国侵权法上的一般人格权为参照》，载《清华法学》2014 年第 1 期。

③ 参见张新宝：《〈中华人民共和国民法总则〉释义》，法律出版社 2017 年版，第 34 页。

④ 参见梁慧星主编：《中国民法典草案建议稿》，法律出版社 2013 年版，第 18 页。

到损害的，在其出生后，享有损害赔偿请求权。"①

杨立新教授负责起草的《中华人民共和国民法总则（草案）建议稿》（以下简称"杨立新版草案建议稿"）第 24 条规定："胎儿以将来非死产者为限，关于其个人利益的保护，视为已出生。在出生前的第三百天，推定胎儿已经受孕。"②

徐国栋教授起草的《绿色民法典草案》（以下简称"徐国栋版草案建议稿"）第 5 条规定："出生以胎儿分离母体为准；死于母腹中的胎儿、未完全脱离母体前死亡的胎儿或分离后四十八小时内即死亡的胎儿视为未生存；胎儿出生后生存逾四十八小时的，视为生存；法律以胎儿出生为条件，承认其具有继承、接受遗赠和赠与的权利能力。"③

这五部草案建议稿都明确承认胎儿得享有民法上受保护的法律地位，为胎儿利益的保护提供了相应基础。然而，草案建议稿之间的差异也非常明显，主要表现在如下几个方面。

第一，胎儿在何种条件下得具备权利能力？其中，法学会版草案建议稿规定得最宽松，只要涉及胎儿利益保护的，均承认胎儿的权利能力；其次为梁慧星版草案建议稿、王利明版草案建议稿和杨立新版草案建议稿，其为胎儿利益提供保护，以胎儿活着出生为前提；条件限制最严格的是徐国栋版草案建议稿，其给胎儿利益提供保护的前提要求是，胎儿出生后须生存逾四十八小时。

第二，胎儿得享有何种应受法律保护的利益？王利明版草案建议稿规定得最狭窄，仅承认胎儿得就身体健康享有应受法律保护的利益；其次为徐国栋版草案建议稿，其未就胎儿得享有的人身利益进行特别限制，但在财产利益上，规定胎儿仅在继承、接受遗赠和赠与等纯获利益场合具备权利能力；其余三部草案建议稿都未就胎儿可得享有利益的范围进行限制。

第三，谁须就侵害胎儿利益承担相应的法律责任？这与以上第二方面是一体两面。法学会版草案建议稿规定得最为宽松，因为其规定，凡涉胎儿利益保护的都承认胎儿的主体地位，所以理论上，胎儿父母于此也可能需要就侵害胎儿利益而承担相应法律责任；其次为梁慧星版草案建议稿、王利明版草案建议稿和杨立新版草案建议稿，由于以胎儿活着出生为承认

①　参见王利明主编：《中国民法典·人格权法编（草案）建议稿》，法律出版社 2004 年版，第 78 页。

②　参见杨立新：《中华人民共和国民法总则（草案）建议稿》，载《河南财经政法大学学报》2015 年第 2 期。

③　参见徐国栋主编：《绿色民法典草案》，社会科学文献出版社 2004 年版，第 5 页。

主体地位的前提，因此，在胎儿未活着出生的场合，无论是父母之外的第三人，还是父母双方或其中任意一方，都无须就其侵害行为向胎儿承担责任；徐国栋版草案建议稿限制的最为严格，依其规定所确定的责任人范围理论上也窄于前者。

第四，胎儿得请求何种损害救济？王利明版草案建议稿仅承认活着出生的胎儿得就自己遭受的身体健康损害主张赔偿请求权；其余四部草案均未限定胎儿主张损害救济的方式与范围，这意味着规定于《侵权责任法》第 15 条的责任承担方式，作为受害人的胎儿在理论上都有权向责任人主张。

第五，谁得在胎儿利益受损时为胎儿利益主张相应的法律救济？除梁慧星版草案建议稿明确规定于此场合类推适用监护制度外，其余四部草案建议稿均未明确规定。当然，在承认胎儿有权利能力的场合下，其利益的保护自然可以类推适用监护制度。但由于法学会版草案建议稿理论上也承认父母对于胎儿利益的侵害属于应受法律调整的范畴，父母等与胎儿存在特定法律关系的主体并不必然会为胎儿利益而为特定行为，那么于此由谁来主张此种情形下胎儿所有权主张的法律救济，并不确定。

《民法总则》第 16 条并未完全采纳上述学者草案建议稿中的任何一种立场。从第 16 条所使用的措辞来看，其存在如下特点。

第一，在纯获财产利益场合，胎儿视为有权利能力；对于财产利益之外的人身利益如生命身体健康等，因为法律并未拟制其于此场合具有权利能力，所以并不受法律保护。

第二，若胎儿出生时为死体的，其自始即不具有权利能力，这意味着之前其因拟制的权利能力而享有的财产利益亦不存在。

显然，该条对胎儿利益的民法保护设置的条件较为严格，保护的范围亦比较狭窄。那么，该规则能否有效应对当前法律实践中的现实问题呢？下文拟在整理中国当前社会生活中侵害胎儿利益之典型情形的基础上，分析当前司法实践解决相应问题的主要依据与方案，探寻其中存在的问题与可能的改进措施，并就如何在未来的民法典中规定更为合适的相关规则提出建议。

第二节　胎儿得享有的应受法律保护的利益范围

我国现行法律体系下的制定法原则上不承认胎儿利益而仅在极例外情

形下予以承认的体例，在新的社会背景下已显得极不合时宜。① 因此，前述五部"民法典草案建议稿"均承认胎儿利益应受法律保护，具有积极意义。同时需要注意的是，民法典的制定必须与现实生活的实践需求相适应，对胎儿利益的保护，也应当以现实生活为镜鉴。因此，在确定民法典就胎儿利益保护究应采取哪些措施前，需要明确现实生活中胎儿利益侵害的类型以及由此导致的主要问题。

一、胎儿利益侵害的主要类型

涉及胎儿利益保护的法律纠纷，依据侵害主体不同，大致可以类型化为如下三种。

（一）第三人致胎儿利益受损

于此可以依据侵害是否直接作用于胎儿本身而区分为以下两种。

1. 侵害行为直接作用于胎儿本身。

这可以进一步区分为：因第三人过错致胎儿利益受损，如侵害胎儿物质性人格致其死亡;② 计生部门为计划生育政策而强行终止妊娠。③

2. 侵害行为虽未直接作用于胎儿本身，但其行为对胎儿利益产生事实上的影响。

例如，第三人过错致有严重先天缺陷的胎儿活着出生;④ 他人侵害行为致胎儿父亲死亡的场合，胎儿遭受的纯粹经济损失。⑤

（二）父母致胎儿利益受损

对此，具体可以区分为以下两种。

1. 因父母共同决定致胎儿利益受损。

例如，双方决定终止妊娠，对此可以进一步区分为：合法终止符合计

---

① 参见王利明等：《民法典应从中国土壤中生长》，载《人民日报》2015 年 5 月 6 日第 17 版。

② 参见《检察日报》法律组：《孕妇受惊吓流产能否索要胎儿死亡赔偿金》，载《检察日报》2012 年 4 月 7 日第 3 版。

③ 参见张千帆：《非人道计生是谋杀》，载《中国经济时报》2012 年 6 月 28 日第 7 版。

④ 参见云南省昆明市五华区人民法院（2006）五法西民初字第 487 号民事判决书。

⑤ 参见王某钦诉杨某胜、泸州市汽车二队交通事故损害赔偿纠纷案，载《中华人民共和国最高人民法院公报》2006 年第 3 期。

划生育政策的妊娠、① 不法终止符合计划生育政策的妊娠、② 合法终止不符合计划生育政策的妊娠。③

2. 因父母一方原因致胎儿利益受损。

例如，父亲要求母亲终止妊娠而母亲坚持生育的，父亲将自己所有财产通过遗嘱全部处分给胎儿之外的其他继承人；④ 父亲坚持生育而母亲擅自终止妊娠；⑤ 母亲明知吸毒可能致胎儿畸形但依然坚持吸毒并致胎儿畸形。⑥

（三）第三人与父母一方或双方共同致胎儿利益受损

于此场合的典型情形有以下几个方面。

1. 第三人恶意教唆、怂恿母亲擅自终止妊娠。

例如，为达到感情破裂而离婚的目的，妻子在情人的怂恿下，未经因伤丧失生育能力的丈夫同意而擅自终止妊娠。⑦

2. 父母一方或双方违反法律或公序良俗，在第三人帮助下终止妊娠，例如，想生男孩儿而将腹中经鉴定为女孩的胎儿通过不法医疗机构之手流产。⑧

3. 因第三人侵害母亲身体健康致其不得不终止妊娠，例如，第三人过错侵害母亲身体健康，母亲因治疗需要而须为特定医疗行为，该行为会导致胎儿身体健康受损，于此场合被迫终止妊娠。⑨

对于胎儿而言，上述情形均涉及对其或人身利益或财产利益的侵害，但是不是所有情形下皆应且皆可规定涉及胎儿的利益均为受民法所受保护的对象呢？是不是这些利益在民法上均应且均能被一体承认和保护呢？对此，首先应明确现实生活中与胎儿相关的利益类型与内在区分，并就此界定其与胎儿保护之间的权重比例，从而为胎儿利益的民法保护提供一个清

---

① 参见《母婴保健法》第18条。
② 参见《人口与计划生育法》第35条。
③ 参见《人口与计划生育法》第20条。
④ 参见李某华、范某诉范某业、滕某继承纠纷案，载《中华人民共和国最高人民法院公报》2006年第7期。
⑤ 参见浙江省余姚市人民法院（2006）余民一初字第1633号民事判决书；江苏省无锡市北塘区人民法院（2014）北民初字第0704号民事判决书。
⑥ 参见朱俊阳：《怀孕女子仍吸食毒品，致腹中胎儿畸形》，载《内蒙古晨报》2014年6月13日。
⑦ 参见王晨、艾连北：《再论生育权》，载《当代法学》2003年第1期。
⑧ 参见刘彦：《孕妇疑怀女私自在酒店引产被抓，法院不准再生》，载《楚天时报》2014年7月29日，第7版。
⑨ 参见四川省华蓥市人民法院（2014）华蓥民初字第966号民事判决书。

晰的利益图谱。

二、胎儿得享有的利益的主要类型

在民法所保护的权益领域内，并非所有民事权益皆会与胎儿利益保护相关，相反，对于胎儿而言，也并非所有民事权益皆为其所必需。民法承认并赋予胎儿得享有的利益，应以必要性为原则，甄别和界分那些是胎儿所必须的，并给予重点关注和规范，对此之外的则有必要通过一般条款而留待将来的法律实践去解决，保证民法典本身的相对确定性与面对丰富社会生活的适度开放性之间的动态平衡。[①] 事实上，就民法视野内胎儿的保护而言，需要重点强调的是与胎儿能否健康平安活着出生这一最佳利益密切相关的利益保护问题。因此，围绕该最佳利益的法律保障与实现，可以将胎儿利益保护区分为一个前提与三个层次。

（一）一个前提：人是否就不被出生而享有应受法律保护的利益

生命居于自然人所享有的所有法益的最核心，对自然人而言，生命的保全与维系是居于头等地位的大事。[②] 给予生命，对于任何人来讲，都是最大的利益。任何人都无权主张自己不被生下来；反之，即使父母知道胎儿严重残疾但仍坚持将之生下来，也不会对其生命利益构成侵犯。[③] 在中国的司法实践中，法院亦明确坚持这一观点，例如，在刘某妹、张某峰与深圳市龙华新区龙华人民医院医疗损害责任纠纷案的判决书当中，审理法院认为，尽管被出生者患有先天性心脏病，但从尊重生命本身的价值而言，其存在价值仍胜于无，不能认定其生命属于应予赔偿的损失。[④] 另外，从法律形式逻辑的角度出发，也同样可以推导出，在错误出生的场合，不得因生命的给予而主张相应的损害赔偿请求权，因为主张生命权被侵犯以存在或至少存在过生命为前提，对于提起权利主张的人而言，其所要否定的生命恰是其所提起之权利主张的前提，若否定了前者，则后者自然也就不会存在。

但否定自然人就出生本身所主张的权利请求，并不意味着存在过错的行为人可予免责。在医院因过错未发现胎儿存在严重生理缺陷并致严重残

① 关于一般条款功能的讨论，参见蒋舸：《反不正当竞争法一般条款的形式功能与实质功能》，载《法商研究》2014 年第 6 期。
② 参见《马克思恩格斯选集》（第 1 卷），人民出版社 1972 年版，第 4 页。
③ Vgl. Christian v. Bar, Gemeineuropäisches Deliktsrecht, Bd. 2, C. H. Beck, 1999, S. 63.
④ 参见广东深圳市中级人民法院（2014）深中法民终字第 1851 号民事判决书。

疾的孩子出生时，医院需要对自己的过错行为承担法律责任。存在问题的是，谁有权向行为人主张承担民法上的责任？在比较法的视野中，对此存在不同作法：在德国，司法实践承认错误出生者的父母对行为人有权主张损害赔偿请求权；[①] 而在法国，司法实践则同时赋予父母和错误出生者本人向行为人主张损害赔偿的权利。[②]

在我国现行民事法律体系中，父母依《中华人民共和国合同法》（下文简称《合同法》）[③] 向医院主张违约责任中的损害赔偿请求权，应无疑问，因为其与医院之间存在医疗服务合同关系，医院因过错未能完成约定的服务内容，构成瑕疵履行，需承担违约责任。[④] 对于其是否可以向行为人主张侵权法上的损害赔偿请求权，司法实践和法学理论上存在不同观点：在司法实践中，部分法院依据《母婴保健法》以及《人口和计划生育法》等规定，推导出父母享有应受民法保护的优生优育选择权，认为行为人的过错行为侵犯了父母所享有的该项权利，并据此支持了父母所主张的侵权法上的损害赔偿请求权；[⑤] 但也有法院认为，优生优育权是由作为基本权利的生育权所衍生出来的权利，其在本质上依然是基本权利，尽管《中华人民共和国母婴保健法》（以下简称《母婴保健法》）[⑥] 以及《人口和计划生育法》等也有相关规定，但这并不能改变优生优育权的本质属性，因此，其不受侵权法的保护，并据此驳回了父母所主张的侵权法上的损害赔偿请求权。[⑦] 对此，学说理论尽管在具体的论据和论证过程方面存在分歧，但都支持父母于此有权主张侵权法上的损害赔偿请求权。[⑧] 事实上，作为基本权利的生育权内涵优生优育权，所反映的是国家和个人之间权利义务关系的一种基本权利，将之作为裁判依据而直接在判决书中加以

[①] 在德国，胎儿父母得主张损害赔偿的请求权基础较为多元，合同、身体侵害以及抚养费的支出等都可以成为受害人主张损害赔偿请求权的依据，但胎儿出生即孩子本身并不产生损害。相关讨论参见 D. Medicus/S. Lorenz, Schuldrecht Ⅰ – Allgemeiner Teil, 19. Aufl., C. H. Beck, 2010, S. 342.

[②] Vgl. Christian v. Bar, Gemeineuropäisches Deliktsrecht, Bd. 2, C. H. Beck, 1999, S. 63.

[③] 第九届全国人民代表大会第二次会议于1999年3月15日通过，自1999年10月1日起施行。

[④] 参见丁春艳：《"错误出生案件"之损害赔偿责任研究》，载《中外法学》2007年第6期。

[⑤] 参见云南省昆明市中级人民法院（2007）昆民三终字第854号民事判决书。

[⑥] 1994年10月27日第八届全国人民代表大会常务委员会第十次会议通过，根据2009年8月27日第十一届全国人民代表大会常务委员会第十次会议《关于修改部分法律的决定》第一次修正，根据2017年11月4日第十二届全国人民代表大会常务委员会第三十次会议《关于修改〈中华人民共和国会计法〉等十一部法律的决定》第二次修正。

[⑦] 参见四川省成都市中级人民法院（2008）成民终字第296号民事判决书。

[⑧] 参见张红：《错误出生的损害赔偿责任》，载《法学家》2011年第6期；丁春艳：《"错误出生案件"之损害赔偿责任研究》，载《中外法学》2007年第6期。

引用，是不恰当的，其仅能通过与民法上概括条款相结合的方式而进入民事规范领域。

胎儿本身是否有权因此主张侵权法上的救济，我国司法实践中部分法院给予了否定性的回答，理由主要有二：一种认为，该种情形下的受害人一方应是胎儿父母，而不是已出生的胎儿，因为已出生者在产检时无权利能力，其不能决定自己是否出生，在其出生之后也不能对自己出生与否进行选择；[①] 另一种则认为，先天残疾婴儿的残疾一般是基于遗传因素及其他因素所造成的，并不是医院的行为所导致，所以婴儿所存在的严重先天性肢体残疾与医疗机构的过错行为不存在法律上的因果关系。[②] 当然，也有法院支持因医院过错导致出生的存有残疾的孩子的损害赔偿请求权，例如，在福建省漳州市文某等与漳州市医院医疗事故损害赔偿纠纷案中，二审法院漳州市中级人民法院在判决书中即明确指出，由于医院在发现或者怀疑胎儿有异常后没有做进一步的产前诊断，并未提出终止妊娠的医学意见，最终导致出生的婴儿肢体残缺，使原告未能生出一个肢体健全的婴儿，并且过错行为与损害结果之间存在因果关系，故支持了原告所主张的医疗费以及女婴的残疾者生活补助费、残疾用具费、精神损害赔偿费等诉讼请求。[③]

于此存在的争议本质是，司法实践中法律的适用究竟应否以法本身内在的逻辑自洽为第一要务？若坚持法律适用逻辑自洽性的优先考量，那么，于此场合否定已出生之胎儿的独立损害赔偿请求权，就是合法的。对已出生的胎儿而言，行为人的过错行为确未给其造成任何损害，或者说，已出生的胎儿所存在的严重残疾的事实，与行为人的过错行为之间并没有任何法律上的联系；[④] 行为人因过错而未能发现胎儿严重残

---

① 参见四川省南充市顺庆区人民法院（2013）顺庆民初字第 828 号民事判决书。

② 参见辽宁省大连市中级人民法院（2014）大审民再终字第 73 号民事判决书。有法院拒绝支持残疾婴儿所主张的关于残疾赔偿金的损害赔偿请求权，相关判决参见内蒙古自治区扎兰屯市人民法院（2013）扎民初字第 137 号民事判决书。

③ 案情详见福建省漳州市中级人民法院二审判决书，判决时间为 2004 年 9 月 30 日（该案的评述见梅贤明：《生下肢残儿，医院该不该赔偿》，载《人民法院报》2004 年 11 月 16 日，第 B4 版）。相关判决参见四川省南充市顺庆区人民法院（2013）顺庆民初字第 828 号民事判决书；辽宁省沈阳市中级人民法院（2015）沈中少民终字第 00030 号民事判决书；广东省深圳市中级人民法院（2014）深中法民终字第 1244 号民事判决书。

④ 事实上，司法实践中很多法院都是依据出生的婴儿所存在的严重先天性肢体残疾与医疗机构的过错行为不存在法律上的因果关系，从而拒绝给予已出生的胎儿以侵权法上的救济，相关判决参见福建省漳州市文女士和肖先生诉漳州市医院医疗事故损害赔偿纠纷案一审法院芗城区人民法院判决意见，载《人民法院报》2004 年 11 月 16 日，第 B4 版。另外，在前述陈某甲案中，一审法院顺庆区初级法院与二审南充市中级人民法院也都承认先天残疾婴儿的残疾一般是基于遗传因素以及其他因素所造成的，并不是医院的行为所导致。

疾，那么侵害的就仅是父母受民法保护的知情权与生育选择权等民事权益，在现行民事法律体系下，民事实体法和相应程序法中的适格主体只能是父母，而不能是已出生之胎儿。但若以霍姆斯所倡导的经验法则为基点，将对时代需要的感知、流行的道德和政治理论等考虑进来，[①] 特别是将现代民法所坚持的基本伦理价值即人的尊严的充分实现考虑进来，[②]那么承认已出生之胎儿于此场合的独立损害赔偿请求权，就不会在正当性问题上产生疑问。

（二）三个层次：物质性人格利益、精神性人格利益与财产性利益

1. 物质性人格利益。

生命的存续与保全，是民法上活着的人的最核心的利益。[③] 对于那些尚未出生的胎儿而言，最终能够活着出生，能够健康平安地活着出生并成为民法上的主体，则是头等重要的大事。因此，与之相关的诸如生命、身体、健康等物质性人格要素等所体现出来的人格利益，就位于胎儿利益的核心位置，理应受到法律的重点关注和保护。例如，在侵害行为致胎儿生命、身体、健康损害或有受损之虞，胎儿应被视为具有权利能力而有权就此独立主张法律上的救济。[④] 在比较法的视野下，典型立法如德国、奥地利、法国、英国等对此尽管态度不一，但承认胎儿特定情形下就自己的物质性人格所遭受的损害有权主张侵权法上的救济却获得了普遍性的支持。[⑤] 相比较而言，在我国当前司法实践中，以胎儿物质性人格利益受损为由主张胎儿本身的损害赔偿请求权，原则上并不会被支持，因为于此场合胎儿并不具备《民法总则》第13条所规定的权利能力，不是民事主体，并且第16条所拟制的胎儿享有受法律保护的利益为纯获财产性利益，并不能从该条当然推出人身利

---

① 即霍姆斯的名言"法律的生命不在于逻辑，而在于经验"，霍姆斯认为："对时代需要的感知，流行的道德和政治理论，对公共政策的直觉，不管你承认与否，甚至法官和他的同胞所共有的偏见对人们决定是否遵守规则所起的作用都远远大于三段论……它不能被当作公理和推论组成的数字书"。参见 O. W. Holmes, The Common Law, London Macmillan & Co, 1882, P. 1.

② 需要注意的是，人的尊严范畴与权利能力之间在法律上并无特定的规范关系。德国联邦宪法法院所表达的尚未出生的人的生命也具有人的生命并且自身享有生命权（BverfGE 88, 203, 296.），并不意味着《德国民法典》对于权利能力的规定，在于表达对母腹中的胎儿的保护及对这种保护价值的肯定。对此参见［德］迪特尔·施瓦布，郑冲译：《民法导论》，法律出版社2006年版，第89页。

③ Vgl. Christian v. Bar, Gemeineuropäisches Deliktsrecht, Bd. 2, C. H. Beck, 1999, S. 62.

④ 参见周详：《胎儿"生命权"的确认与刑法保护》，载《法学》2012年第8期。

⑤ Vgl. F. J. Säcker/R. Rixecker Hrsg., Münchener Kommentar zum Bürgerliches Gesetzbuch: Schuldrecht Besonderer Teil Ⅲ, Band 5, C. H. Beck, 2009, § 823, RdNr. 67, 86, 87.

益亦同样受法律保护。① 但是，司法实践中也存在例外做法。例如，在刘某涛、杨某勤与孟州市第二人民医院医疗损害责任纠纷案中，审理法院即认为被告医院的医疗过错与胎儿死亡的损害后果之间存在因果关系，支持了原告所主张的关于婴儿的死亡赔偿金和相关的丧葬费的赔偿请求权。② 若胎儿活着出生，其就身体健康所遭受的损害所主张的侵权法上的救济，原则上都会获得法院的支持。③

通过两种冲突的已生效的判决可以发现，我国司法实践未普遍承认胎儿在生命、身体、健康等物质性人格受损时享有应受法律保护的主体地位，存在的主要障碍是：民事权益的享有以权利能力的存在为前提，无权利能力则不存在所谓的民事权益，亦不存在对自始即不存在的民事权益的侵害。这种看似严谨的逻辑推理忽视了我国民事立法中存在的如下规范。

第一，《民法总则》第16条第1句、《继承法》第28条承认胎儿于特定情形下得享有受法律保护的财产利益，这表明，民事权益的享有以权利能力的存在为前提，并非颠扑不破的真理，即使法律于此拟制胎儿特定情形下就特定财产享有应受法律保护的利益属于例外，但这至少表明了法律在例外情形下可以突破权利能力必须具备这一前提而直接承认胎儿在特定情形下得就特定人格利益享有应受法律保护的地位。

第二，在现行民事法律规范体系内部，当自然人死亡之后，依然存在一些人格的残存（Rückstände der Persönlichkeit），如遗体、遗骨、名誉、荣誉、隐私、肖像、姓名等属于法律关注和保护的对象。这意味着，对曾经存在并为法律所保护的自然人而言，即使有朝一日死亡了，不再是民法上具备权利能力的主体了，民法依然承认其遗存的应受法律保护的人格利益。即使这种例外规定保护的依然是具有权利能力的活着的人，保证他们能够生活在即使其死亡以后依然能被法所尊重并被保护的这种期望当中。④

---

① 参见广西壮族自治区崇左市江州区人民法院（2012）江民初字第739号民事判决书；宁夏回族自治区银川市金凤区人民法院（2013）金民初字第1292号民事判决书；广东省江门市中级人民法院（2015）江中法民一终字第25号民事判决书。

② 参见河南省孟州市人民法院（2014）孟民二初字第00061号民事判决书。

③ 参见广西壮族自治区贺州市人民法院（2015）贺民一终字第10号民事判决书；安徽省宿州市中级人民法院（2015）宿中民三终字第00174号民事判决书。我国学理上对此亦持相同立场。参见张新宝：《〈中华人民共和国民法总则〉释义》，法律出版社2017年版，第34页。

④ 在德国，慕尼黑上诉法院曾在一个判决（1994年1月26日）中也持同样的观点：一个人活着时的尊严及人格自由发展，只有当他能够期待在其死后也能获得法律对该权利至少是在遭到他人严重侵害情况下的保护，并且能在这种期待中生活时，才能算是获得了法律的充分保护。相关讨论参见 Christian v. Bar, Gemeineuropäisches Deliktsrecht, Bd. 2, C. H. Beck, 1999, S. 61, Fn. 307.

但事实上，这同时也表明了，现行民法所保护的民事权益的享有与权利能力的具备之间并不是完全不可分割的，在例外情形下，民事权益的法律保护可以独立于权利能力而存在。

另外，在现行法律规范体系下，法律既然保护死者的已经没有生命气息的物质性人格的残存即遗体、骨灰以及特定的精神性人格，保护活着出生的胎儿的特定财产利益，那为什么不保护孕育着新的生命的胎儿的物质性人格呢？这表明，死者特定情形下就特定人格利益的实现受法律保护以及胎儿于特定情形下就特定财产利益的享有受法律保护之间，存在着通常意义上所谓的法律漏洞。

由于民法并不禁止类推规则，① 因此，在现行法存在明显漏洞的前提下，事实上可以通过类比运用以填补法律漏洞，完成法的续造。具体的方法是，将已规定某事实构成之规范的法律后果转用于未规定但与前者相似的案件事实。② 依据这种相似性推理可以发现，对于胎儿的法律保护而言，就关乎其能否活着出生或健康出生等方面所展现出来的现实需求而言，与此相关的物质性人格利益的法律保护，在重要性上至少应不低于其活着出生之后所得享有的财产利益，③ 依据"举轻以明重"的类推解释方法，可以合理地推出，既然民法承认胎儿活着出生后可以就特定财产利益主张权利，那么若其活着出生，也应能就其在母体期间因物质性人格利益被侵犯而遭受的人身损害主张民法上的损害救济。

即使在胎儿未能活着出生的场合，也可以通过类推发现其物质性人格利益应受保护的合法性基础，只是这种类推的路径有别于法律漏洞填补的：就法律适用的逻辑一致性与严谨性而言，介乎于现行法所保护的胎儿特定财产利益与丧失生命特质的死者人格利益之间的胎儿人格利益，在是否应受民法调整的相似性上至少应不少于前两者；就民法所欲实现的基本价值而言，当前法律实践承认并且保护并不具备权利能力，但是将来可能具备权利能力的胎儿的特定财产利益，以及曾具备权利能力，但是将来显然永无可能再具备权利能力的死者的人格利益，那么对于那些将来有望具备权利能力而最终因侵害行为未能具备的胎儿而言，在涉及价值位阶显然高于财产利益的物质性人格利益的保护上，特别是侵害行为所指向的是潜

---

① 参见王文宇：《商事契约的解释：模拟类推与经济分析》，载《中外法学》2014年第4期。
② 参见雷磊：《类比法律论证》，中国政法大学出版社2011年版，第20页。
③ 参见石春玲：《财产权对人格权的积极索取与主动避让》，载《河北法学》2010年第9期；王利明：《人格权法中的人格尊严价值及其实现》，载《清华法学》2013年第5期。

在的生命而非已经毫无生机的物质性人格残存时，法律更应该为之提供护翼。

对此，前述五部法典草案建议稿和《民法总则》第16条也态度迥异：法学会版草案建议稿未以胎儿活着出生为条件来确定是否承认胎儿的权利能力，因此即使胎儿因侵害行为致死，其也有权独立主张侵权法上的损害救济；其余四部草案建议稿和第16条则都以活着出生为胎儿取得权利能力的前提要件，在其因侵害行为致未能活着出生时，自无权独立主张侵权法上的救济。

2. 精神性人格利益。

在胎儿就生命、身体、健康等物质性人格享有的利益之外，还可能就诸如肖像、隐私等精神性人格而享有利益，这些精神性人格利益位于胎儿利益保护的次要位置，其原则上不得就该等利益所遭受的损害主张民法上的救济，例外情形除外。例如，未经胎儿父母同意而擅自使用胎儿肖像，或者将涉及胎儿基因、血统、出身等个人信息的隐私披露给媒体等，以活着出生为条件，胎儿应有权主张停止侵害、消除影响等民法上的救济措施，对此之外的损害赔偿请求权，则可类推适用自然人于此场合可得主张的损害赔偿请求权的相应规则。对此，五部法典草案建议稿除了王利明版草案建议稿之外，其余四部均没有就此予以明确区分，《民法总则》第16条所持之立场亦与这四部一致。而王利明版草案建议稿则强调仅在胎儿身体健康利益遭受侵害的情形下，活着出生的胎儿才有权主张侵权法上的救济，对此之外的其他利益则不予承认。

3. 财产性利益。

胎儿人格利益之外的其他财产利益，则位于胎儿利益保护的边缘位置，法律原则上理应不承认胎儿于此享有任何财产利益，例外情形除外。这里的合理性考量在于以下几个方面。

第一，在利益与风险并存的社会背景下，财产的享有并不意味着单纯的利益，与之如影随形的还有风险。从社会风险的角度出发，享有特定财产利益的人，不仅面临着财产本身贬值缩水的商业风险，还面临着因保护财产而随时可能出现的人身风险，财产是非常重要的有限社会资源，享有这种有限社会资源的人必然面临着激烈的竞争和挑战，[①] 所以，财产利益的享有者必须具备与保护财产利益相匹配的理性能力。尽管法律为理性不

---

① 古语"匹夫无罪，怀璧其罪"所表达的正是这种风险。语出《春秋左传·桓公十年》。

足而行为能力欠缺的人提供了监护制度,但这并不意味着这种制度可以杜绝因觊觎财产利益而可能导致的对于行为能力欠缺的财产享有者而言的潜在社会风险。因此,对于以健康平安活着出生为最佳利益和最大目标的胎儿而言,法律至少应在可得预见的范围内尽量减少该种风险发生的可能,从而为胎儿最佳利益的实现提供最充分的法律保障。

第二,在现代市场经济条件下,对于财产享有者而言,享有财产不仅是一种利益,也是一种义务和责任。财产是有限的社会资源,在社会资源普遍不足的时代背景下,如何使财产的享有和利用更符合效率原则,应是法律所普遍关注的焦点问题,民法也不例外。在现实社会中,能够趋近财产合法效率使用的原则上只能是具备理性的人,监护制度等是从正义角度出发,为社会特定弱势群体所提供的最大限度的保护,它从某种程度上来说是以效率的牺牲来成就正义的。这种牺牲的正当性理由在于,从人之尊严的角度出发,即使特定群体因理性欠缺而无法通过自主意志最大可能地发展其人格,但法律也必须关注这些人的利益的最低限度的保护。对于那些将要出生而尚未出生的胎儿而言,法律应在尊重和敬畏生命的基础之上,将之与已出生的人区分开来,人原则上仅能通过理性行为而取得己身之外的财产利益,并就此因理性的缘故而承担相应的义务和责任。① 就此而言,原则上否定其得享有财产利益,恰恰是对于因理性而获得尊严的生命的最大程度的尊重。

当然,法律原则上否定胎儿享有财产利益,并不意味着其全然不能享有任何受法律保护的财产利益。当特定财产利益与胎儿之最佳利益即能否健康平安出生密切相关时,法律得承认此种情形下胎儿享有该特定财产利益。例如,在父母为保证胎儿身体健康利益而与医疗服务机构签订的医疗服务合同中,受益方为胎儿,其对医疗机构依约提供的给付享有应受合同保护的利益,若医疗服务机构未依合同约定提供相应服务并致胎儿利益受损,则其应有权向医疗服务机构主张违约责任。② 另外,在纯获利益的赠与、遗赠场合,若以胎儿活着出生为合同生效条件,显然有利于胎儿健康

---

① 康德区分人和物的经典表述是:"人,是主体,他有能力承担加于他的行为,因此有道德的人格不是别的,它是受道德法则约束的一个有理性的人的自由",而"物,则是指那些不可能承担责任的东西,它是意志活动的对象,它本身没有自由"。参见〔德〕康德,沈书平译:《法的形而上学原理》,商务印书馆1991年版,第30页。

② 在德国,为尚未出生的第三人的利益所订立的合同,见《德国民法典》第331条第2款。对此的相关论述参见 D. Medicus/S. Lorenz, Schuldrecht Ⅰ – Allgemeiner Teil, 19. Aufl., C. H. Beck, 2010, S. 388.

平安出生这一最佳利益的实现，那么于此场合承认胎儿的权利能力，自无不可。① 至于承认继承中胎儿因特定身份而享有的财产利益，一方面是因人类社会长久以来基于种的繁衍而就此形成的物质保障机制的内在驱动和历史惯性；② 另一方面是生活于共同体中的特定个人对与其有特定关系的他人所负担之社会义务的具体实践。③ 家庭这一社会最基本构成单位中的父亲对胎儿所担负的义务，在其于胎儿未出生之前死去时，将通过财产继承的方式来实现。因此，法律于此承认胎儿得享有该等财产利益，自属应当。

　　事实上，五部法典草案建议稿中的徐国栋版草案建议稿，即明确规定活着出生的胎儿在遗赠、赠与等纯获利益场合的权利能力。对此，梁慧星版草案建议稿与杨立新版草案建议稿虽未明确规定，但其以胎儿活着出生为条件承认涉及胎儿利益保护的所有情形中胎儿皆有权利能力，这显然也暗含了其在纯获利益场合对胎儿利益的保护与徐国栋版草案建议稿的内在一致性。需要注意的是，徐国栋版草案建议稿通过列举性规定而将涉及胎儿财产利益的保护范围限定在纯获利益的场合，于此之外的即不再予以承认，而梁慧星版草案建议稿与杨立新版草案建议稿对此却没有限制。立于这三部法典草案左右的另外两部，则走向了截然相反的两极：王利明版草案建议稿在胎儿利益保护方面限制得最严格，其仅承认身体健康等物质性人格受损时胎儿应受保护的法律地位，于此之外的非物质性人格利益以及财产利益，均不在保护之列；法学会版草案建议稿则走向了另外一端，依其规定，无论胎儿是否最终活着出生，在涉及其利益保护的，无论哪种利益，胎儿均有权利能力，胎儿因利益受损的，均有权独立主张损害救济。最后通过的《民法总则》第16条对此的立场与徐国栋版草案建议稿的一致，即通过列举性规定而将胎儿财产利益的保护范围限定在纯获利益场合。

三、评析

　　在民法的视野里，对于自然人而言，没有什么比生命本身的保全与维

---

　　① 事实上，自罗马法以来的民事法律实践就胎儿利益的保护，原则上就是为围绕这些纯获利益的财产利益保护为核心而展开的，当然于此场合究竟是承认胎儿本身的主体地位还是承认胎儿活着出生以后才享有相应的主体地位，实践中是存在争议的。相关论述参见徐国栋：《体外受精胚胎的法律地位研究》，载《法制与社会发展》2005年第5期。

　　② See R. Zimmermann, The Law of Obligations: Roman Foundation of the Civil Law Tradition. Juta, Cape Town/Johnnesburg, 1996, pp. 1024–1025.

　　③ 参见［德］京特·雅科布斯，冯军译：《规范·人格体·社会》，法律出版社2001年版，第117页。

系更重要的了。同样的道理，对于胎儿而言，没有什么能比健康平安出生更重要的了。依此，对正在制定中的民法典而言，应围绕胎儿健康平安出生这一最佳利益而确定涉及胎儿利益保护的规则。五部民法典草案建议稿对此各有侧重。

王利明版草案建议稿开门见山，直入主题，强调胎儿身体健康等物质性人格属于民法应予承认和保护的对象，缺点在于保护范围过窄，不利于现代社会背景下胎儿利益的周延保护。

法学会版草案建议稿未对胎儿利益进行区分，也不强调相应保护以胎儿活着出生为条件，因此，原则上承认了涉及胎儿利益保护场合的胎儿具有与自然人同等的主体地位，突破了传统民法以权利能力为基点所确立的主体制度这一自洽的周延逻辑体系，从形式上看，极大地扩展了胎儿利益保护的范围，[①] 在价值层面，符合民法所欲实现的对人之尊严最深切的关怀这一目的。但考虑到我国当前的具体社会背景以及相应的法律体系结构，特别是作为基本国策的计划生育政策、[②] 父母享有的生育权[③]以及女性基本不受限制的堕胎自由等因素，这种规定本身的正当性与合法性所在，尚需进一步论证。

梁慧星版草案建议稿与杨立新版草案建议稿介于这两部之间，其一方面以活着出生为胎儿被视为民事主体的前提；另一方面对胎儿应受保护的利益未作性质上的限定和区分处理，为比较法上典型立法例关于胎儿利益保护的代表性观点。[④] 但将胎儿利益保护全然系于胎儿是否活着出生之上，实质上并未回应现代社会背景下生命科技以及生命尊严等对民法的深切呼唤；另外，对以健康平安出生为基本立足点的胎儿利益的保护而言，不区分所涉利益的性质而于一体承认并加以保护，在逻辑严谨性和体系科学性上，尚有进一步探讨的余地。

徐国栋版草案建议稿与梁慧星、杨立新版草案建议稿的核心区别在于，其承认胎儿利益内部在性质上的差异并在相关的具体规则设计上区别处理：对于财产利益的保护，须以纯获利益为前提，且完全列举了应受保

---

① 从保护范围看，该草案与罗马法所确立的胎儿保护精神相一致，后者为"总括的保护主义，即就胎儿利益之保护，一般地将胎儿视为已出生"，参见梁慧星：《民法总则讲义》，法律出版社 2018 年版，第 55 页。

② 参见周详：《胎儿"生命权"的确认与刑法保护》，载《法学》2012 年第 8 期。

③ 事实上，当前中国民法学界在人格权范围内所讨论的生育权等，也涉及计划生育立法以及胎儿利益保护本身的规范设计。相关讨论参见《中外法学》编辑部：《中国民法学发展评价（2012～2013）》，载《中外法学》2015 年第 2 期，第 309 页。

④ 例如《日本民法典》第 721 条、我国台湾地区"民法"第 7 条。

护的纯获利益的情形；对此之外的其他利益即人身利益，则原则性的予以承认应受保护的地位。存在问题的是，将应予保护的财产利益以完全列举，是否有利于胎儿最佳利益的充分保护，并不确定；另外，这种完全列举虽然有助于法典的稳定性和规则的可预见性，但其切断了法典向丰富之现实生活开放的可能性，最终可能造成该规则的生存危机。

《民法总则》第 16 条与梁慧星、杨立新版草案建议稿的相同之处在于，其以活着出生为胎儿被拟制为权利主体的前提，不同之处在于，其承认胎儿利益内部在性质上的差异并通过列举 + 概括的方式而仅对纯获利益场合的财产利益予以保护，对此之外的人身利益是否应予保护则未予明确，这一点上也有别于徐国栋版草案建议稿的区分保护立场。事实上，民法将所保护的利益范围以及与之相关的胎儿得享该利益的前提限定为必须活着出生，更多涉及的是共同体对于胎儿生命本身的一种价值评判以及由此表达出来的对于生命尊严本身的尊重。法律对胎儿利益的承认与保护，特别是对那些最后未能活着出生的胎儿的利益的承认，更多的是基于生命平等的价值理念而对人之尊严的一种价值宣誓。[①] 法律无法为一个死去的人做得更多，[②] 这同样适用于那个最终也未能活着出生的人。就此而言，《民法总则》第 16 条尚有较大改进空间。

第三节　第三人侵害胎儿利益

在我国现行法律规范体系下，由于胎儿原则上被视为母体的构成部分，[③] 即使在其生命这一核心利益遭受侵害的场合，司法实践中法院大多数情形下也仅承认母亲于此遭受了应受法律保护的损害，胎儿本身原则上并不得就此独立主张侵权法上的救济；若胎儿活着出生，司法实践则给予

[①] 德国联邦宪法法院承认胎儿的生命权及因此享有《基本法》第 1 条第 1 款规定的人之尊严，正是一种价值宣誓的典型，其并不必然对民事纠纷中的胎儿利益保护产生规范效力。相关论述参见［德］迪特尔·施瓦布，郑冲译：《民法导论》，法律出版社 2006 年版，第 89 页。

[②] 依据学理上的主流观点，对于法律所保护的最高利益即生命而言，侵权法所能提供的救济非常有限。因为生命侵害的直接结果是权利能力的丧失，死者因此即不能再提出任何损害赔偿请求权。侵权法能为死者所做的不过是使其精神性人格利益免遭践踏，禁止他人将其物质性人格利益的残存当作一般的物而处理以及为其提供一个体面的葬礼。相关论述参见 Christian v. Bar, Gemeineuropäisches Deliktsrecht, Bd. 2, C. H. Beck, 1999, S. 61.

[③] 当然，对于《人体重伤鉴定标准》第 78 条、《人体轻伤鉴定标准》第 42 条的规定，是否必然排除胎儿本身所遭受的损害，我国学理上存在争议，相关学术争论参见张明楷：《故意伤害罪探疑》，载《中国法学》2001 年第 3 期。

其在母体期间因第三人原因所遭受的损害以法律救济。

一、胎儿物质性人格利益受损

（一）胎儿未活着出生

当胎儿未能活着出生的，我国司法实践中法院原则上并不承认胎儿有独立的应受法律保护的请求权。例如，在农某燕与崇左市江州区新和镇卫生院、崇左市人民医院医疗损害责任纠纷案的判决中，法院即认为，虽然因被告医院过错致胎儿死于产道内，但是因此分娩出来的是死婴，并不具备《中华人民共和国民法通则》（下文简称《民法通则》）[1] 第9条（《民法总则》第13条）规定的权利能力，不是民事主体，并就此拒绝了原告就胎儿死亡所主张的死亡赔偿金和丧葬费的赔偿请求权，仅承认母亲于此场合有权就其遭受的实际损害主张的财产损害赔偿请求权和精神损害赔偿请求权。[2]

对于母亲之外的其他与胎儿有特定法律关系的权利主体，如胎儿父亲，是否有权就胎儿因侵害行为未能活着出生而主张精神损害赔偿请求权，相关司法实践并未予以明确。依据《最高人民法院关于审理人身损害赔偿案件适用法律若干问题的解释》（下文简称《人身损害赔偿司法解释》）[3] 第1、18条以及《最高人民法院关于确定民事侵权精神损害赔偿责任若干问题的解释》（下文简称《精神损害赔偿司法解释》）[4] 第7条规定，在自然人生命权遭受侵犯的场合，与该生命权人有特定法律关系的人如近亲属，有权主张精神损害赔偿请求权。但是这些规定并不能当然适用于侵害胎儿生命利益场合，因为依据我国司法实践中法院的普遍观点，胎儿并不具备独立主体地位，其仅是母亲身体的构成。亦即言，在这种情形下，除母亲本人外，与母亲有特定法律关系的人如作为其近亲属的配偶，原则上并无权主张侵权法上的精神损害赔偿请求权等。[5] 当然，若父亲就自己因

---

① 1986年4月12日第六届全国人民代表大会第四次会议通过，根据2009年8月27日第十一届全国人民代表大会常务委员会第十次会议《关于修改部分法律的决定》修正。
② 参见甘肃省庆阳市中级人民法院（2015）庆中民终字第44号民事判决书。
③ 2003年12月由最高人民法院审判委员会第1299次会议通过，自2004年5月1日起施行。
④ 2001年2月26日由最高人民法院审判委员会第1161次会议通过，自2001年3月10日起施行。
⑤ 参见广东省惠州市中级人民法院（2014）惠中法民四终字第194号民事判决书；湖北荆州市中级人民法院（2014）鄂荆州中民二终字第00335号民事判决书。

胎儿所享有的人身利益而向行为人主张独立的精神损害赔偿请求权，依据现行《中华人民共和国侵权责任法》（下文简称《侵权责任法》）① 第6条结合第2条以及第22条等相关规定，其所主张的请求权可能获得法院的支持。②

（二）胎儿活着出生

当胎儿活着出生的，司法实践普遍支持其就胎儿期间所遭受的人身损害而向行为人主张损害赔偿请求权。例如，在杨某欢、李某军与厦门市妇幼保健医院医疗损害责任纠纷案中，对于因被告医院过错致胎儿在分娩过程中发生产道内感染，在胎儿出生以后，该感染导致新生儿肺炎并肺出血，引起新生儿败血症，导致其多器官功能衰竭而死亡的。审理法院认为，尽管医院的过错行为发生时胎儿并未出生而没有权利能力，但其过错行为系导致新生儿死亡的直接原因，因此，其须就此向新生儿承担相应的损害赔偿责任。据此，受害人所主张的关于医疗费、丧葬费、死亡赔偿金等损害赔偿权以及死者近亲属就此遭受的精神损害等所主张的损害赔偿请求权，都获得了法院的支持。③

二、计生部门强行终止妊娠

在我国现行法律体系下，对于违反计划生育政策所孕的胎儿，在胎儿父母不愿终止妊娠的情形下，计生机构是否有权强行终止妊娠？法律实践与法学理论之间就此存在严重对立：在实践中，计生机构屡屡为实施计划生育政策而强制对孕妇实施堕胎手术；对于计生机构所采取的强制措施，学理上提出了严厉的质疑与批评，《宪法》第25条规定的国家有权力实施计划生育，但并未规定具体应采取何种措施；全国人大常委会颁布的规范计划生育的基本法律即《人口与计划生育法》第41条，则仅规定了公民违反计划生育义务时应缴纳社会抚养费以及与之相关的滞纳

---

① 2009年12月26日第十一届全国人民代表大会常务委员会第十二次会议通过，自2010年7月1日起实施。

② 参见北京市丰台区人民法院（2013）丰民初字第06178号民事判决书。

③ 参见福建省厦门市思明区人民法院（2013）思民初字第6037号民事判决书；湖南省长沙市中级人民法院（2013）长中民未终字第0271号民事判决书；安徽省宿州市中级人民法院（2013）宿中民三终字第00626号民事判决书；河南省焦作市中级人民法院（2015）焦民二终字第00110号民事判决书。

金，没有规定计生机构可以强制堕胎；国务院颁布的行政法规《计划生育技术服务管理条例》① 第 9 条以及《流动人口计划生育工作条例》② 第 23 条等规定的仅是在当事人自愿的前提下进行堕胎手术的职责，并未规定相应的计生机构积极实施强制堕胎的权力。而某些地方性法规中规定的强制堕胎制度，③ 本身是违法的：因为强制堕胎属于限制生育自由的行为，依据《中华人民共和国立法法》（下文简称《立法法》）④ 明确规定，限制人身自由的强制措施和处罚只能由法律规定，地方性法规并无权进行限制；另外，即使可以将强制堕胎理解为一种行政处罚措施或行政强制措施，但依据《中华人民共和国行政处罚法》（下文简称《立法法》）⑤ 第 8 条或《中华人民共和国行政强制法》（下文简称《行政强制法》）⑥ 第 9 条、第 10 条的规定，也可以将相应地方性法规的规定界定为非法。⑦ 因此，在计生机构强制堕胎致胎儿物质性人格利益受损时，相应的受害人理论上可以依据《中华人民共和国国家赔偿法》（下文简称《国家赔偿法》）⑧ 第 3 条、第 7 条主张损害赔偿请求权。

三、胎儿遭受纯粹经济损失

胎儿尚在母体，其父亲因他人侵害行为致死，当胎儿活着出生时，其是否有权就此主张相应的财产损害赔偿请求权？依据《中华人民共和国婚

---

① 2001 年 6 月 13 日国务院发布，自 2001 年 10 月 1 日起施行，2004 年 12 月 10 日修订。
② 2009 年 4 月 29 日国务院第 60 次常务会议通过，2009 年 5 月 11 日公布，自 2009 年 10 月 1 日起施行。
③ 参见《河南省人口与计划生育条例》（2011 年新修订）第 25 条。
④ 2000 年 3 月 15 日第九届全国人民代表大会第三次会议通过，根据 2015 年 3 月 15 日第十二届全国人民代表大会第三次会议《关于修改〈中华人民共和国立法法〉的决定》修正。
⑤ 1996 年 3 月 17 日第八届全国人民代表大会第四次会议通过，自 1996 年 10 月 1 日起施行；2009 年 8 月 27 日第十一届全国人民代表大会常务委员会第十次会议《关于修改部分法律的决定》第一次修正，2017 年 9 月 1 日第十二届全国人民代表大会常务委员会第二十九次会议《关于修改〈中华人民共和国法官法〉等八部法律的决定》第二次修正。
⑥ 2011 年 6 月 30 日第十一届全国人民代表大会常务委员会第二十一次会议通过，自 2012 年 1 月 1 日起施行。
⑦ 参见汉德：《强制堕胎三问》，载《南方周末》2012 年 6 月 28 日，第 A04 版。
⑧ 1994 年 5 月 12 日八届全国人大常委会第 7 次会议通过，1994 年 5 月 12 日中华人民共和国主席令第 23 号公布，自 1995 年 1 月 1 日起施行；根据 2010 年 4 月 29 日第十一届全国人民代表大会常务委员会第 14 次会议通过、2010 年 4 月 29 日中华人民共和国主席令第 29 号公布、自 2010 年 12 月 1 日起施行的《全国人民代表大会常务委员会关于修改〈中华人民共和国国家赔偿法〉的决定》第 1 次修正；根据 2012 年 10 月 26 日第十一届全国人民代表大会常务委员会第 29 次会议通过、2012 年 10 月 26 日中华人民共和国主席令第 68 号公布、自 2013 年 1 月 1 日起施行的《全国人民代表大会常务委员会关于修改〈中华人民共和国国家赔偿法〉的决定》第 2 次修正。

姻法》(下文简称《婚姻法》)① 第 21 条、第 25 条,《民法通则》第 119 条等规定,父母对于包括非婚生子女在内的未成年子女负有抚养义务,当侵害父亲生命致其死亡的,责任人应向被害人一方支付死者生前抚养的人必要的生活费等费用。尽管侵害行为发生时胎儿尚未出生,但若其活着出生,则该义务当然由作为受害人的父亲负担,在侵害行为致父亲无法完成其应完成的义务时,自然应由导致其无法完成该义务的过错第三人承担。我国的司法实践对此亦予承认。例如,在王某钦诉杨某胜、泸州市汽车二队交通事故损害赔偿纠纷案中,审理法院认为:死者生前扶养的人,既包括死者生前实际扶养的人,也包括应当由死者抚养,但是因为死亡事故发生,死者尚未抚养的子女。原告与生命权人存在父子关系,是其应当抚养的人。由于被告的加害行为,致原告出生前生命权人死亡,使其不能接受其父的抚养。本应由生命权人负担的原告生活费、教育费等必要费用的 1/2,理应由被告赔偿。② 需注意的是,胎儿于此主张相应赔偿请求权,系以活着出生为前提,在胎儿尚未出生的场合,依据《民法通则》第 9 条(《民法总则》第 13 条)规定,其自无权独立提起相应权利主张。③

第四节　父母双方或一方侵害胎儿利益

在现行法律体系下,由于胎儿原则上被视为母体的构成部分,所以在决定是否终止妊娠等涉及胎儿最佳利益保护的场合,母亲本人的意志具有终局性的决定意义,母亲是否同意,直接决定着受害人和侵权人的范围。

一、父母双方共同致胎儿利益受损

在现行法律体系下,一方面,法律提倡并鼓励父母"晚生晚育、少生

---

① 1980 年 9 月 10 日第五届全国人民代表大会第三次会议通过,自 1981 年 1 月 1 日起施行;2001 年 4 月 28 日第九届全国人民代表大会常务委员会第二十一次会议修正。

② 参见王某钦诉杨某胜、泸州市汽车二队交通事故损害赔偿纠纷案,载《中华人民共和国最高人民法院公报》2006 年第 3 期。对于胎儿于此场合所遭受的此类纯粹经济损失是否可赔,我国司法实践中的主流意见是赞成活着出生的胎儿有权主张相应的损害赔偿请求权,持同样见解的判决还可参见:河南省南阳市西峡县人民法院(2011)西城民初字第 44 号民事判决书;河南省南阳市中级人民法院(2011)南民终字第 297 号民事判决书。

③ 相关判决参见巫乐庭、罗苑丛:《父亲车祸身亡遗腹子能否要抚养费》,载《南方法治报》2014 年 7 月 25 日,第 12 版。

优生"，父母只要不存在违反法律禁止性规定，如因选择性别人工终止妊娠或已领取生育服务证而实行中期以上非医学需要的终止妊娠手术的情形，① 那么父母在孩子未出生之前共同决定终止妊娠，是法律所允许的。换言之，对于胎儿包括生命在内的利益，原则上父母具有终局性的决定权，父母有权决定是否给予胎儿生命。另一方面，现行法律体系下胎儿被视为母体的构成部分，尽管父母决定终止妊娠，事实上构成对胎儿最佳利益的根本侵害，但胎儿所遭受的这种损害并不属于侵权法救济的范畴，因为侵权法于此场合所优先保护的民事权益是母亲本人的，在合乎法律规定和公序良俗的前提下，母亲当然有权决定自己所享有的民事权益的实现方式，其并不需要就此牺牲的特定民事权益而向他人或共同体承担责任。② 即使父母违反法律前述禁止性规定而终止妊娠，在现行法律体系下其也无须就侵害胎儿最佳利益而承担责任，并且现行法也未明确规定父母就此承担责任，至于实践当中有权机关对违反法律禁止性规定而实行人工终止妊娠的父母给予的批评教育或收回生育服务证的，则属于行为人基于公共利益保护为出发点而应承担的公法上的行政责任。③

二、父母一方致胎儿利益受损

父母就胎儿最佳利益的保护产生分歧，并就此造成对胎儿的侵害，于此场合下，在现行法律承认父母均享有生育权的基础上，④ 司法实践对父母提供了不同的保护。

（一）父亲致胎儿利益受损

因父亲的过错行为致胎儿物质性人格利益受损场合，在胎儿未能活着出生时，其自无权向父亲主张损害赔偿；⑤ 母亲于此场合是否有权就自己遭受的人身损害向父亲主张损害赔偿，取决于其所依据的请求权基础：若依据《婚姻法》第46条中的"虐待"为由主张损害赔偿的，须以离婚为

---

① 参见《人口与计划生育法》第18条、第25条、第28条、第35条、《计划生育技术服务管理条例》第15条。
② 参见程啸：《侵权责任法》，法律出版社2015年版，第303页。
③ 参见《人口与计划生育法》第41条。
④ 参见《人口与计划生育法》第17条。
⑤ 参见内蒙古自治区开鲁县人民法院（2014）开民初字第1140号民事判决书。

前提;① 若依据《侵权责任法》等所确立的侵权损害赔偿规则为依据，则主张损害赔偿不以离婚为必要，例如，在张某某与黄某某的交通事故案中，对于因被告（包括原告的丈夫何某、黄某）的过错所导致的交通事故而流产的受害人张某某，其依据《侵权责任法》第 16 条、第 22 条、第 48 条等所主张的财产与精神损害赔偿请求权，即获得了法院的支持。② 在胎儿活着出生时，父亲的过错侵权与第三人的过错侵权之间并无实质区别，胎儿应有权就自己遭受的损害向父亲主张赔偿。

在未经生父同意而擅自在婚外将孩子生下来并向生父主张抚养费的案件当中，对父亲以未经其同意而擅自将孩子生下来为由拒绝支付抚养费的抗辩，案件审理法官明确指出："法律概念上的生育权存在于受孕、怀胎和分娩的全过程。生育权是一种人格权，随着社会的发展，经历了从自然生育、生育义务到生育权利的过程。生育权分为生育请求权、生育决定权和生育选择权。决定孩子是否出生属于生育决定权的范围。生育权具有明显的冲突性：从民法公平自由的原则出发，男方对盗精、因欺诈而生育子女的案件中丧失了对后代的自由选择权。但男方的生育决定权与女性的人身自由权、生命健康权相比，处于下位阶。如果两种权利发生冲突，男性的生育权应当让步。"③ 据此，审理法院认为依据《妇女权益保障法》第 51 条规定，生育子女不需要男女双方的合意，女方单方决定即可。女方单方面选择生育子女，不构成对男方生育权的侵犯。

同样的问题，在人工辅助生育场合，我国司法实践中有法院却采取了与此截然不同的论证策略。例如，在最高法院发布的典型案例和指导性案例中，审理法院都坚持：在夫妻关系存续期间，双方同意通过人工授精生育子女，所生子女应视为夫妻双方的婚生子女，依《民法通则》第 57 条（《民法总则》136 条第 2 款）规定，对于夫妻双方就此通过有效人工辅助生育协议所形成的民事法律关系，行为人非依法律规定或取得对方同意，不得变更或解除。据此，法院认为，当父亲决定终止妊娠并将自己财产全部通过遗嘱方式分配给胎儿以外的其他继承人时，若母亲对此持反对意见并坚持将胎儿生下来，那么活着出生的胎儿有权依据《继承法》第 28 条

① 参见浙江省台州市黄岩区人民法院（2014）台黄民初字第 839 号民事判决书。
② 参见贵州省铜仁市思南县人民法院（2014）思民初字第 890 号民事判决书。
③ 参见孙欣：《女性单方面决定生育不构成对男性生育权的侵犯：北京海淀法院判决赵某诉许某抚养费纠纷案》，载《人民法院报》2014 年 5 月 29 日，第 6 版。

主张自己应得的财产利益。① 显然，司法实践于此回避了直接回应究竟是父亲的生育权还是母亲的生育权或其他人身权益更值得保护的问题，当然也没有强调胎儿于此场合是否具有应受法律保护的独立利益。这样就使得原本应具有普适性的指导性案例的价值，受到了极大的限制。这在父亲坚持生育而母亲拒绝并擅自终止妊娠的场合，表现得尤为明显。

（二）母亲致胎儿利益受损

于此存在的一个颇有争议的问题是，当母亲明知自己的行为有可能侵害胎儿的物质性人格利益而依然为此行为，并最终导致患有严重残疾的胎儿活着出生时，被出生的人是否有权就其遭受的损害向母亲主张相应的赔偿请求权？这显然有别于母亲明知胎儿存在严重的先天性残疾而坚持将之生下来或者胎儿的物质性人格利益因第三人的侵害行为已严重受损而母亲坚持将之生下来的情形中，母亲是否需要对被出生的严重残疾的孩子承担损害赔偿责任的问题。在后两种情形，对于被出生的人而言，给予生命是对其最大的利益，另外其所遭受的损害与母亲的行为之间并无法律上的因果关系，因此不得向母亲主张损害赔偿。但在第一种情形下，存在的形式逻辑悖论是，若无母亲的生育行为，胎儿自无从获得生命这一最大的利益；而若无母亲的侵害行为，出生的胎儿亦不会严重残疾。在民法的价值评价体系内来看，未出生的胎儿固然属于母体的构成部分而得由母亲依据自主意志自由支配，但母亲于此不得权利滥用，其权利的行使不得构成对法律、公序良俗的违反（《民法总则》第 8 条、第 132 条）。② 若因权利滥用而构成对潜在生命的侵害，其自不得因损害行为发生时尚不存在具有权利能力的人而拒绝对之后被出生的人承担损害赔偿责任。③

当父亲坚持将孩子生下来而母亲予以拒绝并终止妊娠时，母亲的意志是否可以产生对抗父亲意志的效力，在 2011 年之前，我国司法实践中法院对此的基本观点存在巨大的分歧：持肯定观点的认为，父母同样享有应受法律保护的生育权，母亲未经父亲同意而擅自终止妊娠，应当对父亲因

---

① 参见李某华、范某诉范某业、滕某继承纠纷案，载《中华人民共和国最高人民法院公报》2006 年第 7 期。最高人民法院指导案例第 50 号：李某、郭某阳诉郭某和、童某某继承纠纷案（最高人民法院审判委员会讨论通过2015 年 4 月 15 日发布），进一步确认了李某华案中审理法院所持的观点。

② 参见程啸：《侵权责任法》，法律出版社 2015 年版，第 203 页。

③ 这种情形既包括侵害发生时已孕育成胎的，也包括那些尚未孕育成胎的，当然在德国这主要是针对第三人对胎儿的侵害。参见［德］迪特尔·施瓦布，郑冲译：《民法导论》，法律出版社 2006 年版，第 89 页。

此遭受的精神损害承担侵权法上的赔偿责任。① 反对意见则认为，尽管父亲一方享有应受法律保护的生育权，但当该权利的行使与母亲所享有的人身自由权等冲突时，应当优先保护母亲的权利，父亲不得就母亲擅自终止妊娠而主张相应的精神损害赔偿请求权。② 2011 年《最高人民法院关于适用〈中华人民共和国婚姻法〉若干问题的解释（三）》（下文简称《婚姻法司法解释（三）》）③ 第 9 条则将反对意见予以普遍化，其明确规定："夫以妻擅自终止妊娠侵犯其生育权为由请求损害赔偿的，法院不予支持。"最高人民法院于此的基本态度是，对于作为自己身体构成部分的胎儿，母亲就是否终止妊娠有最终决定权，即使母亲终止妊娠可能构成对同样因胎儿而享有人身利益的父亲的合法权益的损害，其也无须就此对作为受害人的父亲承担民法上的损害赔偿的责任。

三、优先保护母亲人身权益的正当性基础

显而易见，在父亲反对终止妊娠而母亲坚持终止妊娠并最终终止妊娠的场合，《婚姻法司法解释（三）》第 9 条是通过利益权衡规则来论证其欲优先保护的母亲所享合法权益的合法性基础，这显然有别于最高人民法院在其公布的典型案例以及指导性案例中所展现出来的通过解除民事法律行为之原因的解释，而实现其优先保护母亲合法权益的另外一种论证策略，在实践中具有更强的普遍适用性。

于此需要讨论的是，相应司法实践为什么在父母双方对涉及胎儿最核心之利益的决定发生分歧时，会优先保护母亲的合法权益而置父亲于不顾呢？最高人民法院等对此并未提供充分的合理性说明，因此其也遭受了来自学理上的批评。④ 事实上，我国司法实践于此的做法并非完全没有道理，或者德国联邦宪法法院在论证《德国基本法》第 2 条第 1 款以及第 3 条第 2 款和第 3 款的男女平等原则时所采纳的观点，对此可以提供一些有益的解释或论证思路。该院在就男女间生理和心理上所存在的差异提取了专家

---

① 参见赵某诉刘某擅自堕胎案（《福州晚报》2005 年 5 月 18 日）、杨某诉李某擅自堕胎案（《人民法院报》2006 年 5 月 19 日）等，更多与此相关的案情整理与分析，参见周永坤：《丈夫生育权的法理问题研究》，载《法学》2014 年第 12 期。
② 参见浙江省余姚市人民法院（2006）余民一初字第 1633 号民事判决书。
③ 2011 年 7 月 4 日由最高人民法院审判委员会第 1525 次会议通过，自 2011 年 8 月 13 日起施行。
④ 参见周永坤：《丈夫生育权的法理问题研究》，载《法学》2014 年第 12 期。

的鉴定意见之后认为，男女间在生理结构上的差异决定了男女在漫长而又艰辛的生育过程中的角色与地位，男性在此过程中仅参与了最初的短暂的一瞬，并且这一瞬也是与身体上的快乐相关的，而之后其与子女关系的建立主要是通过时间上与生育过程本身无关的社会行为来完成的；女性则完全不同，其不仅要经历艰辛而又漫长的孕期，而且还有至为痛苦的分娩以及哺乳等长期的生理行为，其身体上所承受的痛苦深深地影响着她们对性以及生育的认知，对于其而言，性爱以及生育并不完全意味着身体上的享受，而是与痛苦和责任密切相关。相比较于女性，男性则不会有类似的感受，其更注重身体上的享受，而忽视与性行为密切关联的社会责任。① 基于此，在决定是否继续妊娠的关乎男女双方生育权益的场合，理应赋予女性以优先保护的法律地位。事实上，我国司法实践中也有法院在判决中持与此类似的观点。例如，北京海淀区法院在赵某诉许某抚养费纠纷案的判决中即认为："女性生育子女要历经受孕、怀孕、生产近十个月的时间，而男方生育子女仅发生性行为即可，女性的投入显然更多"等，并最终支持了母亲的权利主张。② 这种判决的正当性说明显然与人类社会的普遍性观点相吻合。

另外，依据我国司法实践中法院的普遍性观点，在具体案件审理时涉及人格权纠纷的，应当优先适用具体人格权的规定，一般人格权只是具体人格权规则的补充。③ 这表明，当存在明确内涵外延的典型人格权利与内涵外延并不确定而需要通过一般人格权规则涵摄的人格利益发生冲突时，前者应当优先予以保护。对于父亲而言，其享有的生育权以及因为胎儿而享有的人身利益，在我国当前法律实践中并没有相应的具体人格权规则对之予以调整，只能通过侵权行为一般性条款即《侵权责任法》第6条结合第2条结合作为概括性条款的《民法总则》第109条的"人身自由、人格尊严"条款以及《精神损害赔偿司法解释》第1条第2款的"其他人各利益"进行调整；而对于母亲而言，其除了享有生育权以及因胎儿而享有的人身利益之外，还享有《民法总则》第109条、第110条以及《侵权责任法》第2条第2款等明确规定的身体权和人身自由权，其得通过具体人格权规则及相应的《侵权责任法》中的一般侵权条款即第6条结合第2条

① Vgl. BVerfGE 6, S. 389 ff.
② 参见北京市海淀区人民法院（2013）海民初字第23318号。
③ 参见陈现杰：《〈关于确定民事侵权精神损害赔偿责任若干问题的解释〉的理解与适用》，载《人民司法》2001年第4期。

而获得救济。因此，优先保护母亲合法权益的合法性基础即可证成。事实上，这种论证思路，在中国相应司法实践的具体判决书中也可以找到踪迹。①

第五节　第三人与父母一方或双方共同致胎儿利益受损

在第三人与父母一方或双方共同致胎儿最佳利益受损场合，需要区分如下几种情况来确定需要承担民事法律责任的侵权人和能够请求民事法律救济的受害人。

一、父母双方与第三人共同致胎儿利益受损

依据我国现行法律如《人口和计划生育法》等规定，当父母因合法原因且经正当程序而请求特定医疗机构终止妊娠者，尽管存在胎儿最佳利益受损的事实，但父母以及特定医疗机构都无须就此承担民事法律责任，因为合法行为得阻却违法；②当父母没有合法原因或者未经正当程序而请求特定医疗机构终止妊娠，同样存在胎儿最佳利益受损的事实，但父母以及特定医疗机构所承担的法律责任并非是因违反保护胎儿利益的规则，而是因违反保护社会公共利益的规则所确定的行政或刑事责任；③当父母有合法原因且经正当程序但最终通过非法医疗机构或者人员而终止妊娠者，最终也存在胎儿最佳利益受损的事实，但父母无须就此承担任何法律责任，非法医疗机构或非法行医人员需要就社会公共利益的侵害而承担相应的行政或刑事责任，当然其也无须对受损的胎儿利益承担任何法律责任。也就是说，在这种情形下，尽管存在着胎儿最佳利益受损的事实，但由于在胎儿未活着出生之前，其是作为母体的构成部分而存在，父母特别是母亲对于胎儿最佳利益的保护具有终局性的决定权，若母亲同意终止妊娠的，那么在现行法律体系下牺牲的仅是母亲的特定人身权益，受害人的同意本身构成侵权法上的免责事由，当然于此的受害人的同意不得违反法律和公序

---

① 参见北京市海淀区人民法院（2013）海民初字第 23318 号民事判决书；浙江省余姚市人民法院（2006）余民一初字第 1633 号民事判决书。
② 参见王泽鉴：《人格权法》，北京大学出版社 2013 年版，第 101 页。
③ 参见《人口与计划生育法》第 36 条、第 39 条、第 41 条。

良俗。

二、第三人恶意教唆母亲致胎儿利益受损

第三人以违反社会公共道德的方式恶意教唆母亲终止妊娠，于此场合人身利益遭受侵害的父亲以及最佳利益受损的胎儿，是否是侵权法上应受保护的受害人？

如前所述，在现行法律体系下，若胎儿活着出生，则其可就母体期间遭受的损害主张民法上的救济，若其未能活着出生，则其仅是母体的构成部分，自不能作为受害人而独立主张民法上的损害救济。因此，于此场合，胎儿并非是受现行法所保护的民法上的受害人。

对于父亲而言，于此场合其存在着应受法律保护的人身权益，只是当该项人身权益在与母亲的应受法律保护的人身权益发生冲突时，司法实践将之置于次要的位置，[1] 但这并不意味着母亲之外的第三人也可以肆意侵害该项权益而无须就此承担法律责任。[2] 现行法承认父亲的生育权以及其因胎儿而享有的人身利益，只是在具体的司法实践中，当父亲所享有的这些民事权益与母亲的民事权益发生冲突时，法院通过利益权衡规则优先保护了母亲的人身权益，[3] 但后者无须承担侵权责任并不意味着其行为未构成侵权。[4] 在第三人违反公序良俗恶意教唆母亲侵犯父亲的该项权益时，依《侵权责任法》第9条规定，其与母亲构成共同侵权，应与之承担连带侵权责任，司法解释所明确的父亲不得就此向母亲主张损害赔偿请求权，并不构成恶意第三人免予承担民事责任的事由。于此权益遭受侵害的父亲当然有权向第三人主张相应的损害赔偿。至于承担了民事责任的第三人与存在过错的母亲一方之间的法律关系，则属于连带债务场合的债务人内部责任分担问题，与作为债权人的父亲是否有权向任意债务人主张债权的实现并无规范关系。

---

① 参见孙欣：《女性单方面决定生育不构成对男性生育权的侵犯：北京海淀法院判决赵某诉许某抚养费纠纷案》，载《人民法院报》2014年5月29日，第6版。
② 参见王晨、艾连北：《再论生育权》，载《当代法学》2003年第1期。
③ 参见北京市海淀区人民法院（2013）海民初字第23318号民事判决书。
④ 于此应区分侵权责任的成立与是否具体承担的关系。相关论述参见程啸：《侵权责任法》，法律出版社2013年版，第295页。

三、因第三人侵害致父母不得不自行决定终止妊娠

因第三人侵害母亲身体健康致其不得不终止妊娠的场合，虽然第三人的侵害行为并未直接对胎儿构成侵害，但由于胎儿身体健康与被第三人侵害的母亲身体健康密切相连，后者因侵害行为必须接受特定医疗行为，于此必不可免的会构成对胎儿健康出生这一最佳利益的不利影响，若母亲因此依法选择终止妊娠，那么母亲本身自然有权就此遭受的损害主张侵权法上的救济。① 例如，在杨某与上海江南旅游服务有限公司、中国人寿财产保险股份有限公司上海市分公司机动车交通事故责任纠纷案中，法院即认为：因事故致原告身体损伤，存在引起严重病情危及生命的风险，虽然医院告知其进行放射性检查可能导致胎儿畸形或流产，但为防止前述风险的出现而进行相应检查应属合理选择；同时为避免胎儿畸形而终止妊娠也符合常理。因此，被告的侵害行为虽未直接导致胎儿物质性人格受损，但其与妊娠终止间存在因果关系，应对原告由此导致的损害承担赔偿责任。② 于此场合，在现行法律体系下，若母亲选择终止妊娠，则胎儿因为是母体的构成部分而不能成为应受法律保护的受害人，并进一步独立主张相应的法律救济；若母亲未选择终止妊娠而坚持将之生下来，那么胎儿若因对母亲来说实属必要的医疗行为而身体健康受损，其是否就此有权向第三人主张侵权法上的救济，司法实践并未对此予以进一步的明确。在法学理论上，第三人的侵害行为显著增大了胎儿身体健康利益遭受损害的风险，因此，活着出生的胎儿就其身体健康遭受的不利与侵害行为之间存在着相当性的因果关系，自然有权就此主张侵权法上的救济。③ 至于母亲与胎儿之外的其他人，如父亲等，于此只有在例外情形下才可以成为民法中的受害人，并主张侵权法上的救济。

---

① 参见四川省华蓥市人民法院（2014）华蓥民初字第 966 号民事判决书。

② 参见上海市闵行区人民法院（2014）闵民一民初字第 12571 号民事判决书；辽宁省鞍山市千山区人民法院（2014）鞍千二初字第 96 号民事判决书。

③ See Basil S. Markesinis/Hannes Unberath, *The German Law of Torts：A Comparative Treatise*, 4th, Oxford Hart Publishing, 2002, p. 99.

第六节　结　　论

整体来看，我国当前法律实践中呈现出来的胎儿利益保护现状与其中存在的问题，对于立法提出了新的要求。

一、价值宣誓

我国制定法层面未整体性地明确规定胎儿应受法律保护的地位，在一般意义上也仅体现了缺乏一种基于生命平等价值理念而对人之尊严更广泛意义上予以承认的价值进行宣誓罢了。就胎儿利益保护的相应司法实践看，在胎儿活着出生的场合，司法实践在制定法未明确规定相应救济规则的背景下通过持续的司法续造，事实上已经为胎儿利益的民法保护提供了较为充分的保护方案：在胎儿利益受损的场合，若其活着出生，则其有权就已经遭受的损害主张民法上的救济措施。即使在胎儿未能活着出生的场合，司法实践所坚持的由母亲来主张自身因此遭受的损害救济请求权，在现行法律体系下也可以合乎逻辑地推导出来，并且在大多数时候也具有实践意义：法律即使规定了未能活着出生的胎儿就其所遭受的损害享有独立的请求权，然而，在其未能活着出生时，实际上是由与其有特定法律关系的主体如母亲来代为主张该等请求权，这在实践意义上与母亲主张自身因此遭受损害的相应请求权之间并无实质差别；另外，对于责任人来讲，基于恢复原状的损害救济目的以及一事不二罚的责任承担理念，其若对未能活着出生的胎儿本身承担了侵权责任，那么原则上即不需要再对胎儿之外的与胎儿有特定法律关系的人如母亲就同一损害后果承担法律责任，除非后者能证明其因此遭受了另外的应受法律救济的损害。

二、裁判功能

当然，承认未能活着出生场合的胎儿享有独立的应受法律保护的地位，并非完全没有实践意义。一方面，其足以彰显新时代背景下民法基于尊重生命的价值理念而对生命平等原则的郑重宣誓，相较于法的裁判作用和指引作用，法的这种宣誓价值的作用并非不重要；另一方面，不以胎儿活着出生为必要承认其应受法律保护的地位，在特定情形下，具有积极的裁判作用，特别是在第三人以违反公序良俗的方式恶意且目的是直接侵害胎儿物质性人格利益的场合，在计生部门强制孕妇引产尤其是对足月胎儿实施引产手术的场合，在父母以违反公序良俗的方式恶意或非法终止妊娠的场合，在母亲以违反公序良俗的方式恶意终止妊娠的场合，这种裁判作用尤为明显。

三、利益平衡功能

在现行法律体系下，承认胎儿应受法律保护的地位不以其活着出生为必要条件，也有助于平衡父母之间就胎儿利益保护所享有的权利在事实上的不平等状态。从我国相应的司法实践来看，母亲在胎儿利益保护的过程中居于绝对的主导地位，即使其行为事实上侵犯了胎儿利益，父亲也不得就其侵害行为主张任何法律上的救济。这固然有其合理性，但是如果将之绝对化，在民法平等保护的视野下显然也存在问题，特别是在母亲以违反社会公共道德的方式故意侵害胎儿物质性人格利益的场合，这种绝对化的处理方式所导致的悖论就尤其明显。并且在比较法的视野下，这种绝对保护母亲利益而不顾其他相关利益主体的做法，也不被普遍支持。① 因此，法律上承认即使未能活着出生的胎儿也享有应受法律保护的地位，既有利于胎儿最佳利益这一目的的实现，也有助于界定母亲的行为自由范围以及保护与此相关的其他与胎儿有特定法律关系的主体如父亲的合法利益等。

四、司法实践的局限

然而，由于司法实践本身的局限性，导致其始终无法突破权利能力的限制而给予那些尚未出生但亟须救济的胎儿以及与之有特定法律关系的其他主体以充分的法律保护。赋予未出生之胎儿以应受法律保护的主体地位，实质上涉及民事主体制度的问题，属于民事基本制度。对此，依据我国《立法法》第8条规定，只能通过立法而由作为制定法的法律来确立。

也正是在这一层意义上，对于胎儿最佳利益的民法保护来讲，在承认司法实践已有经验和教训的基础之上，民事制定法层面应当舍弃以活着出

① 参见〔德〕施瓦布，郑冲译：《民法导论》，法律出版社2006年版，第90页。

生为条件来确定是否赋予胎儿以权利能力，由此来宣誓和彰显以尊重生命为前提的平等保护的法治基本理念；同时，也适当平衡母亲权利与胎儿以及与之相关的其他利益主体权益之间的过度失衡状态，给予胎儿以及其他利益主体在母亲权利滥用时以法律救济的可能。就此而言，《民法总则》第 16 条并不能完全满足现实生活的需求。对于正在制定的民法典而言，以胎儿最佳利益的实现为目的，可以在未来民法典的总则编的主体制度项下将涉及胎儿利益保护的条款规定为："涉及胎儿生命、身体、健康等利益保护的，视为已出生。法律另有规定的除外。"

这种规定的合理性考量在于以下几个方面。

首先，在立法模式上，通过列举 + 概括的模式，既强调物质性人格利益居于胎儿利益保护的核心位置，又可以通过概括性的规定将生命等物质性人格利益之外的其他利益的承认与保护向丰富的社会生活开放，以保持法典的稳定性与开放性的适度平衡。

其次，在规则内涵的价值理念上，对涉及胎儿最佳利益实现的生命等物质性人格利益的保护，不以"活着出生"作为承认胎儿应受法律保护之地位的前提，以此彰显尊重生命以及平等保护的法治基本理念。

再次，在受保护之利益的内部结构划分上，应在承认平等保护这一法治基本理念的基础之上，将生命等涉及胎儿最佳利益实现的物质性人格利益以具体列举，其他利益以概括规定，实现对胎儿利益保护所涉及的利益内部的层级划分，可以将胎儿与自然人的现实差异在具体法律规则中适度地体现出来。

最后，基于法律体系内部协调的考虑，强调"法律另有规定的除外"，可以将民法典与现行法律体系下的其他规范性法律文件协调起来，特别是将其与计划生育政策有关的《人口与计划生育法》中的合法终止妊娠的情形、公民基于《宪法》所享有的生育权以及女性的人身自由等协调起来，保证法律体系内部的逻辑协调。

附录案例一：王某钦诉杨某胜泸州市汽车二队
交通事故损害赔偿纠纷案*

裁判要旨

民法通则第一百一十九条规定的"死者生前扶养的人"，既包括死者生前实际扶养的人，也包括应当由死者抚养，但因为死亡事故发生，死者尚未抚养的子女。

基本案情

原告：王某钦，男，1 岁，住四川省泸州市江阳区蓝田镇。

法定代理人：牟某，女，22 岁，原告王某钦之母，住址同上。

被告：杨某胜，男，39 岁，住四川省泸州市纳溪区棉花坡乡。

被告：四川省泸州市汽车二队，住所地：四川省泸州市龙马潭区。

法定代表人：肖某红，该队经理。

原告王某钦因与被告杨某胜、四川省泸州市汽车二队发生道路交通事故损害赔偿纠纷，由其法定代理人牟某代理向四川省泸州市江阳区人民法院提起诉讼。

原告王某钦的法定代理人诉称：在一次交通事故中，原告之父王某强被挂靠在被告泸州市汽车二队的被告杨某胜驾驶的汽车轧死。交警部门认定：杨某胜负此次交通事故的主要责任。依照《中华人民共和国民法通则》（以下简称民法通则）第一百一十九条、《中华人民共和国继承法》（以下简称继承法）第二十八条的规定，原告必要的生活费、教育费，应当由杨某胜赔偿，泸州市汽车二队应当承担连带赔偿责任。由于杨某胜反对，此项赔偿在原交通肇事一案的刑事附带民事判决中未解决。请求判令：（1）被告给原告支付生活费、教育费 18458 元；（2）被告给原告支付精神抚慰金 10000 元；（3）本案诉讼费由被告负担。

原告王某钦提交的证据有：

1. 第 2002065 号道路交通事故责任认定书一份、2002 年 6 月 8 日和 7 月 1 日的道路交通事故损害赔偿调解书各一份、第 2002003 号道路交通事故损害赔偿调解终结书一份、泸州市江阳区人民法院的（2002）江阳刑初

---

* 案例来源：《中华人民共和国最高人民法院公报》2006 年第 3 期。

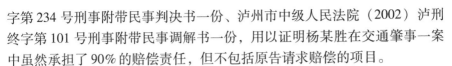

字第 234 号刑事附带民事判决书一份、泸州市中级人民法院（2002）泸刑终字第 101 号刑事附带民事调解书一份，用以证明杨某胜在交通肇事一案中虽然承担了 90% 的赔偿责任，但不包括原告请求赔偿的项目。

2. 泸州市江阳区蓝田镇上坝村凤凰山农业合作社的证明两份、对证人毛某华、王某林的调查笔录各一份，用以证明王某强和牟某自由恋爱多年，二人一起同居生活；王某强在与牟某办理结婚手续的过程中死亡，其时牟某已怀孕。

3. 出生医学记录一份、医疗发票 15 张，用以证明牟某于 2002 年 10 月 22 日在四川省泸州市中医院生育王某钦，为此支出医疗费 3238 元。

4. 证人牟某、唐某丽、邓某华、高某红、牟某一的证言各一份、四川华西医学鉴定中心物 2003－077 号法医学鉴定报告书一份、鉴定发票两张，用以证明牟某一从王某强身上提取血样交民警保存，以及经亲子鉴定，王某钦确系王某强亲生儿子。

5. 四川省泸州市民政局的证明一份，用以证明当地最低生活保障费为每人每月 130 元。

被告杨某胜辩称：王某强死时未婚，没有配偶，何来子女。民法通则第九条规定："公民从出生时起到死亡时止，具有民事权利能力，依法享有民事权利，承担民事义务。"原告即便算王某强的遗腹子，王某强死亡时其尚未出生，不是具有民事权利能力的、能够行使请求权的民事主体。继承法第二十八条规定："遗产分割时，应当保留胎儿的继承份额。胎儿出生时是死体的，保留的份额按照法定继承办理。"本案是交通肇事损害赔偿，不是继承案件，赔偿金不等于遗产，保留胎儿份额的规定不能在本案适用。民法通则第一百一十九条规定："侵害公民身体造成伤害的，应当赔偿医疗费、因误工减少的收入、残废者生活补助费等费用；造成死亡的，并应当支付丧葬费、死者生前扶养的人必要的生活费等费用。"在交通肇事一案中，王某强生前扶养人的经济赔偿问题已经附带解决。原告不是王某强生前扶养的人，不能依照这条规定来请求赔偿，其诉讼请求应当驳回。

被告杨某胜提交四川省泸州市公安局蓝田派出所的常住人口登记表一份，用以证明王某强未婚，其与牟某不存在夫妻关系。

被告泸州市汽车二队辩称：即使能证明原告王某钦是被害人王某强的遗腹子，也只能按《道路交通事故处理办法》进行赔偿。1 岁的孩子懂得什么精神损害，为什么要请求支付精神抚慰金？不能满足原告的全部诉讼请求。

被告泸州市汽车二队未举证。

法庭主持了质证、认证。被告方对原告方提交的 1、2、3、5 及 4 组中部分证据的真实性予以确认，但认为血样是在处理事故交警没有参与的情况下由原告亲属提取的，程序不合法，其真实性值得怀疑，由此对 4 组中其他证据与本案的关联性不予确认。原告方对被告杨某胜提交的王某强未婚证据无异议。

法庭认为，原告提交的大部分证据和被告杨某胜提交的证据，因双方当事人无异议，予以确认。关于血样采集问题，经审查，在交警部门主持调解交通事故赔偿纠纷时，由于孩子尚未出生，交警部门认为其无权解决遗腹子赔偿问题，也无需证明自己无权解决的问题，故未提取王某强的血样。但在王某强遗体被火化前，办案民警意识到如果不留血样，可能会给将来解决这一问题造成困难，故向死者亲友提醒。牟某一遂当众在王某强的身体上采集了血液，封好后当场交给办案民警保存。牟某一在特定情况下当众提取王某强血样，这个过程有唐某丽、牟某、邓某华、高某红等多个证人证实。牟某一的取证真实、客观，且不违背法律规定，是有效的民事行为。根据牟某一提取血样所作的鉴定，与本案有关联性，应予采信。

泸州市江阳区人民法院经审理查明：

2002 年 4 月 27 日，挂靠在被告泸州市汽车二队的被告杨某胜驾驶川 E07363 号小货车，从泸州市纳溪区安富镇沿泸纳二级公路向泸州方向行驶，当行至该公路 3KM＋200M 处会车时，由于对前方路面情况观察不够，将同向行走的赶猪人王某强撞倒，王某强经抢救无效死亡。泸州市公安局交通警察支队二大队认定，杨某胜负此次事故的主要责任。在解决杨某胜交通肇事应承担的民事赔偿责任时，被害人王某强的父母曾请求杨某胜和泸州市汽车二队连带赔偿"未生下来的小孩抚养费"。由于王某强至死未婚，没有妻子，且小孩尚未出生，无法断定其与王某强的关系，故在杨某胜反对下，未能满足此项赔偿请求。2002 年 10 月 22 日，牟某生育了原告王某钦。2003 年 1 月，牟某代理王某钦提起本案诉讼。

审理期间，经原告王某钦方申请，法院提取了在交警处保存的被害人王某强血样和王某强母亲保存的王某强血衣，同时送至四川华西法医学鉴定中心鉴定。因血衣变质，丧失了检验条件，四川华西法医学鉴定中心只对血样进行了鉴定。结论为：王某强是王某钦的亲生父亲。

同时查明，原告王某钦的母亲牟某与王某强自由恋爱多年并同居生活。王某强死亡时，牟某已怀孕。2002 年，泸州市的最低生活保障标准是每月 130 元，教育费年约需 444 元。

本案争议焦点是：对被害人死亡时遗留的胎儿，加害人有无赔偿责任？

泸州市江阳区人民法院认为：

本案证据证明，原告王某钦与被害人王某强之间存在着父子血缘关系。《中华人民共和国婚姻法》第二十一条规定："父母对子女有抚养教育的义务；子女对父母有赡养扶助的义务。"第二十五条规定："非婚生子女享有与婚生子女同等的权利，任何人不得加以危害和歧视。"父母对子女的抚养教育义务，是由父母与子女间存在的血缘关系决定的，不因父母之间是否存在婚姻关系而发生实质性变化。

民法通则第一百一十九条规定，侵害公民身体造成死亡的，加害人应当向被害人一方支付死者生前扶养的人必要的生活费等费用。"死者生前扶养的人"，既包括死者生前实际扶养的人，也包括应当由死者抚养，但因为死亡事故发生，死者尚未抚养的子女。原告王某钦与王某强存在父子关系，是王某强应当抚养的人。王某钦出生后，向加害王某强的人主张赔偿，符合民法通则的这一规定。由于被告杨某胜的加害行为，致王某钦出生前王某强死亡，使王某钦不能接受其父王某强的抚养。本应由王某强负担的王某钦生活费、教育费等必要费用的1/2，理应由杨某胜赔偿。生活费按泸州市2002年最低生活保障每月130元标准，教育费按每年444元标准，计算至王某钦18周岁时止。民法通则第一百三十一条规定："受害人对于损害的发生也有过错的，可以减轻侵害人的民事责任。"考虑到在交通事故中，王某强也有一定过错，故可以减轻杨某胜10%的赔偿责任。被告泸州市汽车二队是杨某胜车辆的挂靠单位，在杨某胜不能给付赔偿金的情况下，应承担垫付责任。

原告王某钦一方请求被告给付精神抚慰金，这一请求不符合最高人民法院在《关于确定民事侵权精神损害赔偿责任若干问题的解释》中的规定，不予支持。

据此，泸州市江阳区人民法院于2003年5月28日判决：

一、被告杨某胜在本判决书生效后10日内，一次性给付原告王某钦生活费12636元、教育费3600元，共计16236元；其余损失1804元，由王某钦自行负担；

二、被告泸州市汽车二队对上列赔偿款承担垫付责任；

三、驳回原告王某钦的其他诉讼请求。

一审宣判后，双方当事人均未上诉。判决生效后，被告一方已经自动履行了判决确定的给付义务。

附录案例二：郑州人民医院与崔某某医疗损害赔偿纠纷案*

裁判要旨

患者到医疗机构处做唐氏筛查检查，目的就是为了预先知道胎儿是否存在唐氏儿的可能性，作为具有专业知识和较高医疗水平的医院，应当尽到谨慎、高度注意的义务，为患者提供专业诊疗意见，以便患者自主决定是否继续妊娠。医疗机构的唐氏筛查报告单中 AFP、UE3、HCG 三项数据接近临界值，医疗机构应该意识到存在胎儿是唐氏儿风险，并将这一风险告知患者，但医疗机构并未意识到风险，履行告知义务，对唐氏儿的出生负有一定责任。

基本案情

上诉人（原审被告）郑州人民医院。法定代表人周某东，院长。

委托代理人田某、马某瑞，北京市大某律师事务所郑州分所律师。

被上诉人（原审原告）崔某某。

委托代理人马某丽，河南大某律师事务所律师。

上诉人郑州人民医院因与被上诉人崔某某医疗损害赔偿纠纷一案，不服河南省郑州市金水区人民法院（2011）金民一初字第 3325 号民事判决，向本院提起上诉。本院受理后依法组成合议庭公开开庭审理了本案。上诉人委托代理人田某、被上诉人委托代理人马某丽到庭参加了诉讼。本案现已审理终结。

原告于 2011 年 7 月 25 日诉至河南省郑州市金水区人民法院，请求判令被告赔偿原告因其侵权给其造成的损失费共计 610397.26 元。

原审查明：（1）原告崔某某与赵某系夫妻关系，双方于 2011 年 2 月 24 日生育一子赵某天。该院对赵某进行调查并形成笔录一份，赵某称因涉及个人隐私其不愿作为原告参加本案诉讼，原告崔某某代表夫妻双方起诉。（2）2012 年 10 月 12 日，原告在被告处做唐氏筛查检测，检查结果

---

* 河南省郑州市中级人民法院（2013）郑民一终字第 593 号民事判决书。案例来源：北大法宝，【法宝引证码】CLI. C. 2014152，网址链接：https://www. pkulaw. com/pfnl/a25051f3312b07f3f1a731284f0fa0122fd03068fc5864aebdfb. html？keyword＝％E5％B4％94％E7％A7％8B％E6％A2％85，最后访问日期：2019 年 3 月 19 日。

显示唐氏综合症检测为阴性、开放性脊柱裂检测为阴性、Trisomy18 检测为阴性。（3）原告崔某某自 2010 年 10 月 18 日起在被告处做围产保健，检查结果显示正常。原告还在被告处做生化、免疫检查及彩超检查，均未发现明显异常。（4）2011 年 2 月 23 日，原告入住被告医院，次日行剖宫产分娩出一子赵某佑，病历显示出生 1 分钟阿氏评 10 分、脐带绕颈一周、小宝一般情况良好、新生儿高胆红素血症。3 月 3 日，原告母子出院。（5）2011 年 4 月 19 日，原告在郑大三附院、河南省妇幼保健院对赵某佑进行染色体筛查，显示赵某佑系唐氏综合症患儿。原告认为被告在孕期检查不负责，没有予以充分的注意，没有及时发现胎儿有严重缺陷的可能性，没有履行告知义务，造成残疾婴儿不当出生，故诉至该院，诉请如上。

原审认为，本案系医疗损害责任纠纷。2010 年 10 月 12 日，原告崔某某到被告处做产前检查是为了预先判断胎儿是否有先天性缺陷和遗传性疾病，实现人口优生。医院方应充分考虑优生优育对于父母的重要性。在产前检查中一旦发现或者怀疑胎儿有异常，则必须做出产前诊断。在医患关系中，由于就医者对具有专业知识和医疗水平的医院抱有相当高的期望和信赖，医院的诊断意见往往会直接左右孕妇的生育决策。因此，医疗机构应及时、准确告知检测情况以及介绍风险、预防等知识，以便孕妇能够及时对生育进行选择和决定。夫妻只有在明确胎儿及孕妇健康状况的前提下，方能依自主意见做出是继续妊娠还是终止妊娠的判断。被告在原告唐氏筛查结果阴性但检测数值接近临界值的情况下，应谨慎履行高度注意义务，应当告知原告该检查结果对排除唐氏综合征疾病具有不确定性，继续妊娠可能出现的风险及获取知情同意书。由于被告履行义务不充分存在瑕疵，致使唐氏综合征患儿出生，但唐氏综合征疾病并非被告的医疗行为所致，故被告对原告的相应损失承担赔偿责任。原告要求医疗费 5847.35 元，其提交的医疗费票据均是原告做产前检查及生产的费用，并非用于患儿诊疗的特殊医疗费用，故该院对此不予支持。原告要求抚养费 106293.41 元，原告作为患儿的父母，对患儿负有抚养义务，原告要求被告赔偿损失，没有事实根据和法律依据，该院不予支持。原告要求家属陪护误工损失 398256.5 元，唐氏综合症患儿确需更加全面的照顾，家属需付出更多的时间及精力，该院认为被告应支付必要的护理费。考虑到患儿的实际寿命尚不确定，该院暂支持10 年（2011 年 2 月 24 日至 2021 年 2 月 23 日），之后的护理费用原告可另行再诉。该部分费用计 103546.69 元（15930.26 元/年×10 年×65%）。唐氏综合症患儿的出生，使原告必然要面对并且必须接受缺陷子女的现实，承受精神痛苦，综合考虑被告过错程度等因素，该院认定为 60000 元，高出部分，不予支持。依照《民法通则》第一百零六条、《母婴保健法》第十七条、《母婴保健法实施办法》第四条、《民事诉讼法》第六十四条第一款之规定，判决如下：

一、被告郑州人民医院于本判决生效之日起十日内赔偿原告崔某某精神损害抚慰金 60000 元、家属陪护误工损失 103546.69 元，共计 163546.69 元。

二、驳回原告崔某某的其他诉讼请求。

三、案件受理费 9904 元，由原告崔某某负担 7200 元，被告郑州人民医院负担 2704 元。

宣判后，郑州人民医院不服一审判决，向本院提起上诉称：被上诉人的唐氏筛查结果为阴性，上诉人的处理符合医疗原则，一审法院认为上诉人履行注意义务不充分，判决上诉人承担赔偿责任没有事实和法律依据；一审判决上诉人承担陪护费、精神损害抚慰金缺乏事实及法律依据。请求撤销一审判决，依法改判。

被上诉人崔某某辩称：婴儿本身是唐氏儿，可上诉人的筛查结果为阴性，正说明了上诉人在筛查过程中草率、不认真，未尽到谨慎尽责、高度注意义务，上诉人有过错；

根据当事人的诉辩意见，本院归纳本案争议焦点为：上诉人对本案后果应否承担责任。

本院经审理查明的事实与原审判决认定的事实一致。

本院认为，被上诉人到上诉人处做唐氏筛查检查，目的就是为了预先知道胎儿是否存在唐氏儿的可能性，上诉人作为具有专业知识和较高医疗水平的医院，应当尽到谨慎、高度注意的义务，为被上诉人提供专业诊疗意见，以便被上诉人自主决定是否继续妊娠。上诉人的唐氏筛查报告单中 AFP、UE3、HCG 三项数据接近临界值，上诉人应该意识到存在胎儿是唐氏儿风险，并将这一风险告知被上诉人，但上诉人并未意识到风险，履行告知义务，对唐氏儿的出生负有一定责任。上诉人的上诉人理由本院不予采纳，其上诉请求不予支持。原审判决认定事实清楚，处理结果无明显不当之处，本院予以维持。依照《中华人民共和国民事诉讼法》第一百七十条第一款第（一）项之规定，判决如下：

二审裁判结果：

驳回上诉，维持原判。

二审案件受理费 3571 元，由上诉人郑州人民医院负担。

本判决为终审判决。

第四章

抚养纠纷中未成年人抚养权
归属的确定规则

第一节　问题的提出

2018 年 6 月 22 日，备受社会关注的马某诉王某强离婚纠纷、名誉权纠纷案二审在北京市第三中级人民法院宣判。对于一审法院从利于子女健康成长角度出发所作出的婚生子由王某强抚养、婚生女由马某抚养的判决，二审法院判决予以维持。① 审理法院从利于子女健康成长角度出发确定直接抚养权归属，符合《婚姻法》第 36 条第 3 款、《最高人民法院关于人民法院审理离婚案件处理子女抚养问题的若干具体意见》（下文简称"法发〔1993〕30 号"）② 尤其是《民法总则》第 35 条确立的未成年最大利益原则，整体上应予赞同。问题是，何以由男方直接抚养婚生子、女方直接抚养婚生女更有利于未成年子女健康成长或最大利益的实现？而不是相反，由女方直接抚养婚生子、男方直接抚养婚生女，或者由一方直接抚养全部未成年子女而非分别抚养，更有利于未成年子女最大利益的实现？事实上，当前司法实践对于该问题的解决意见纷纭，无有定论。有法院从抚养子女的经济负担甚至平息抚养纠纷的角度，认为由双方分别抚养未成

---

① 参见北京市第三中级人民法院（2018）京三中民终字第 5013 号民事判决书。
② 最高人民法院审判委员会第 603 次会议讨论通过。

年子女更有利于未成年人的健康成长；① 亦有法院认为，未成年兄弟姊妹"分开生活将对其身心造成不良影响"，从而支持由父亲或母亲一方直接抚养所有未成年子女而非分开抚养。② 法院在这一问题上的广泛分歧亦普遍存在于以"从有利于子女身心健康，保障子女的合法权益"或"最有利于被监护人"的原则确定直接抚养权归属的司法实践中。③

由此延伸出来的问题是，在以未成年人最大利益原则作为抚养纠纷的裁判标准时，如何能保障未成年人最大利益原则本身的相对确定性和可预见性，从而使制定法的安定性以及与此息息相关的法的权威性本身获得充分保障，最终实现立法者预设的保护未成年人最大利益的制定法的目的。在裁判过程中，虽然一般"原则对于法律推理而言是基础性的，因为其是区分任意欲求和法律权利欲求的标志"④ "是法律推理的权威性起点"，⑤但由于最大利益原则的复杂性、灵活性和可调整适用性，⑥ 导致其在具体适用上无法通过概念法学所倡导的严格的构成要件论来展开，司法实践往往通过自由法学所倡导的利益权衡论来解决最大利益原则适用中的问题。问题是，利益权衡论赋予法官过大的自由裁量权又会导致法的安定性受损，最后可能反过来戕害到立法者所预设的未成年人最大利益目的实现本身。因此，需要一种既能缓和概念法学法律评价过于僵化，又能防止自由法学司法恣意的方法。这样，动态体系论就被提了出来。该理论首先被用于损害赔偿领域，后来又逐渐扩展到了合同、侵权等领域。至于其是否可适用于抚养纠纷领域，尚缺乏充分讨论。但联合国《儿童权利公约—儿童委员会—第 14 号一般性意见（2013）：儿童将他或她的最大利益列为一种

---

① 参见广东省梅州市中级人民法院（2014）梅中法民一终字第 320 号民事判决书；河北省石家庄市中级人民法院（2013）石民一终字第 00249 号民事判决书；北京市昌平区人民法院（2015）昌民初字第 6490 号民事判决书；河南省南阳市中级人民法院（2016）豫 13 民终 66 号民事判决书；甘肃省庆阳市环县人民法院（2014）环民初字第 484 号民事判决书；河北省沧州市中级人民法院（2016）冀 09 民终 3716 号民事判决书；浙江省金华市中级人民法院（2014）浙金民终字第 1392 号民事判决书；陕西省榆林市靖边县人民法院（2013）靖民初字第 02609 号民事判决书；山西省吕梁市中级人民法院（2015）吕民一终字第 730 号民事判决书；广东省深圳市中级人民法院（2011）深中法民一终字第 663 号民事判决书。

② 参见山东省青岛市中级人民法院（2014）青少民终字第 45 号民事判决书；江苏省苏州市中级人民法院（2015）苏少民终字第 00008 号民事判决书。

③ 这两项基本原则分别规定在法发〔1993〕30 号、《民法总则》第 35 条中。

④ See L. Fuller/K. Winston, The Forms and Limits of Adjudication. 2 *Harvard Law Review*, 1978, Vol. 92, No. 2, p. 369；赵英男：《整全法是一种反思平衡？——德沃金法律理论与罗尔斯方法论的比较分析》，载《财经法学》2018 年第 4 期，第 107 页。

⑤ See Neil Duxbury, *Patterns of American Jurisprudence*. Oxford University Press, 1997, p. 216.

⑥ 参见联合国《儿童权利公约—儿童委员会—第 14 号一般性意见（2013）：儿童将他或她的最大利益列为一种首要考虑的权利（第 3 条第 1 款）》第 32 条。

首要考虑的权利（第 3 条第 1 款）》（下文简称"第 14 号意见"）在承认最大利益原则为"动态概念"的同时，① 给出的评判最大利益的框架内拟予考量的要素、方法以及具体遵循的程序等，② 均显示出动态体系论在该领域适用的潜在空间。下面即以此为背景，讨论作为利益权衡论之替代的动态体系论，在通过最大利益原则确定抚养纠纷的领域内，是否可以解决利益权衡论所面临的困境？应如何通过动态体系论来解决其所面临的困境？

第二节　利益权衡论存在的主要问题

在《民法总则》生效前，《婚姻法》第 36 条第 3 款、《中华人民共和国未成年人保护法》（下文简称《未成年人保护法》）③ 第 52 条第 2 款等，对抚养纠纷的裁判标准作了原则性规定，法发〔1993〕30 号明确了处理直接抚养纠纷的若干具体标准。其中，第 36 条第 3 款规定："离婚后，哺乳期内的子女，以随哺乳的母亲抚养为原则。哺乳期后的子女，如双方因抚养问题发生争执不能达成协议时，由人民法院根据子女的权益和双方的具体情况判决。"法发〔1993〕30 号开宗明义地规定，对未成年子女的抚养问题，原则上应"从有利于子女身心健康，保障子女的合法权益出发，结合父母双方的抚养能力和抚养条件等具体情况妥善解决"。

一、利益权衡论的主要表现形式

从文义解释的角度分析，《婚姻法》第 36 条第 3 款与法发〔1993〕30 号的用语并不相同，导致司法实践中存在两条明显冲突的界定标准。

（一）综合考量标准

依据《婚姻法》第 36 条第 3 款所确立的是综合考量标准。该标准认

---

① 参见联合国《儿童权利公约—儿童委员会—第 14 号一般性意见（2013）：儿童将他或她的最大利益列为一种首要考虑的权利（第 3 条第 1 款）》，第 1 条、第 11 条。

② 参见联合国《儿童权利公约—儿童委员会—第 14 号一般性意见（2013）：儿童将他或她的最大利益列为一种首要考虑的权利（第 3 条第 1 款）》，第 46～99 条。

③ 1991 年 9 月 4 日第七届全国人民代表大会常务委员会第二十一次会议通过，自 1992 年 1 月 1 日起施行；第十届全国人民代表大会常务委员会第二十五次会议于 2006 年 12 月 29 日一次修订，第十一届全国人民代表大会常务委员会第二十九次会议于 2012 年 10 月 26 日二次修订。

为，在确定未成年人究竟应由谁来直接抚养时，不应拘泥于某一原则或某特定利益的实现，而应当综合考量涉案的各种利益尤其是子女权益和争议双方的具体情况进行衡量，最终确定直接抚养人。①

（二）主辅结合标准

依据法发〔1993〕30 号所确立的是主辅结合标准。区别于综合考量说，该标准认为，未成年人合法权益原则是解决抚养权纠纷的核心与基础。在确定未成年人宜由谁来直接抚养时，应围绕未成年人合法权益原则并合理考虑其他要素来判断。② 例如，有法院在裁判文书中承认：抚养关系的确定或变更应以有利于未成年子女身心健康，保障未成年子女合法权益为原则，同时结合父母双方的抚养意愿、抚养能力、抚养条件及协商情况等因素进行综合考量。③

二、利益权衡论内部的分与合

从形式上来看，综合考量标准并不先入为主地强调纳入考量范围的诸要素或所涉利益的优先层级，而是在具体个案中由法官依据具体情形综合把握。这一立场在学理上又被称为利益衡量论。依据这一理论，对于抚养纠纷中所涉及的诸种要素与利益的衡量，应围绕具体纠纷展开衡量，裁判者在解决纠纷时首先要抛开实定法束缚，比较并权衡对立矛盾的各种价值以得出结论，最后为该结论寻得法律上的依据而将之合法化。④ 而主辅结合标准则预设了未成年人合法利益保护的基础地位，法官在个案处理时应当优先考虑未成年人合法利益的保护，在此前提下才考量其他要素和利益的保护。这在学理上又被称为利益考量论。依据这一理论，抚养纠纷的解决应从纠纷解决所依据的规范出发，考量可能存在的解释及此种解释可能

---

① 参见广东省佛山市中级人民法院（2004）佛中法民一终字第 778 号民事判决书；河南省商丘市中级人民法院（2011）商民终字第 109 号民事判决书。
② 参见广东省广州市中级人民法院（2016）粤 01 民再 131 号民事判决书；河北省衡水市中级人民法院（2014）衡民一终字第 376 号民事判决书；浙江省杭州市中级人民法院（2014）浙杭民终字第 28 号民事判决书；江苏省无锡市中级人民法院（2017）苏 02 民终 3978 号民事判决书；山东省德州市中级人民法院（2017）鲁 14 民终 1579 号民事判决书；山东省德州市中级人民法院（2017）鲁 14 民终 1570 号民事判决书。
③ 参见上海市第二中级人民法院（2015）沪二中少民终字第 37 号民事判决书。
④ 参见［日］加藤一郎，梁慧星译：《民法学的解释与利益衡量》，《民商法论丛》第 2 卷，法律出版社 1995 年版，第 77 页。

保护何种利益、牺牲何种利益，最后再依据价值位阶决定解释路径。①

但从实质上来看，不管是综合考量标准还是主辅结合标准，实质上都涉及利益的衡平处理问题。利益的衡平处理涉及法律上的实体正义。当前法律实践事实上承认法官拥有较大自由裁量权空间而强调实体正义的立场，恰恰可能牺牲法的安定性。② 在个案的利益权衡处理中，法官的知识、经验、信仰、道德甚至性别等都会对抚养权归属的确定产生实质性的影响。另外，综合考量标准背后的利益衡量论和主辅结合标准背后的利益考量论，实际上都没有区分发现的过程和正当化的过程，导致相应司法裁判的具体论证与结论缺乏可反驳性且难以经受住反驳。由于抚养纠纷中涉及的应予考量和纳入衡平处理范畴的利益要素错综复杂，导致相应的裁判论证与结论的可反驳性更弱，司法实践中当事人对于判决结果疑窦丛生，也多与此相关。可以说，利益权衡论的出发点是实体正义，但其适用的最终结果却走向了实体正义的反面。这也与最高人民法院"确保司法裁判既要经得起法律检验，也符合社会公平正义观念"的基本目标相违反。③

三、司法实践中的利益权衡

（一）最大利益与评估要素

在适用最大利益原则裁判抚养权纠纷时，首先要回答的问题是，何谓"最大利益"？尤其是父母抚养条件并不完全相同时，究竟由谁直接抚养未成年人更有利于其最大利益的实现？从司法实践中法院作出裁判的说明理由及最终的裁判结果来看，对于这种比较命题，法院毋宁是在鱼与熊掌不可兼得的情形下选择相比较而言更有利于子女利益实现的折衷方案，以避免"最大利益"认定时的困难。这种实践策略确有可取之处。"最大利益"涉及与未成年人有关的一切，要穷尽其内容与范围是不切实际的。④另外，在司法实践中，法院通过比较抚养纠纷中当事人所具备的抚养条件来界定谁具有比较优势的方法，亦获得了学理上的普遍赞同。在后者看

---

① 参见段匡：《日本的民法解释学》，复旦大学出版社 2004 年版，第 263 页。
② 参见杨力：《基于利益衡量的裁判规则的形成》，载《法商研究》2012 年第 1 期，第 89 页。
③ 参见法〔2018〕164 号。
④ 参见何海澜：《善待儿童：儿童最大利益原则及其在教育、家庭、刑事制度中的运用》，中国法制出版社 2016 年版，第 95 页。

来，在目前的社会条件下，最大利益原则的评估主要由构成要素和干扰要素组成，前者从正面、积极方面予以评价，后者从负面、消极方面予以评价，并且学理上还强调于此的评价体系应随着社会进步而使最大利益原则的内涵不断自我完善和发展。[①] 存在的问题是，通过要素评价法来评估最大利益原则，要素彼此之间的规范关系如何？如何通过具体要素的比较来确定未成年人的最大利益并裁判抚养纠纷？对此，相应司法实践和学说理论并未提供令人信服的解决方案。

（二）评估要素的优先次序

要素本身为事实性构成，但此种事实性构成之所以能够成为最大利益原则的评估标准，在于其彰显的规范价值与内涵的之于未成年人而言的利益。此种利益并不局限于"可执行"的权利，还包括长期或短期的福利关照和对身心健康的考虑。[②] 那么，多个要素并存时的优先次序应如何确定？例如，在不考虑干扰要素介入的前提下，主要构成要素中的意志要素尤其是未成年人父母的自由意志，在未成年人最大利益原则的评估中居于核心位置。当存在有效抚养协议时，法院一般会依据协议来确定直接抚养权的归属。在法院看来，有效的抚养协议"是基于从有利于子女成长且在父母双方自愿的情况下而达成的一致意见"，[③] 或"应推定该协议是从有利于子女教育及健康成长的角度对子女生活进行的安排"。[④] 对此，学理上亦认为，除非存在例外，否则父母即是孩子最大利益的天然照看者，国家对此应予尊重并仅得在例外情形下干预。[⑤] 问题是，这种优先考量的正当性基础为何？当存在其他干扰要素时，这些干扰要素何以构成对主要构成要素的否定性评价并影响其评估结果？当事人未按抚养协议履行约定内容或没有抚养协议时，其他构成要素与干扰要素彼此的规范关系如何作用并影响最大利益原则的评估，优先次序和价值基础为何？对此，司法实践并未详细说明，尚需进一步论证。

---

① 参见冯源：《儿童监护事务的国家干预标准：以儿童最大利益原则为基础》，载《北京社会科学》2016年第3期，第27页。

② 参见张鸿巍：《儿童福利视野下的少年司法路径选择》，载《河北法学》2011年第12期，第49页。

③ 参见河北省沧州市任丘市人民法院（2016）冀0982民初695号民事判决书。

④ 参见辽宁省丹东市中级人民法院（2015）丹民一终字第00389号民事判决书；湖北省荆门市中级人民法院（2015）鄂荆门中民一终字第00263号民事判决书；河南省信阳市光山县人民法院（2016）豫1522民初550号民事判决书。

⑤ See Joseph Goldstein, Anna Freud, Albert J. Solnit, *Before the Best Interests of the Child*. New York: The Free Press, 1979, pp. 59 – 91.

（三）要素比较中的规范性考量

对于实践中广泛存在的构成要素和干扰要素在具体案件中同时出现且彼此矛盾的情形，究竟依据何种标准进行取舍并确定抚养权归属，从而有利于最大利益原则的实现？司法实践中的普遍做法是由法院综合考量具体案件中的各要素并最终决定抚养权归属。但是对于综合考量的一般标准以及各要素彼此之间的规范关系究竟为何，究竟应依据哪些要素来评估未成年人最大利益原则，如年龄要素与主要照顾要素相冲突、抚养父母与生物父母不一致、扶养协议与事实扶养有出入等情形中，司法实践中分歧较大。由于未成年人最大利益原则给裁判者留下了很大的裁量空间，显然会导致立法者不愿意看到的一个结果：法的安定性的保障基本上取决于法官个人，因为于此场合法官作出的判决并非主要依据教义，而是很大程度上受其法学素养以及个人情感、伦理道德、生活经验、世界观价值观等影响。① 而裁判的恣意性太强，可能与制定法强调的对于法官的拘束目的相违反。

第三节　动态体系论的基本评估方法

依据未成年人最大利益原则确定直接抚养权归属的，既要正确处理抚养权归属结论的发现过程和正当化过程，尽量保证论证与结论的可反驳性且能经受住反驳，也要避免法官自由裁量空间过大所可能导致的恣意问题。对此，动态体系论提供了可供探讨的方法论上的指引。

动态体系论是发轫于 20 世纪中叶奥地利的一种法学方法论，其核心目的有二：一是实现法律的弹性化，克服当时盛行的概念法学的僵化所可能导致的个案不义问题；二是去法律评价过程的神秘化，让评价过程看得见、可予反驳且能经得住反驳，正当化评价过程。动态体系论放弃了概念法学所强调的法教义中的固定构成要件，允许裁判者在多个要素中选择最适于个案的一个或数个要素展开最令人信服的论证说理，而且法律效果亦

① Vgl. F. O. Fischer, Das Bewegliche System als Ausweg aus der dogmatischen Krise in der Rechtspraxis, AcP 197 (1997), S. 603 f.

可以随选定的要素的强度而浮动。① 动态体系论强调法律效果评价过程中的两个基本点：要素；基础评价和原则性示例。

一、要素

要素或动态力量并非构成要件，不是绝对的和僵化的，在法律效果的评价过程中，它们通过彼此间的协动来展现自身之于效果评价的影响，此种影响取决于要素的数量、强度和彼此结合的方式。要素彼此间的协动是指要素间的互补性，而此种互补性的存在以要素背后所隐藏的原理为基础。② 对于同一评价对象而言，有可能同时存在多个具备妥当性的原理。这些原理在功能上可能是同质的，亦可能是冲突的。在同质时，某一原理的充足度可推知其他同质原理的充足度；而在异质时，由于具有妥当性的原理均应尽可能地被满足，所以必须在相互矛盾的原理中经过权衡而实现具有更高充足度的原理，以限制与之矛盾的原理。③ 这些在内部原理上或者同质或者异质的要素，在作用于法效果评价时并非是杂乱无章的无序运动，而是在要素限定、要素权重限定的前提下合体系地相互作用。当然，于此的体系亦是开放的，能够包容所有可以想象到的情形及其特殊性质。④

二、基础评价和原则性示例

动态体系论和要件构成论不同，其并不强调固定的构成要件，而是重视能够协动的要素。要素的满足度决定其所评价的法律效果的强度。若某一要素以特殊强度发生作用，那么其本身甚至就足以正当化法律效果。就此而言，动态体系论本身属于比较命题，通常的表述为"……越多，……越好""在……的情形，……更好"。⑤ 当然，仅依靠要素的协动尚不足以

---

① 参见解亘、班天可：《被误解和被高估的动态体系论》，载《法学研究》2017 年第 2 期，第 51 页。

② 参见［日］山本敬三，解亘译：《民法中的动态系统论》，《民商法论丛》第 23 卷，金桥文化出版有限公司 2003 年版，第 203 页。

③ 参见雷磊：《法律推理基本形式的结构分析》，载《法学研究》2009 年第 4 期，第 22 页。

④ 参见［奥地利］维尔伯格，李昊译：《私法领域内动态体系的发展》，载《苏州大学学报》（法学版）2015 年第 4 期，第 112 页。

⑤ 参见解亘、班天可：《被误解和被高估的动态体系论》，载《法学研究》2017 年第 2 期，第 50 页。

确定法律效果，对此尚需基础评价和原则性示例。① 其中，基础评价是指在效果评价时仅考虑某一要素，当这一要素的满足度达到特定的阈值时，即可确定具体的法律效果。亦即言，基础评价假设存在其他要素相同这一前提。由于通常情形下法律效果皆由多个要素协动作用得出，并且每个要素都处于变动而非平均的状态，因此，需要考虑并存的诸要素在协动时的充足度以及是否同质的问题，以确定最终的法律效果，这就是原则性示例。其标准表述是：要素 A × 充足度 a + 要素 B × 充足度 b + …… = 法律效果。通常情形下，基础评价和原则性示例由制定法给定，在无制定法规定时，亦可通过学说或判例来实现。②

三、动态体系论之于最大利益原则的意义

对于作为法学方法论的动态体系论，自其提出之日起即遭受了来自学界的质疑。学理上的质疑主要是，放弃法教义学而代之以动态体系论，等于强制人们信赖司法机关并将法律保障完全交给法官，由此可能导致法的安定性、统一性受损。③ 在批评者看来，动态体系论所倡导的评价方法以及为之做出的努力实质上是为法官的恣意提供正当性论证；④ 动态体系论强调评价方法的弹性化处理亦可能导致同案不同判，构成对《德国基本法》第 3 条第 1 款所确立的平等原则的违反。⑤ 另外，动态体系论通过可视化的要素在数量上和强度上的相互协作来正当化法律效果的设想，在实践中操作起来困难重重。例如，要素是否有权重？权重如何设定？何以要限定要素？如何限定要素？学理上对此尚无定论。那么，对于这样一种功能价值尚无定论的方法论而言，其是否能够作为抚养纠纷中未成年人最大利益原则的评估工具？

从当前司法实践中法院在裁判文书中所使用的修辞来看，抚养纠纷中，未成年人最大利益原则的评估主要通过利益比较综合的方式来实现。

---

① 参见［日］山本敬三，解亘译：《民法中的动态系统论》，《民商法论丛》第 23 卷，金桥文化出版有限公司 2003 年版，第 231 页。

② 参见解亘、班天可：《被误解和被高估的动态体系论》，载《法学研究》2017 年第 2 期，第 50 页。

③ Vgl. Josef Esser, AcP 151 (1951), S. 555 – 556.

④ Vgl. Hans – Martin Pawlowski, Methodenlehre für Juristen: Theorie der Norm und des Gesetzes, C. F. Müller Verlag, 1999, Rn. 230 – 233.

⑤ Vgl. Rudolf Westerhoff, Die Elemente des beweglichen Systems, Duncker und Humblot, 1991, S. 67 f.

这种方法在学理上又分为利益衡量论和利益考量论。在前者看来，应当围绕具体纠纷展开衡量，裁判者在解决纠纷时首先要抛开实定法束缚，比较并权衡对立矛盾的各种价值以得出结论，最后为该结论寻得法律上的依据而将之合法化。[1] 在后者看来，应当从纠纷解决所依据的规范出发，考量可能存在的解释及此种解释可能保护何种利益、牺牲何种利益，最后再依据价值位阶决定解释路径。[2] 但不管是哪种立场，事实上都强调实质正义而可能牺牲法的安定性，存在着法官自由裁量空间过大的问题。[3] 另外，利益衡量或考量论实际上都没有区分发现的过程和正当化的过程，导致其论证与结论缺乏可反驳性且难以经受住反驳。而这恰是未成年人最大利益原则评估中所要着力解决的。因此，尽管动态体系论本身存在着诸多诘难，但以其作为一种分析方法来讨论未成年人最大利益原则在直接抚养权纠纷中的适用，仍有相当价值。

第四节　动态体系论适用中拟予考量的要素

结合当前司法实践中法院积累的经验，可以将当前法院确定直接抚养权归属所主要考量的要素分主观、客观两个方面予以归纳。

一、主观要素

主观要素主要表现为未成年人父母、未成年人自身以及其他人关于未成年人究竟由谁抚养的主观态度。

（一）父母意思

依据《婚姻法》第36条第3款及法发〔1993〕30号第2条，未成年人父母离婚时若能达成有效抚养协议，则应依据该协议来确定未成年人直接抚养权的归属。对此，司法实践中的法院一般认为：抚养协议是夫妻双方已充分考虑各方面情况及孩子的实际生活状况，[4] 从有利于子女成长且

---

① 参见［日］加藤一郎，梁慧星译：《民法学的解释与利益衡量》，《民商法论丛》第2卷，法律出版社1995年版，第77页。
② 参见段匡：《日本的民法解释学》，复旦大学出版社2004年版，第263页。
③ 参见杨力：《基于利益衡量的裁判规则的形成》，载《法商研究》2012年第1期，第89页。
④ 参见新疆生产建设兵团第八师中级人民法院（2015）兵八民一终字第521号民事判决书。

在父母双方自愿的情况下而达成的一致意见,① 应推定该协议是从有利于子女教育及健康成长的角度对子女生活进行的安排。② 因此,在抚养协议有效的时候原则上应依据该协议来确定对子女的直接抚养权。③ 除非当事人未依约履行协议确定的抚养义务或发生了不适于依协议继续履行的事宜。④ 例如,当事人依抚养协议取得直接抚养权后将子女交由其父母看管而自己外出打工,⑤ 或者依抚养协议取得直接抚养权的当事人依法被判刑且处于服刑期的,⑥ 或者身体与智力均存在严重残疾的,⑦ 则另一方可以向法院提起变更之诉并能获得法院支持。

缺乏有效抚养协议的,若父母一方主张直接抚养权,而另一方不主张或者拒绝直接抚养的,除非有其他偶然因素介入,如未成年人愿意由拒绝直接抚养的一方抚养等,⑧ 原则上主张的一方会获得未成年人的直接抚养权;若父母双方均主张直接抚养权,⑨ 或均不主张直接抚养权的,⑩ 则由法院结合其他因素来确定直接抚养权人。

(二) 未成年人意思

依据《婚姻法》第 36 条第 3 款尤其是法发〔1993〕30 号第 5 条及第 16 条第 3 项规定,对于十周岁以上的未成年人而言,若其明确表示自己愿意由谁来直接抚养,则法院在确定直接抚养人时对此应予充分考虑。另外,《未成年人保护法》第 52 条第 2 款亦规定"人民法院审理离婚案件,涉及未成年子女抚养问题的,应当听取有表达意愿能力的未成年子女的意见,根据保

---

① 参见河北省沧州市任丘市人民法院 (2016) 冀 0982 民初 695 号民事判决书。
② 参见辽宁省丹东市中级人民法院 (2015) 丹民一终字第 00389 号民事判决书;湖北省荆门市中级人民法院 (2015) 鄂荆门中民一终字第 00263 号民事判决书;河南省信阳市光山县人民法院 (2016) 豫 1522 民初 550 号民事判决书。
③ 参见重庆市第五中级人民法院 (2015) 渝五中法少民终字第 07041 号民事判决书;四川省南充市阆中市人民法院 (2015) 阆民初字第 1512 号民事判决书;广东省深圳市宝安区人民法院 (2015) 深宝法少民初字第 393 号民事判决书;广东省深圳市中级人民法院 (2016) 粤 03 民终 552 号民事判决书;湖北省孝感市孝昌县人民法院 (2014) 鄂孝昌民初字第 00235 号民事判决书;福建省福州市长乐市人民法院 (2015) 长民初字第 3983 号民事判决书。
④ 参见河南省周口市沟丘县人民法院 (2014) 扶民初字第 612 号民事判决书;河南省周口市中级人民法院 (2014) 周民终字第 1880 号民事判决书。
⑤ 参见辽宁省铁岭市开原市人民法院 (2015) 开老民三初字第 00073 民事判决书。
⑥ 参见山东省济南市天桥区人民法院 (2015) 天少民初字第 27 号民事判决书。
⑦ 参见河南省安阳市滑县人民法院 (2011) 滑民初字第 119 号民事判决书。
⑧ 参见辽宁省沈阳市中级人民法院 (2014) 沈中少民终字第 00116 号民事判决书。
⑨ 参见江苏省泰州市中级人民法院 (2016) 苏 12 民终 1042 号民事判决书;广西壮族自治区玉林市玉州区人民法院 (2016) 桂 0902 民初 2875 号民事判决书。
⑩ 参见河北省邢台市中级人民法院 (2016) 冀 05 民终 433 号民事判决书;贵州省黔西南布依族苗族自治州中级人民法院 (2017) 黔 23 民终 594 号民事判决书。

障子女权益的原则和双方具体情况依法处理"。在法院看来，尽管未成年人尚不具有完全行为能力，不能就自己最佳利益做出理性判断，但在一定范围内仍具有一定辨别和判断能力，据此做出的选择在法律上亦应尊重。①

未成年人被法律所尊重的辨别和判断能力，与未成年人的年龄成正比。一般而言，十周岁以上的未成年人的选择，法院原则上会在综合考量其他情形的前提下予以支持。② 当然，即使是十周岁以上的未成年人的主观意志，亦仅是法院确定其直接抚养人时应予考量的要素而非决定性的要素，法发〔1993〕30号第5条所确定的十周岁的界限亦仅具有参考价值。有法院明确表示：即使已年满十周岁的未成年人已明确表示愿随父亲或者母亲一方生活，但由于其是未成年人，认识事情难免带有情绪化，具有片面性，因此，其所做出的选择并不是变更抚养关系的充分依据。③ 当然，也有法院认为，虽然未成年人仅有九岁而未满十周岁，但其对日常生活亦有一定的理解力，其选择应予支持；④ 与之相近的另一案件的法院则认为九岁的未成年人虽有选择，但仍不具备独立的认知能力和判断能力，从而对其选择未予支持。⑤

在未成年人完全不具备意思能力如患有阿斯伯格综合症的场合，⑥ 或者虽具备一定意思能力但意思反复变化而不能确定其真实意思的场合，如忽而选择随父亲生活，忽而选择母亲生活，⑦ 则法院通常会综合考量其他因素来确定未成年人的直接抚养人。

（三）其他人的意思

在司法实践中，与未成年人或其直接抚养人在生活上存在密切关系的特定人对于被抚养人的主观态度，亦会影响直接抚养权的归属。一般而言，在不考虑其他要素介入的前提下，若与直接抚养人在生活上存在密切联系的人主观上愿意帮助其照顾未成年人的，法院通常会优先考虑由该方获得直接抚养未成年人的资格。对此，法发〔1993〕30号第6条亦明确

---

① 参见河南省漯河市舞阳县人民法院（2011）舞民初字第600号民事判决书。
② 参见山东省德州市中级人民法院（2017）鲁14民终1570号民事判决书；黑龙江省齐齐哈尔市中级人民法院（2017）黑02民终2452号民事判决书；江西省赣州市中级人民法院（2015）赣中民三终字第947号民事判决书；河南省南阳市中级人民法院（2016）豫13民终1341号民事判决书；四川省宜宾市中级人民法院（2013）宜民终字第872号民事判决书。
③ 参见四川省绵阳市中级人民法院（2015）绵民终字第2565号民事判决书。
④ 参见辽宁省铁岭市中级人民法院（2016）辽12民终336号民事判决书。
⑤ 参见山西省吕梁市中级人民法院（2015）吕民一终字第1044号民事判决书。
⑥ 参见广东省惠州市中级人民法院（2015）惠中法民一终字第483号民事判决书。
⑦ 参见吉林省延边朝鲜族自治州中级人民法院（2016）吉24民终110号民事判决书。

规定了"祖父母或外祖父母要求……帮助子女照顾孙子女或外孙子女的"，应优先考虑由该方直接抚养未成年人。从司法实践的惯常做法来看，于此应予考虑的主体范围显然并不局限于未成年人的祖父母、外祖父母，[①] 直接抚养人的兄弟姊妹、[②] 再婚配偶、[③] 其他亲属等的主观意愿，[④] 都在法院考量的范围之内。

当然，其他人的主观意愿除必须是不违反法律规定或公序良俗的外，还需要满足法律规定的特定形式或者程序要件，否则亦不会产生主观意愿所欲实现的目的效果。例如，尽管司法实践中有法院将外祖父母送养刚出生的外孙而母亲未予反对的主观意志推定为自愿，[⑤] 或者父母自愿将未成年子女送与他人收养的，[⑥] 即便收养人亦有收养意思，但如果收养程序本身并不合法，也不会产生行为人所欲实现的收养法律效果。嗣后发生抚养纠纷的，司法实践当然支持亲生父母的抚养请求权。

二、客观要素

相比较于主观要素，司法实践中法院在界定直接抚养权归属时所考量的客观要素则更为种类多样，纷繁复杂。以生效判决书中据以为直接抚养权界定标准的考量要素的出现频次，可以将相应客观要素归类如下。

（一）生活环境

于此的生活环境，既包括主观要素构成的环境，如主要照顾者、家庭成员之间的关系状况、未成年人的人际交往及因此形成的人际关系如伙伴关系，也包括客观要素构成的环境，如居住条件、社区环境、就读学校等以及因此交汇而成的影响其生活习惯与人格塑造的客观环境。[⑦] 在司法实

---

① 参见河南省信阳市中级人民法院（2016）豫15民终517号民事判决书；辽宁省铁岭市中级人民法院（2016）辽12民终336号民事判决书；湖南省永州市中级人民法院（2015）永中法民二终字第100号民事判决书。
② 参见河南省郑州市荥阳市人民法院（2013）荥崔民初字第2号民事判决书。
③ 参见山东省济南市长清区人民法院（2013）长民初字第2363号民事判决书；宁夏回族自治区银川市中级人民法院（2017）宁01民终1706号民事判决书；陕西省咸阳市渭城区人民法院（2015）渭民初字第00420号民事判决书；广东省广州市中级人民法院（2016）粤01民再131号民事判决书；河北省邢台市中级人民法院（2016）冀05民终433号民事判决书。
④ 参见北京市昌平区人民法院（2015）昌民初字第6490号民事判决书。
⑤ 参见广东省湛江市中级人民法院（2015）湛中法民一终字第742号民事判决书。
⑥ 参见山东省菏泽市中级人民法院（2015）菏少民终字第23号民事判决书。
⑦ See Sanford Katz, John Eekelaar, Mavis Maclean, *Cross Currents – Family Law and Policy in the United States and England.* Oxford University Press, 2000, P. 435.

践中，生活环境的稳定性、连续性与未成年人对于生活环境的熟悉性、亲近性、适应性等，均是法院确定抚养权归属时要考量的要素。一般而言，若无其他要素介入，未成年人事实上已长期随父亲或母亲生活的，那么法院会考虑此种情形下未成年人业已形成的生活习惯及其对现有生活环境的依赖性而优先考虑由事实上与其长期生活在一起的父亲或母亲取得直接抚养权。① 对此，法发〔1993〕30 号第 3 条第 2 项亦明确规定，"子女随其生活时间较长，改变生活环境对子女健康成长明显不利的"，可优先考虑子女继续与其共同生活。

　　然而，由于生活环境本身的界定具有不确定性，导致于此的司法实践难免顾此失彼或评判不一。例如，仅就人际关系而言，司法实践中一般强调父母子女之间的良好亲子关系的经营与维持，② 亦重视对孙子女/外孙子女与祖父母/外祖父母因实际抚养而建立起来的亲密关系的保护，③ 但往往忽略对多个未成年子女场合中的兄弟姐妹共同相处关系的保护，将数个未成年子女的直接抚养权分别判给不同的人。在实践中，法院原则上仅在涉及双胞胎抚养纠纷时才会以双胞胎之间的特殊关系为由，认为"分开生活将对其身心造成不良影响"，从而支持由父亲或母亲一方直接抚养所有未成年子女，④ 抚养协议约定夫妻各抚养双胞胎中的一个，法院亦会支持；⑤ 对于非双胞胎的未成年子女，法院原则上会判决由一方直接抚养一个而非全部，⑥ 除非存在其他要素介入，如抚养协议明确约定一方直接抚养全部子

---

　　① 参见贵州省黔西南布依族苗族自治州中级人民法院（2017）黔 23 民终 594 号民事判决书；安徽省合肥市中级人民法院（2014）合民一终字第 00418 号民事判决书。

　　② 参见湖北省随州市中级人民法院（2015）鄂随州中民一终字第 00279 号民事判决书。

　　③ 参见湖南省永州市中级人民法院（2015）永中法民二终字第 100 号民事判决书；福建省福州市中级人民法院（2016）闽 01 民终 425 号民事判决书；辽宁省锦州市中级人民法院（2016）辽 07 民终 1795 号民事判决书。

　　④ 参见山东省青岛市中级人民法院（2014）青少民终字第 45 号民事判决书；江苏省苏州市中级人民法院（2015）苏少民终字第 00008 号民事判决书。

　　⑤ 参见湖南省衡阳市石鼓区人民法院（2010）石民一初字第 127 号民事判决书；湖南省衡阳市中级人民法院（2011）衡中法民一终字第 41 号民事判决书。

　　⑥ 参见广东省梅州市中级人民法院（2014）梅中法民一终字第 320 号民事判决书；河北省石家庄市中级人民法院（2013）石民一终字第 00249 号民事判决书；北京市昌平区人民法院（2015）昌民初字第 6490 号民事判决书；河南省南阳市中级人民法院（2016）豫 13 民终 66 号民事判决书；甘肃省庆阳市环县人民法院（2014）环民初字第 484 号民事判决书；河北省沧州市中级人民法院（2016）冀 09 民终 3716 号民事判决书；浙江省金华市中级人民法院（2014）浙金民终字第 1392 号民事判决书；陕西省榆林市靖边县人民法院（2013）靖民初字第 02609 号民事判决书；山西省吕梁市中级人民法院（2015）吕民一终字第 730 号民事判决书；广东省深圳市中级人民法院（2011）深中法民一终字第 663 号民事判决书。

女，① 或未成年子女的年龄、性别、自主选择等均指向父母中的一方等。② 这种做法固然可以降低某一直接抚养人的经济负担，或平息抚养纠纷，但实质上却违背了未成年人最大利益原则。③

司法实践中法院亦会因未成年人生活环境中人际关系的复杂性、易融入性等问题而将之与直接抚养权的归属联系起来：如果父母一方再婚，而另一方未再婚的，法院通常情形下会优先考虑由未再婚的一方来取得直接抚养权；④ 如果父母双方均已再婚的，法院通常会考虑由无子女或者子女较少的一方取得直接抚养权。⑤ 当然也存在例外情形，如法院亦会因已婚或者有子女及多子女的一方在其他方面更具优势而考虑由其取得直接抚养权。⑥ 另外，未成年子女与父亲或母亲另行组建的家庭成员之间的关系和睦与否等，亦构成法院界定直接抚养权归属的考量要素。⑦

（二）自然血亲

依据通常理解，自然血亲意义上的父母基于天性而当然成为未成年人最大利益的天然守护者，因此，法律一般承认，亲生父母对于未成年人的抚养具有法律上的优先地位。⑧ 例如，《民法总则》第 26 条第 1 款、第 27 条，《婚姻法》第 21 第、第 25 条、第 26 条、第 27 条、第 36 条等，亦围绕自然血亲的父母子女关系来构建现行法中的父母子女关系，父母对未成年子女有监护职责，负有抚养义务。⑨ 除非发生《民法总则》第 36 条规

---

① 参见河南省安阳市中级人民法院（2009）安民二终字第 296 号民事判决书。
② 参见陕西省榆林市中级人民法院（2014）榆中民一终字第 00062 号民事判决书。
③ 参见何海澜：《善待儿童：儿童最大利益原则及其在教育、家庭、刑事制度中的运用》，中国法制出版社 2016 年版，第 73 页。
④ 参见吉林省白山市中级人民法院（2016）06 民终 106 号民事判决书；黑龙江省伊春市中级人民法院（2016）黑 07 民终 27 号民事判决书；河北省邯郸市中级人民法院（2013）邯市民一终字第 25 号民事判决书；河北省邯郸市中级人民法院（2013）邯市民一终字第 25 号民事判决书。
⑤ 参见山东省临沂市中级人民法院（2014）临民一终字第 351 号民事判决书；辽宁省丹东市中级人民法院（2015）丹民一终字第 00389 号民事判决书。
⑥ 参见河南省信阳市光山县人民法院（2015）光民初字第 01679 号民事判决书；四川省宜宾市翠屏区人民法院（2013）翠屏民初字第 1209 号民事判决书。
⑦ 参见宁夏回族自治区银川市兴庆区人民法院（2017）宁 0104 民初 2499 号民事判决书；宁夏回族自治区银川市中级人民法院（2017）宁 01 民终 1706 号民事判决书。
⑧ 参见朱晓峰：《论德国收养法上的最佳利益标准与同性伴侣的共同收养》，《民商法论丛》第 53 卷，法律出版社 2013 年版，第 359 页。
⑨ 参见朱晓峰：《非法代孕与未成年人最大利益原则的实现》，载《清华法学》2017 年第 1 期，第 120 页。

定的情形，父母监护资格被依法撤销，[1] 否则父母应依据《民法总则》第35条等以最有利于未成年人利益的原则履行其职责，当然亦有权依据《中华人民共和国收养法》（下文简称《收养法》）[2] 第5条等将未成年人送养。这也意味着，基于自然血亲关系而形成的父母子女关系在依法或依约解除之前，任何他人不得侵犯此种关系，未成年人的血亲父母为其当然的直接抚养人。

对此，有法院在判决书中明确表述道："未成年人的父母是未成年人第一序位的法定监护人，其对于未成年人享有法定的亲权，该亲权因父母子女间的身份关系发生而自然发生，表现为父母对未成年子女以教养保护为目的，在人身和财产方面权利义务的统一。亲权不得随意抛弃、转让，非依法定事由亦不得被限制或消灭。"[3] 在司法实践中，当夫妻一方死亡的，生存方当然为子女的唯一直接抚养人，死亡方的父母作为第二顺位的监护人，在生存方尚不存在《民法总则》第36条规定的法定撤销情形时，不具有直接抚养资格；[4] 若外祖父母将外孙子女送养而生母未为相反意思表示的，[5] 或父母将子女送养但不符合法定收养程序的，[6] 生父母依然是被送养人的法律父母，发生抚养权纠纷时，法院当然支持生父母的直接抚养请求。至于未成年人与事实抚养人之间因事实抚养关系而已经建立的对于未成年人而言至关重要的亲密情感关系和稳定生活环境则不在考虑之列。[7]

在司法实践中，自然血亲关系亦仅是确定直接抚养权归属的重要考量依据而非决定性依据。例如，夫妻约定以男方精子与第三人提供的卵子结合形成受精卵并植入代孕者体内所出生的孩子，在男方死亡而卵子提供者、子宫提供者均不主张孩子直接抚养权的前提下，对于主张孩子直接抚养权的基因意义上的祖父母和事实上一直抚养孩子的基因父亲的妻子，法院依据实际抚养所形成的父母子女关系而支持了妻子的直接抚养主张。[8]

---

[1]　参见张某与镇江市姚桥镇迎北村村民委员会生命权、健康权、身体权纠纷案，载《中华人民共和国最高人民法院公报》2015年第8期。

[2]　1991年12月29日第七届全国人民代表大会常务委员会第二十三次会议通过，自1992年4月1日起施行；1991年12月29日第七届全国人民代表大会常务委员会第二十三次会议修正。

[3]　参见广东省佛山市中级人民法院（2006）佛中法民一终字第808号民事判决书。

[4]　参见青海省西宁市中级人民法院（2016）青01民终298号民事判决书。

[5]　参见广东省湛江市遂溪县人民法院（2015）湛遂法民初字第30号民事判决书；广东省湛江市中级人民法院（2015）湛中法民一终字第742号民事判决书。

[6]　参见山东省菏泽市中级人民法院（2015）菏少民终字第23号民事判决书。

[7]　对此，德国司法实践存在不同观点。参见 NJW 1989, S. 519.

[8]　参见上海市第一中级人民法院（2015）沪一中少民终字第56号民事判决书。

问题是，在我国当前代孕非法的情形下，夫妻双方约定在代孕合法的国家以夫之精子结合他人卵子形成体外受精卵，再经第三人代孕所生的未成年子女，在基因母亲和孕母均下落不明或不主张直接抚养权时，对于争议直接抚养权归属的夫妻双方，究竟应考量何种要素来确定未成年人的直接抚养权人，司法实践亦存有疑问。①

（三）经济条件

人类社会中的人之身心健康的维护，首先，取决于经济状况，为了保障未成年人最大利益的实现，直接抚养人必须满足最低限度的经济条件要求。② 法院对此的通常表述是，"经济条件更为优越，能为该子女提供更有利于健康成长的生活环境"。③ 因此，法院一般情形下亦会支持由经济条件较好的一方取得直接抚养权。④ 在司法实践当中，经济条件的好坏主要通过争议双方是否有固定的住房、稳定的收入等来判断。在法院看来，若"没有固定的住所、收入，就无法对孩子尽到抚养、监护义务"。⑤ 例如，"不能解决住房问题，就无法给孩子提供稳定的生活、学习环境"。⑥ 据此，审理法院原则上支持有固定住所、稳定收入，能为孩子成长提供更多经济支持的一方的权利主张。⑦ 在司法实践中，法院认定的由固定住所、稳定收入等结合而成的经济条件并不意味着打工者就当然没有固定住所和收入，亦不会因一方打工而当然否定其直接抚养主张。⑧

另外，法院于此认定的经济条件主要是由直接抚养人本人的收入、住房等综合构成的物质条件，直接抚养人之外的其他人如抚养人父母、兄弟姐妹的收入以及住房等并不能等同于直接抚养人本人的经济条件，原则上

---

① 参见北京市朝阳区人民法院已受理但尚未审结的案件。

② Vgl. Witgar Oeschger, Die Pflege-und Adoptivkinderversorgung: eine psychologisch-heilpädagogische Studie, Schweiz Universitätsverlag, 1957, S. 74 f.

③ 参见黑龙江省哈尔滨市中级人民法院（2015）哈民二民终字第 689 号民事判决书。

④ 参见吉林省延边朝鲜族自治州中级人民法院（2016）吉 24 民终 110 号民事判决书；重庆市第四中级人民法院（2010）渝四中法民终字第 518 号民事判决书。

⑤ 参见山西省运城市中级人民法院（2015）运中民终字第 2075 号民事判决书。

⑥ 参见福建省龙岩市中级人民法院（2014）岩民终字第 564 号民事判决书。

⑦ 参见江苏省连云港市中级人民法院（2015）连少民终字第 00161 号民事判决书；河北省邯郸市中级人民法院（2013）邯市民一终字第 25 号民事判决书；四川省宜宾市翠屏区人民法院（2013）翠屏民初字第 1209 号民事判决书；陕西省咸阳市中级人民法院（2015）咸中民终字第 01033 号民事判决书。

⑧ 参见河北省石家庄市中级人民法院（2013）石民一终字第 00249 号民事判决书。

不能作为判定直接抚养权的标准。[①] 但如果直接抚养人的父母、兄弟姐妹经济条件较好且愿意帮助直接抚养人照顾未成年子女的，那么法院亦会将之作为确定直接抚养权的考量要素。[②]

当然，司法实践中亦有观点反对以经济条件来界定直接抚养权的归属。在这些法院看来，"孩子的抚养问题由多种因素决定，抚养人收入高低并不能对孩子的身心健康起决定作用"[③] "经济条件不是小孩抚养的唯一条件，仍要考虑其他抚养条件"。[④] 这些法院在判决中普遍强调，孩子的健康成长"不仅与父母创造的住房、生活等外在物质条件有关系，更为重要的是关爱、陪伴以及良好的亲子关系、家庭环境"，[⑤] 仅考虑一方经济条件比另一方更好，不考虑孩子年幼更加需要母亲抚养和照顾、抚养条件、抚养意愿等问题，并不利于未成年人的健康成长。[⑥]

（四）父母职业

由于父母的职业与其社会地位、经济条件、人际交往、有无照顾未成年子女的必要时间、经验以及相应的教育能力等密切相关，因此，司法实践中法院通常情形下会将父母从事的职业与其是否能够获得直接抚养权联系起来。

从当前法院的一般立场与经验观察，教师、[⑦] 医生、[⑧] 工作自由度高且收入稳定的私人理财顾问、[⑨] 手工艺人等，[⑩] 主张直接抚养未成年子女的请求较易获得支持；而那些需要经常外出工作的父母如建筑师、[⑪] 运输

---

①　参见河南省信阳市中级人民法院（2013）信中法民终字第 1646 号民事判决书；福建省龙岩市永定县人民法院（2014）永民初字第 135 号民事判决书。

②　参见河南省信阳市中级人民法院（2016）豫 15 民终 517 号民事判决书；辽宁省铁岭市中级人民法院（2016）辽 12 民终 336 号民事判决书。

③　参见江苏省徐州市沛县人民法院（2015）沛大民初字第 0584 号民事判决书。

④　参见广东省河源市中级人民法院（2015）河中法民一终字第 697 号民事判决书。

⑤　参见湖北省随州市中级人民法院（2015）鄂随中民一终字第 00279 号民事判决书。

⑥　参见广西壮族自治区玉林市中级人民法院（2017）桂 09 民终 53 号民事判决书。

⑦　参见江苏省淮安市中级人民法院（2015）淮中民终字第 00602 号民事判决书。

⑧　参见贵州省贵阳市中级人民法院（2015）筑民三终字第 267 号民事判决书；辽宁省沈阳市铁西区人民法院（2014）沈铁西少民初字第 102 号民事判决书；湖北省武汉市江岸区人民法院（2014）鄂江岸民初字第 00136 号民事判决书。

⑨　参见北京市昌平区人民法院（2015）昌民初字第 6490 号民事判决书。

⑩　参见湖北省孝感市中级人民法院（2014）鄂孝感中民一终字第 00255 号民事判决书。

⑪　参见山东省济南市长清区人民法院（2013）长民初字第 2363 号民事判决书。

工，① 或者长期在外打工的，② 其所主张的直接抚养权往往较难获得支持。审理法院对此的核心考虑在于，对于未成年人的直接抚养照顾需要充分的时间和精力，③ 父母从事的工作愈是具有稳定性、规律性，时间愈是宽松自由，收入愈是稳定丰厚，则其愈能保障抚养子女所需的时间、精力和质量；④ 相反，若父母的工作缺乏稳定性，如打工为生的，或无法保证充裕的时间来亲自照顾子女的，如经常出差、在国外工作等，则愈是无法满足直接抚养子女所需的时间和精力要求。⑤ 据此，法院通常会承认特定职业相较于其他职业更有利于子女的抚养教育，如教师。在某初中生的直接抚养纠纷案中，法院表示，已是初中生的"未成年人需要接受良好的教育和面对人生道路、社会等一系列问题的困扰，此时，需要父母尤其是学校的老师给予正确的指引和帮助，而被上诉人既是父亲，又是从事多年初中教学的老师，整天面对与其女儿年龄相仿的学生，其在与女儿沟通、学习上的帮助、人生道路的指引等方面，显然要比上诉人更能胜任。"⑥ 该院据此驳回了上诉人的权利主张。

在司法实践中，若父母一方主张对未成年子女的直接扶养权而自己因工作原因不能亲自照顾或照顾时间无法保证的，即使其他亲属如其父母、兄弟姐妹能提供帮助照顾未成年人，法院亦会优先考虑能在时间和精力上有保障的一方取得直接抚养权；⑦ 若父母双方均因工作原因而无法为未成年人的抚养提供充分照顾时，则法院会考量其他因素以确定直接抚养权归属，⑧ 如一方的经济条件优于另一方；⑨ 若父母双方的工作均具有稳定性、

---

① 参见湖南省湘西土家族苗族自治州中级人民法院（2017）湘 31 民终 671 号民事判决书；辽宁省铁岭市中级人民法院（2016）辽 12 民终 336 号民事判决书。
② 参见山东省济南市中级人民法院（2014）济民五终字第 78 号民事判决书；重庆市石柱土家族自治县（2010）石法民初字第 864 号人民法院民事判决。
③ 参见广西壮族自治区玉林市中级人民法院（2017）桂 09 民终 53 号民事判决书。
④ 参见江苏省淮安市中级人民法院（2015）淮中民终字第 00602 号民事判决书；北京市昌平区人民法院（2015）昌民初字第 6490 号民事判决书；贵州省贵阳市中级人民法院（2015）筑民三终字第 267 号民事判决书；广西壮族自治区玉林市中级人民法院（2017）桂 09 民终 53 号民事判决书；山东省济南市中级人民法院（2014）济民五终字第 78 号民事判决书。
⑤ 参见湖南省湘西土家族苗族自治州中级人民法院（2017）湘 31 民终 671 号民事判决书；吉林省吉林市中级人民法院（2014）吉中民一终字第 502 号民事判决书；重庆市石柱土家族自治县人民法院（2010）石法民初字第 864 号民事判决；江苏省徐州市中级人民法院（2015）徐民终字第 03082 号民事判决书。
⑥ 参见江苏省淮安市中级人民法院（2015）淮中民终字第 00602 号民事判决书。
⑦ 参见湖南省湘西土家族苗族自治州凤凰县人民法院（2017）湘 3123 民初 480 号民事判决书；吉林省吉林市中级人民法院（2014）吉中民一终字第 502 号民事判决书；重庆市石柱土家族自治县人民法院（2010）石法民初字第 864 号民事判决书。
⑧ 参见辽宁省铁岭市中级人民法院（2016）辽 12 民终字第 336 号民事判决书。
⑨ 参见湖北省孝感市中级人民法院（2014）鄂孝感中民一终字第 00255 号民事判决书。

规律性，则法院会进一步考虑工作的自由度、收入的高低等来确定直接抚养权归属。① 例如，对于同样从事财务工作的夫妻，法院认为，从事私人金融理财服务的父亲要比从事普通财务工作的母亲，自由度更高，收入更稳定，更具备抚养子女所需的条件。②

由于未成年人在不同年龄段需要父母陪伴照顾的时间并不完全相同，法院在考虑父母职业时亦会将此纳入考量范围。例如，对已经到了就学年龄的未成年人的照顾，法院即认为："因张乙已至就学年龄，无须父母白天陪伴，且抚养不等同于贴身照顾，给孩子上兴趣班，也是抚养的一种形式，张甲认为唐某某平时上班，双休日送孩子读兴趣班，属于不能抚养情形的观点，法院难以采信。"③ 当然，父母于此若因特定原因而完全没有陪伴照顾子女的时间，则其直接抚养未成年子女的请求亦不会被法院支持。④ 对此，比较法经验中亦存在类似立场的司法实践。例如，在德国司法实践看来，没有充分时间照顾未成年子女的，则很难建立亲密的亲子关系，即使建立了此种关系，也时长存在着破裂的危险，而这显然有悖于未成年人最大利益原则。⑤

（五）教育问题

未成年人的教育问题，既与其现实利益密切相关，亦决定其未来的发展利益。基于此，当前司法实践中法院主要从客观的教育条件和主观的教育方式两个方面出发，来判定究竟由谁直接抚养更有利于未成年人最大利益的实现。

就客观的教育条件而言，一方面，法院通常会认为，特定地区的教育质量相较于其他地区更具有优势，如北京地区较成都地区更有优势，⑥ 城市教育条件优于农村的教育条件。⑦ 因此，在不受其他要素干扰时，教育条件更好的一方通常会优先取得直接抚养权。另一方面，若未成年子女已随父亲或母亲一方在某地入学且已形成较为稳定的学习习惯和环境，那么法院亦会以

---

① 参见广西壮族自治区南宁市中级人民法院（2014）南市民一终字第1101号民事判决书。
② 参见北京市昌平区人民法院（2015）昌民初字第6490号民事判决书。
③ 参见上海市第二中级人民法院（2015）沪二中少民终字第37号民事判决书。
④ 参见河南省周口市中级人民法院（2013）周民终字第1053号民事判决书。
⑤ Vgl. Rainer Frank, J. von Staudingers Kommentar zum Bürgerliches Gesetzbuch mit Einführungsgesetz und Nebengesetzen, Buch 4. Familienrecht § § 1741 –1772, Sellier de Gruyter, 2001, S. 62 –63.
⑥ 参见北京市昌平区人民法院（2015）昌民初字第6490号民事判决书。
⑦ 参见辽宁省铁岭市中级人民法院（2016）辽12民终336号民事判决书。

继续维持此种稳定连续的学习环境为由而支持该方的直接抚养请求权。①

就主观的教育方式而言，究竟是宽松民主的教育方式还是家父式的严厉方式更有利于未成年人？例如，有已满十周岁的未成年人明确表示"因其父亲对其管教过严，尤其是学习上要求较高，对父亲产生惧怕心理"，因此，要求随母亲生活。一审法院认为："望子成龙是天下所有父母之期望，父亲对其用心培养要求严格无可厚非，但方式应稍作改进，注意与女儿的沟通方法，寻求能使其更容易理解接受的方式进行。"② 二审法院亦认为："父亲严格的教育方式，与生活照顾、学习辅导、品格培养及成长环境稳定等一样，都属于一个系统而复杂的过程，而未成年人的认识难免带有情绪化、片面性，过于草率，因此应支持父亲的直接抚养请求权。"③可以发现，当前，司法实践事实上对于严厉的教育方式持比较肯定的立场，但为了让孩子更容易接受，其倡导一种缓和的家父主义教育立场。对此，比较法经验中亦存在类似立场的司法实践。例如，在德国司法实践看来，无论是自由式的还是威权式的教育方式，只要不能证明对未成年人存在具体的不利后果，则都具有同等的分量。④

（六）性别

与《婚姻法》第 36 条第 3 款的立法本意一致，当前司法实践亦普遍承认性别在界定抚养纠纷中的重要价值。

在司法实践中，一般而言，当不存在有效抚养协议或母亲并无不适于直接抚养未成年子女的情形时，对于两周岁以下的未成年子女，母亲具有优先直接抚养权。法院通常认为："孩子一出生所能体验到的第一份情感就是母爱，幼儿对母亲有着本能的依恋"，⑤ 因此在婴幼儿的喂养阶段，由母亲直接抚养不满两周岁的子女更有利于其成长。⑥ 法发〔1993〕30 号

---

① 参见辽宁省锦州市凌河区人民法院（2016）辽 0703 民初 291 号民事判决书；辽宁省本溪市中级人民法院（2014）本民三终字第 00110 号民事判决书。

② 参见四川省绵阳市梓潼县人民法院（2015）梓民初字第 1324 号民事判决书。

③ 参见四川省绵阳市中级人民法院（2015）绵民终字第 2565 号民事判决书。

④ Vgl. Hans – Ulrich Maurer, Annahme an Kindes Statt: Vorbemerkungen, In: Dieter Schwab Hrsg., Münchener Kommentar zum Bürgerlichen Gesetzbuch, Band 8, Familienrecht Ⅱ: § § 1589 – 1921, C. H. Beck, 2008, S. 1339.

⑤ 参见湖北省十堰市中级人民法院（2016）鄂 03 民终 1129 号民事判决书。

⑥ 参见广东省广州市中级人民法院（2016）粤 01 民再 131 号民事判决书；北京市昌平区人民法院（2015）昌民初字第 6490 号民事判决书；河北省沧州市中级人民法院（2016）冀 09 民终 3716 号民事判决书；浙江省杭州市中级人民法院（2014）浙杭民终字第 28 号民事判决书；江苏省无锡市中级人民法院（2017）苏 02 民终 3978 号民事判决书；河南省新乡市中级人民法院（2013）新中民四终字第 418 号民事判决书。

第 1、2 条对此亦予承认。

对于两周岁以上的未成年子女而言，若离婚双方对女儿的直接抚养归属产生争议，法院一般情形下会优先支持母亲的权利诉求。[①] 在法院看来，"女孩的生理特点，随母亲生活更为方便"，[②] 尤其是对于"处于青春期的女孩来说，与母亲的沟通更为方便，孩子随母亲生活，更有利于及时地了解和掌握孩子的心理、生理变化，便于适时予以疏导和处理"。[③]

在法院看来，母亲的性别优势不仅体现在其与女儿之间具备共同的生理特点上，也体现在女性一般所具有的感情细腻、细心体贴之中。因此，在其他可供考量的要素大致相当时，法院亦会优先考量由母亲直接抚养未成年的儿子。[④]

当然，母亲的性别优势在司法实践中亦存在例外。例如，若父亲已经事实上长期抚养未成年子女且未有明显不利于子女成长情形的，[⑤] 或未成年女儿与父亲感情较好而愿意由其继续直接抚养的，[⑥] 法院亦会支持父亲的抚养主张。另外，对处于青春发育期的女儿来讲，若父亲在教育上更有优势，如其为从事中学教育的教师，则母亲的性别优势即被抵消，法院一般会支持父亲的主张。法院认为于此情形下由父亲直接抚养未成年女儿更有利于子女利益的实现。[⑦]

（七）身体状况

在司法实践中，无论是离婚双方，还是未成年子女，又或是与离婚双方有特定法律关系的人如其父母等，若是患有特定疾病的，则可能会影响法院对于直接抚养权归属的界定。

在未成年子女患病的情形下，如其所患疾病如阿斯伯格综合症等导致其必须与长时间共同生活的人一起生活的，则法院原则上会支持与其长期

---

① 参见陕西省榆林市中级人民法院（2014）榆中民一终字第 00062 号民事判决书；河南省商丘市梁园区人民法院（2009）商梁民初字第 1741 号民事判决书；山东省济南市长清区人民法院（2013）长民初字第 2363 号民事判决书。

② 参见辽宁省铁岭市中级人民法院（2016）辽 12 民终 336 号民事判决书。

③ 参见安徽省黄山市中级人民法院（2016）皖 10 民终 170 号民事判决书；贵州省黔西南布依族苗族自治州中级人民法院（2017）黔 23 民终 594 号民事判决书；河南省安阳市中级人民法院（2011）安民一终字第 306 号民事判决书。

④ 参见江苏省徐州市沛县人民法院（2015）沛大民初字第 0584 号民事判决书；湖北省十堰市中级人民法院（2016）鄂 03 民终 1129 号民事判决书。

⑤ 参见江苏省连云港市中级人民法院（2015）连少民终字第 00161 号民事判决书。

⑥ 参见河南省安阳市中级人民法院（2010）安民一终字第 582 号民事判决书。

⑦ 参见江苏省淮安市中级人民法院（2015）淮中民终字第 00602 号民事判决书。

一起生活一方的直接抚养请求。① 如果未成年子女在被父母一方直接抚养期间多次生病住院的，若这并由非直接抚养人怠于履行抚养义务所致，则法院并不会就此剥夺其直接抚养子女的权利。②

在比较法上，抚养人的健康状况必须能够保证其足以自主持续地抚养未成年人，有违这一目的实现的，法院即会拒绝其权利主张。③ 当然，实践中判断抚养人是否患有不适宜的疾病，通常情形下需要有资质的医疗机构出具的书面证明作为凭证，④ 此亦为我国司法实践所承认。若父母一方所患疾病足以影响未成年人健康成长的，如智力一级残疾且手足残疾，无劳动能力，则法院原则上不会支持其主张的直接抚养请求权。⑤ 若离婚一方已然因工伤丧失劳动能力，法院考虑此种情形下再拒绝对已经与其长期共同生活的未成年子女的直接抚养权，会导致其对生活了无希望，那么法院会优先考虑由丧失劳动能力的一方取得直接抚养权。⑥ 若父母一方患有传染疾病，但该传染病对未成年子女健康成长并无大碍或并未恶化，如乙型肝炎，则法院并不会因此当然拒绝其主张的直接抚养请求权。⑦ 法发〔1993〕30 号第 1 条第 1 项、第 3 条第 4 项对此亦明确规定："患有久治不愈的传染性疾病或其他严重疾病，子女不宜随其生活的"，子女应随他方生活。

需要注意的是，若女方患有不宜再怀孕的疾病如子宫肌瘤，⑧ 或已做绝育手术，⑨ 则其主张的抚养权会被法院优先考虑；但若其明知自己已做绝育手术且在离婚时不主张子女抚养权的，⑩ 或在扶养协议中明确约定未成年子女由男方直接抚养的，⑪ 或患有不宜怀孕但并非不能怀孕的疾病，⑫ 则法院并不会优先考虑支持其直接抚养子女的主张。

另外，未成年人的祖父母或外祖父母身体健康与否亦会影响法院直接抚养权的判定。若祖父母或外祖父母身体健康且愿意帮助照顾未成年人

---

① 参见广东省惠州市中级人民法院（2015）惠中法民一终字第 483 号民事判决书。
② 参见湖南省衡阳市中级人民法院（2011）衡中法民一终字第 442 号民事判决书。
③ Vgl. FamRZ 1991，S. 1101，1102.
④ Vgl. FamRZ 1989，S. 427.
⑤ 参见河南省安阳市滑县人民法院（2011）滑民初字第 119 号民事判决书。
⑥ 参见河南省郑州市中级人民法院（2014）郑民一终字第 1412 号民事判决书。
⑦ 参见吉林省白山市中级人民法院（2016）06 民终 106 号民事判决书；河南省焦作市中级人民法院（2008）焦民终字第 1213 号民事判决书。
⑧ 参见湖南省长沙市中级人民法院（2015）长中民未终字第 06552 号民事判决书。
⑨ 参见山东省临沂市中级人民法院（2014）临民一终字第 351 号民事判决书。
⑩ 参见河南省安阳市中级人民法院（2009）安民二终字第 296 号民事判决书。
⑪ 参见甘肃省庆阳市中级人民法院（2014）庆中民终字第 486 号民事判决书。
⑫ 参见江苏省无锡市中级人民法院（2014）锡民终字第 2011 号民事判决书。

的，则法院会优先考虑承认该方的直接抚养权；相反，若祖父母或外祖父母等身患疾病或年老体衰，无力帮助照顾未成年人的，则法院会慎重考虑是否由该方行使直接抚养权。[①] 对此，法发〔1993〕30 号第 4 条明确予以了承认。

(八) 其他

在司法实践中，还存在着大量其他的要素影响直接抚养权的现实归属。例如，为特定抚养人利益、[②] 抚养人的行为习惯如家庭生活中存在暴力行为、[③] 抚养人是否因犯罪正在服刑或有刑事处罚的经历等。[④]

第五节 动态体系论适用中要素协动的基本规则与程序

以动态体系论的基本思路来分析当前法律实践中未成年人最大利益原则在直接抚养权纠纷中的具体适用标准，应从如下三个方面展开。

一、直接抚养权纠纷中的要素、基础评价和原则性示例

依据《婚姻法》第 36 条第 3 款、《未成年人保护法》第 52 条第 2 款和第 53 条、《民法总则》第 35 条和第 36 条、法发〔1993〕30 号第 1～6 条等规定，结合司法实践中的已有经验，未成年人抚养纠纷中的直接抚养权归属裁判所要考量的要素依是否受行为人主观意志的影响而可区分为主观要素和客观要素，前者包括父、母、被抚养的未成年子女甚至其他关联行为人的意愿，后者则包括经济、教育、性别、年龄、工作、身体健康状况等与个人主观意志无直接关系的客观条件。另外，根据这些要素在确定直接抚养权归属裁判中的功能，还可以将之区分为构成性要素和干扰性要素，前者支持特定人取得未成年人的直接抚养权，后者反对特定人取得直接抚养权。依据动态体系论的基本观点，这些要素在直接抚养权最终归属

---

① 参见重庆市第四中级人民法院 (2010) 渝四中法民终字第 518 号民事判决书。
② 参见河南省郑州市荥阳市人民法院 (2013) 荥崔民初字第 2 号民事判决书。
③ 参见广东省深圳市龙岗区人民法院 (2013) 深龙法横民初字第 1225 号民事判决书。
④ 参见河南省周口市中级人民法院 (2013) 周民终字第 1053 号民事判决书；山东省济南市中级人民法院 (2015) 济少民终字第 138 号民事判决书；湖北省荆州市中级人民法院 (2015) 鄂荆州中民一终字第 00135 号民事判决书。

这一法律效果确定过程中相互作用，各以其强度和彼此的结合与反对，最终作用于整体的法律效果。[①]

依据动态体系论的基本观点分析，《婚姻法》第36条第3款等一般性条款决定了构成性要素和干扰性要素相互作用并最终确定直接抚养权归属的基础评价有两方面：一是哺乳期内的子女原则上由哺乳的母亲抚养；二是哺乳期后的未成年人，父母达成抚养协议的，依据抚养协议确定直接抚养权归属。前者依据幼年原则而将直接抚养权归属的要素限定为年龄这一客观要素，[②] 后者依据父母是子女最佳利益的天然看护者而将考量要素限定为父母的主观意志。[③] 在无其他干扰要素介入的情形下，于此基础评价中的年龄要素和主观意志要素依其自身的强度即足以正当化并确定法律效果。

在司法实践中，抚养纠纷通常同时涉及多个非处于平均状态的要素，这些要素要协动作用于直接抚养权的确定。因此，应考虑这些要素相互作用时的充足度和是否同质问题。对此，法发〔1993〕30号第1~6条确定了这些要素协动中应遵循的原则性示例。这些原则性示例因基础评价不同而区分为如下两类。

（一）两周岁以下尚处于哺乳期的未成年子女

若父母协商子女随父方生活且对子女健康成长并无不利的；或母亲存在客观的干扰要素如患有久治不愈的传染性疾病或其他严重疾病导致子女不宜与其共同生活的，或者母亲存在主观的干扰要素如有抚养条件而不尽抚养义务、同时父亲具备主观构成性要素如其要求子女随其共同生活的，于此场合原则上应支持父亲的抚养请求。

（二）两周岁以上的未成年子女

于此应区分以下三种情形：

一是父母均具备主观上的构成性要素，一方具备客观的构成性要素如

---

① 参见［奥地利］维尔伯格，李昊译：《私法领域内动态体系的发展》，载《苏州大学学报》（法学版）2015年第4期，第112页。

② See Lynne Marie Kohm, Tracing the Foundations of the Best Interests of the Child Standard in American Jurisprudence, Journal of Law and Family Studies, Vol. 10, Issue 2 (2008), P. 368; Lynn D. Wardle, Laurence C. Nolan, Fundmental Principles of Family Law, William S. Hein & Co., 2002, P. 858.

③ 德国联邦宪法法院认为这源自父母的天然属性。参见 BVerfGE 64, S. 180, 188.

已丧失生育能力、子女随其生活时间较长、无其他子女而另一方有其他子女的，或者另一方具有客观的干扰性要素如患有久治不愈的传染性疾病或其他严重疾病导致子女不宜与其共同生活的，则原则上应支持由主观构成性要素＋特定客观构成性要素的一方取得直接抚养权，否定主观性构成性要素＋特定客观干扰性要素的一方取得直接抚养权。

二是父母主客观构成性要素基本相同，若一方存在如下构成性要素，即未成年子女已单独随祖父母或外祖父母共同生活多年，且后者主观上要求并客观上能够帮助子女照顾未成年子女的，则原则上应支持由具备此种更多构成性要素的一方取得直接抚养权。

三是对于年满十周岁的未成年子女而言，其愿意随哪方共同生活的主观意志构成该方的主观构成性要素，法院确定直接抚养权归属时应考虑但并非当然受其约束。

从司法实践中普遍存在的抚养纠纷来看，制定法所确立的基础评价标准和以此为基础由司法实践发展起来并通过法发〔1993〕30 号固定下来的原则性示例能部分解决直接抚养权归属的棘手问题，且在剔除那些与未成年人最大利益原则的界定并无实质牵连的要素如父母是否已丧失生育能力等后，亦有助于克服该原则本身模糊性所可能导致的法的安定性受损问题。但是，司法实践中尚存在大量的无法被基础评价和原则性示例所涵摄的情形，对此应依据基础评价和原则性示例所展现出来的诸要素协动的一般规则来进行处理。

二、基础评价和原则性示例之外抚养权归属的界定

在动态体系论中，不在基础评价和原则性示例范围之内的一个或多个要素之于效果评价的影响，应考虑并存的各要素在协动时的充足度以及其是否同质的问题，并据此确定最终的法律效果。对此，可以依据诸要素共存时作用方向的同异而区分为两种：

（一）诸要素共存且作用方向一致

由于这里的多个要素既可能包括构成性要素，也包括干扰性要素。所以对此应予区分讨论。

一是于此的要素均属构成性要素，且构成性要素背后隐藏的原理同质，如生活环境、经济条件等构成性要素本质上都体现未成年人利益保护

所应坚守的继续原则，① 既关涉未成年人的即期利益，亦影响其远期利益的实现，这些构成性要素的原理即为同质。其同向协动，即使诸构成性要素的充足度均不够充分，亦可以正当化论证过程和最终得出的法律效果本身。

二是诸构成性要素背后隐藏的原理异质，如以继续原则为核心基点的生活环境、经济要素等与发展原则为基础的教育要素等共存，尽管这些要素的原理不同，但因其同向发生作用，彼此之间协动时并无矛盾而是补充强化关系，因此，在评价时亦可以正当化论证过程和法律效果。

三是诸构成性要素和干扰性要素共存，抚养权纠纷一方当事人具备若干构成性要素，如其在经济条件、职业属性、生活环境等方面具有优势，而另一方当事人存在若干干扰性要素，如疾病要素、不良生活习惯要素等，那么此种干扰性要素可以进一步强化对方构成性要素的充足度，于此的构成性要素和干扰性要素即可形成合力而同向作用于最终的法律效果。当然，若共存的诸构成性要素和干扰性要素中的某一项要素以特殊的强度发生作用，那么该要素自身就足以正当化直接抚养权归属的论证过程和最终的结果，而无须考虑共存的其他要素。例如，父母一方具有不良生活习惯有可能严重影响未成年子女身心健康的，如吸毒、酗酒或滥交、有严重虐待子女的情形等，则此种干扰性要素即可强化另一方充足度不充分的构成性要素，从而在不过多考虑其他构成性要素的背景下，使对方取得直接抚养权的论证过程和结果正当性无虞。

（二）诸要素共存但作用方向相反

由于抚养权纠纷中涉及至少两方主张取得直接抚养权，因此，诸要素共存但方向相反成为常态，而诸要素共存且方向一致恰好是少数。在诸要素共存但方向相反的情形下，一般而言，直接抚养权归属这一法律效果的论证和得出取决于一方所具备的构成性要素抵消干扰性要素之后是否优于另外一方依此得出的结论，最后由取得优势的一方直接抚养未成年子女。需要尤其强调的是，于此场合下协动作用的诸要素异质时，应如何处理？一般来说，同质要素间存在通过统一标准的权重附值而进行比较的可能，

---

① 参见王葆莳：《儿童最大利益原则在德国家庭法中的实现》，载《德国研究》2013 年第 4 期，第 44 页。

异质要素间因不可相容性和不可公度性而无法进行标准化比较。① 但由于动态体系论亦承认要素背后隐藏的原理中内含着价值及其位阶的判断问题。这就意味着，在异质要素之间亦存在比较的可能。

一是诸要素协动作用但方向相反，互相冲突时，彰显未成年人精神、心理利益的要素和体现其物质利益的要素，在要素充足度的权重附值上，谁更应当附以更高的权重？比较法上的经验表明，发达国家更重视未成年人的精神、心理利益的保护和完善，而发展中国家则更重视物质利益的保障。② 在我国当前的法律实践中，由于未获得直接抚养权的一方亦有抚养未成年子女之义务，亦应依据法律规定或者当事人约定向另一方直接抚养的未成年子女提供抚养费的支持。③ 在未成年人健康成长所需之物质利益存在基本保障的前提下，司法实践中亦更为重视对未成年子女精神、心理的保护。在司法实践中，有法院在判决书中明确指出："涉及婚生子的成长，不仅与父母创造的住房、生活等外在物质条件有关，更为重要的是关爱、陪伴以及良好的亲子关系、家庭环境。"④ 审理法院在这里所考量的隐藏在要素背后的一般原理所彰显的基础价值较优的正当性基础，更多的是在于影响未成年人身心健康的客观事实构成而非主观价值判断。⑤

二是诸要素协动但方向相反、相互矛盾时，当存在即期利益和远期利益的冲突取舍时，如何确定直接抚养权归属才更有利于未成年人最大利益原则的实现？例如，发生纠纷的双方当事人一方可以为未成年人提供更好的教育，更优质的社交平台，这些发展机会的提供有助于未成年子女远期利益的实现，符合促进原则；另一方当事人则可以为子女提供更多的陪伴，有助于维护其已有的生活环境和人际交往关系，更有利于其即期利益的实现，符合继续原则。于此场合，是否应当在要素充足度上考虑即期利益和远期利益的先后顺序而附以不同的权重？对此，司法实践和学理上仍存在不同的见解。例如，对于未成年子女的教育究应采取严苛的更有助于其远期利益实现的方式，还是应当以其即期利益即心理、精神上的愉悦舒

---

① 参见梁上上：《异质利益的公度性难题及其求解：以法律适用为场域展开》，载《政法论坛》2014年第4期，第4页。

② 参见冯源：《儿童监护事务的国家干预标准：以儿童最大利益原则为基础》，载《北京社会科学》2016年第3期，第28页。

③ 参见《婚姻法》第37条。

④ 参见湖北省随州市中级人民法院（2015）鄂随州中民一终字第00279号民事判决书。

⑤ 对于未成年人最大利益原则的判断更多地属于心理学事实而非生理学事实，学理上的接近理论、母爱剥夺理论和回溯理论对此提供了充分的论证。详细讨论参见 Mary Banach, The Best Interests of the Child: Decision - Making Factors, Families in Society. *The Journal of Contemporary Human Services*, 1998, Vol. 79, Issue 3, pp. 331 - 340.

适的实现为主。司法实践中法院的主要立场是，于此场合下应以远期利益
为主，同时兼顾即期利益，即直接抚养人对未成年子女用心培养而要求严
格无可厚非，但应改进方式，寻求能使子女更易理解接受的方式进行。①
对此，学理上有不同立场。有观点即认为："子女在人格、意愿以及观念
方面和父母的争执本身就是其社会化的重要因素，即子女通过这些分歧逐
步进入成人世界。……子女的自我意愿和观念是其迈向完全独立之发展过
程中的重要因素。所以，理性的教育不宜压制子女的自我主张，而应当对
父母的权威加以限制，令父母权威的实施方式和程度符合子女的年龄和发
展状况，并且和争议涉及的问题相适应。"② 对此应予赞同。这意味着，
在即期利益和远期利益冲突时，并不适宜通过给相关要素之充足度更高附
值的方式来进行判断，而是应将此交给法院，由法官在个案中结合其他要
素综合判断未成年人最大利益原则的实现方式。事实上，支持动态体系论
的德国学理亦认为："动态体系论抛弃了法教义学所坚持的机械的构成要
件外壳，将法官价值评价的内核展现出来，才能够得出令人信服的理由和
结论。"③

　　整体来看，动态体系论在适用于最大利益原则的评价和界定中，法官
需要在法律实践和自己的解释之间来回穿梭，以使二者能够相互支撑和彼
此融贯。④

第六节　结　　论

　　以未成年人最大利益原则作为直接抚养权归属的一般界定标准，符合
当今各国保护未成年人利益的整体时代趋势，并且亦有充分的比较法经验
支持。但未成年人最大利益原则本身的特性导致其只能在具体案件中由法
官依据具体情况进行个性化的界定。从我国当前的司法实践经验来看，在
抚养纠纷中，通过未成年人最大利益原则界定直接抚养权归属所要考量的
主客观要素的纷繁复杂和法官自由裁量的尺度不一，往往会导致同案不同

---

　　① 参见四川省绵阳市中级人民法院（2015）绵民终字第 2565 号民事判决书。
　　② 参见［德］迪特尔·施瓦布，王葆莳译：《德国家庭法》，法律出版社 2010 年版，第
336～337 页。
　　③ Vgl. Frank O. Fischer, Das Bewegliche System als Ausweg aus der dogmatischen Krise in der Re-
chtspraxis，AcP 197（1997），S. 603 f.
　　④ See Dworkin, *Law's Empire*. The Belknap Press of Harvard University Press，1986，pp. 65 – 67.

判，影响制定法规则的可预见性。对此，以动态体系论的分析方法展开，以确定直接抚养权归属时所考量的具体主客观要素为基础，区分基础评价中依年龄要素和主观意志要素正当化法律效果的情形，确定多个处于非平均状态的要素作用于直接抚养权归属效果时遵循的原则性示例，并以基础评价和原则性示例所展现出来的要素及其在抚养纠纷解决中通过协动来展现自身之于直接抚养权归属界定的影响，为不在基础评价和原则性示例范围之内的一个或多个要素之于效果评价的影响，提供分析方案。据此，可以有效预防未成年人最大利益原则适用中所可能导致的对于制定法本身的戕害发生，维护法的安定性。当然，由于未成年人最大利益原则本质上只能在具体环境中进行确定的特性，导致任何一般性的思维方式都天然地存在局限性。因此，动态体系论的方法仅是接近最大利益原则的一种方案而非终极方案。

附录案例：张某与镇江市姚桥镇迎北村村民委员会 生命权、健康权、身体权纠纷案[*]

裁判要旨

认定监护人的监护能力，应当根据监护人的身体健康状况、经济条件以及与被监护人在生活上的联系状况等综合因素确定。未成年人的近亲属没有监护能力，亦无关系密切的其他亲属、朋友愿意承担监护责任的。人民法院可以根据对被监护人有利的原则，直接指定具有承担社会救助和福利职能的民政部门担任未成年人的监护人，履行监护职责。

基本案情

申请人：张某，女，23岁，汉族，住江苏省镇江新区。

被申请人：镇江市姚桥镇迎北村村民委员会，地址：江苏省镇江新区。

负责人：梁某，该村村民委员会主任。

申请人张某因与被申请人镇江市姚桥镇迎北村村民委员会（以下简称姚桥村委会）发生撤销监护人资格纠纷，向江苏省镇江经济开发区人民法院提起诉讼。

申请人张某诉称：被申请人姚桥村委会于2014年8月14日指定本人担任张某鑫的监护人。但本人是视力一级残疾人，无固定的生活收入来源，被申请人姚桥村委会的指定不妥。申请人请求法院依法撤销被申请人姚桥村委会指定本人担任张某鑫监护人的指定。

被申请人姚桥村委会称：张某鑫父母于2014年7月28日经法院判决离婚。法院判决由张某林抚养张某鑫，张某林于2014年8月12日向本村委会提出申请，请求另行指定张某鑫的监护人，经调查，张某林是视力一级残疾人，无力抚养张某鑫。申请人张某是张某鑫的姑姑，其虽然也是视力残疾人，但其现已结婚，丈夫为健全人，其家庭有一定能力抚养张某鑫，本村委会据此指定张某担任张某鑫的监护人，本村委会指定是否妥当，请求法院依法裁决。

镇江经济开发区人民法院经审理查明：2010年11月4日，张某林与徐某登记结婚。婚后，于2013年11月12日生育一子，取名张某鑫。近

* 案例来源：《中华人民共和国最高人民法院公报》2015年第8期。

年来，因张某鑫的抚育产生矛盾，致夫妻关系不睦，张某林起诉要求离婚。本院于 2014 年 7 月 28 日作出（2014）镇经民初字第 0744 号民事判决书，判决准予张某林与徐某离婚，张某鑫由张某林领带抚养。张某林子 2014 年 8 月 12 日向住所地村民委员会，即被申请人姚桥村委会提出另行指定张某鑫监护人的申请。被申请人姚桥村委会作出了《关于指定张某鑫监护人决定书》，指定申请人张某为张某鑫的监护人。

另查明：张某林是视力一级残疾人，无固定的生活收入来源。张某林目前与母亲张某芳一起生活，张某芳也是视力一级残疾人。申请人张某是视力一级残疾人，其于 2011 年 2 月 14 日结婚，其丈夫身体并无残疾，两人婚后于 2011 年 5 月 28 日生育一子，取名王某响。徐某是智力二级残疾人，不能完全辨认自身的行为，现与父母一同居住在扬中市三茅镇良种繁育场。徐某的父亲李某洪现年 52 岁，母亲徐某娥，现年 53 岁，均因身体健康原因，无劳动能力，也无固定的生活收入来源。

镇江经济开发区人民法院经审理认为：未成年人的父母是其法定监护人，但张某鑫的父亲张某林是视力一级残疾人，无固定工作和生活收入来源，不具有担任张某鑫监护人的能力；张某鑫的母亲徐某是智力二级残疾人，不能完全辨认自身的行为，也不具备担任张某鑫监护人的能力。张某鑫的祖母张某芳和外祖父母李某洪、徐某娥，是法律规定的应当担任张某鑫的监护人的"近亲属"，但也均因身体和经济原因，不具有担任张某鑫监护人的能力。申请人张某作为张某鑫的姑姑，是张某鑫关系较密切的亲属，其担任张某鑫的监护人，应以自愿为前提。现张某在被姚桥村委会指定为监护人后向法院提出撤销监护人指定的申请，表明其不愿意担任张某鑫的监护人。且张某自身是视力一级残疾，其丈夫虽然并无残疾，但两人现有一个三岁的儿子需要抚养，同时两人还需负担照顾母亲张某芳及哥哥张某林的责任，再由其担任张某鑫的监护人抚养照顾张某鑫，并不妥当，也不利于张某鑫的健康成长。张某的申请符合法律规定，应予支持。

同时，根据最高人民法院《关于贯彻执行〈中华人民共和国民法通则〉》若干问题的意见（试行）第 19 条的规定，判决撤销原指定监护人的，可以同时另行指定监护人。鉴于张某鑫的父母和近亲属没有监护能力，且没有关系密切的其他亲属、朋友愿意承担监护责任，根据法律规定应当由张某鑫的父、母的所在单位或者未成年人住所地的居民委员会、村民委员会或者民政部门担任监护人。由于张某鑫的父母均无业，没有工作单位，只能由张某鑫住所地的村民委员会或民政部门担任监护人。张某鑫作为一个刚满 9 个月的婴儿，既需要专门的场所来安置，也需要专门的人员来照顾，更需要一大笔经费来保障其成年之前的教育、医疗以及日常生活，若由张某鑫住所地的姚桥村委会担任其监护人并不能够使其得到妥善安置。而张某鑫住所地的镇江市民政局承担着接受孤儿、弃婴和城市生活无着的流浪乞讨人员的救助等社会职能，其下属的镇江市儿童福利院，承担社会孤残弃婴的养、治、教、康等职能，确定镇江市民政局担任张某鑫的监护人，由镇江市儿童福利院代为抚养，可以为张某鑫的生活和健康提供良好的环境，更加有利于张某鑫成长。

据此，镇江经济开发区人民法院依照《中华人民共和国民法通则》第十六条、最高人民法院《关于贯彻执行〈中华人民共和国民法通则〉若干问题的意见（试行）第 10 条、第 11 条、第 12 条、第 14 条、第 17 条、第 19 条以及《中华人民共和国民事诉讼法》第一百七十八条、第一百八十条之规定，于 2014 年 8 月 22 日作出判决如下：

一、撤销被申请人姚桥村委会关于指定申请人张某为张某鑫监护人的指定。

二、指定镇江市民政局为张某鑫的监护人。

本判决为终审判决。

第五章

监护纠纷中代孕子女
监护人的确定标准*

第一节 问题的提出

陈某与罗某（以下统称"委托人"）是夫妻关系，因陈某患有不孕症，两人遂商定通过体外授精及代孕方式生育子女。为此，两人在将丈夫罗某的精子以及非法购买的卵子委托医疗机构进行体外授精并形成受精卵之后，非法委托第三人（以下统称"受托人"）进行代孕，共支出约80万元。2011年2月，一对异卵双胞胎出生。陈某通过非法手段为双胞胎办理了出生医学证明，登记的生父母为委托人，并据此办理了户籍申报。此后孩子一直随陈某与罗某共同生活并由其进行抚养。2014年2月9日，罗某因突发疾病去世。此后，两个孩子由陈某单独抚养。2014年12月29日，罗某父母诉至法院，他们认为罗某是两个孩子的生父，而陈某与他们无亲生血缘关系，且未形成法律规定的拟制血亲关系，要求成为孩子的监护人并抚养两个小孩。

上海市闵行区人民法院经审理认为，陈某并非卵子提供者，因而不能形成生物学上的母亲，又非分娩的孕母，亦无法将代孕子女视为其婚生子女；同时，因陈某与代孕子女间欠缺法定的必备要件而未建立合法的收养关系，且代孕行为本身不具有合法性，所以，陈某与代孕子女之间也不存在拟制血亲关系。在代孕子女生父罗某死亡而生母不明时，为保护未成年人的合法权益，代孕子女的祖父母要求担任监护人等要求于法有据。因

---

* 本章主要内容发表于《清华法学》2017年第1期。

115

此，一审法院支持了原告的诉讼请求。① 陈某不服，提起上诉。

上海市第一中级人民法院经审理后认为，代孕子女是罗某与陈某在婚后由罗某与其他女性以代孕方式所生育的子女，属于缔结婚姻关系后夫妻一方的非婚生子女。由于代孕子女在出生后一直随同委托人共同生活近三年之久，在罗某去世后又随陈某共同生活二年左右，所以在陈某与代孕子女之间已经形成了有抚养关系的继父母子女关系，其权利义务关系适用《婚姻法》中关于父母子女关系的规定。代孕子女的祖父母的监护权在陈某之后，其提起的监护权主张不符合法律规定，同时从儿童最大利益原则考虑，由陈某获得监护权更有利于两个孩子的健康成长。因此，二审法院支持了陈某的上诉请求，判决孩子的监护权归陈某所有。②

两审法院均认定有偿代孕协议无效，并当然认为作为基因提供者的丈夫即生物学上的父亲为代孕子女法律上的父亲，肯定其对代孕子女的监护权。存在的主要分歧是以下两个方面。

一审法院认为，作为委托人之一的陈某与代孕子女既无自然血亲关系，亦无拟制血亲关系，对代孕子女并无监护权。其据此依据《民法通则》第16条等认为，在未成年人法律上的父母，法律或事实上无法行使监护权时，由处于第二顺位的祖父母行使监护权，故其支持了两原告的诉讼请求。

二审法院则认为，陈某在与罗某的婚姻存续期间已经与代孕子女因事实上的抚养教育关系而形成了受法律保护的继父母子女关系，其依法对继子女享有优先于祖父母的监护权，同时考虑未成年人最大利益原则的保护，应由继母继续行使对代孕子女的监护权，故其支持了上诉人的诉讼请求。

由于两种判决结果针锋相对，因此，有必要说明，在现行法律体系下究竟哪种解决思路更站得住脚，或者说正当性、合法性的说理论证更充分，结论更为准确。下文拟从规范解释的角度对此进行分析检讨，并探求非法代孕情形中如何落实未成年人最大利益原则。

依据本案基本案情以及两审法院判决书的基本论证思路，于此需要检讨的核心问题有三个。

第一，假设两审法院进行推理的前提正确，即代孕子女生物学上的父

---

① 参见上海市闵行区人民法院（2015）闵少民初字第2号民事判决书。
② 参见上海市第一中级人民法院（2015）沪一中少民终字第56号民事判决书。

亲在现行法上当然为其法律上的父亲，那么该法律上的父亲的配偶若与代孕子女并无生物学上的关系且未通过法律程序收养代孕子女，其就当然与代孕子女无法律意义上的规范关系吗？规范依据为何？

第二，假设两审法院进行推理的前提无误，那么精子、卵子和子宫的提供者分别与代孕子女之间的规范关系如何？究竟应当以什么标准来界定代孕子女法律上的父母？规范依据为何？

第三，若问题二得出的结论指向两审法院的推理前提存在谬误，那么应当如何确定代孕子女的监护人？界定标准为何？在现行法律体系下是否存在规范依据？

下文拟就这几项问题展开讨论，并探寻其在我国现行法律体系下的规范依据与可行的解决方案。

第二节　继父母子女之间的法律关系

若承认生物学上的父亲为代孕子女当然意义上的法律上的父亲，那么就必须澄清于此父亲的配偶与代孕子女之间的法律关系。在我国现行民事法律体系内部，婚姻家庭之内的父母子女关系主要通过自然血亲和拟制血亲两条途径形成，其中自然血亲的父母子女关系是核心，以该类型为模型而通过拟制血亲构造的父母子女关系又包括通过法定收养程序形成的养父母子女关系以及男女通过再婚而与对方配偶的亲子所形成的继父母子女关系两种。[①] 在继父母子女关系中，继父母是指子女对父母一方或者双方再婚配偶的称谓，继子女是指后婚配偶一方对对方配偶的子女的称谓。[②] 对于夫妻关系存续期间一方与婚外第三人之间所出之非婚生子女是否可以成为婚姻关系中另一方的继子女，尽管在学理上仍存在否定性见解，如傅鼎生教授即认为有抚养关系的继子女必须是婚前生育，[③] 但该观点并未被学

---

① 参见王利明、杨立新、王轶、程啸：《民法学》，法律出版社2014年版，第639页。相关判决参见甘肃省兰州市中级人民法院（2016）兰中民终字第112号民事判决书；辽宁省沈阳市中级人民法院（2015）沈中少民终字第00033号民事判决书。

② 这里的子女包括与前婚配偶所生的婚生子女、与他/她人发生非婚性关系所生的子女、与前婚配偶共同收养或单独收养的养子女。参见张学军：《试论继父母子女关系》，载《吉林大学社会科学学报》2002年第3期，第100页。

③ 参见任跃：《聚焦国内首例代孕监护权案：胜诉律师代理词全文及专家解析》，载《律新社》2016年6月20日。

界的主流观点所接受，① 也没有取得司法实践的普遍支持。② 一般来讲，于此情形下，婚姻无过错方依然可以与有过错方的非婚生子女形成继父母子女关系。由此表明，在本案当中，若承认夫妻婚姻关系存续期间提供精子进行代孕的丈夫为由其抚养之代孕子女法律上的父亲，那么就必须承认妻子与代孕子女之间的继父母子女关系。当然，存在继父母子女关系并不必然使继父母与继子女之间建立《婚姻法》第 21 条所规定的父母子女关系，③ 即继父母并不必然对继子女负有监护职责。对于继父母子女关系是否可以适用调整父母子女关系的一般规则，还需要依据其他标准进一步判断。

一、继父母子女关系准用父母子女关系的一般界定标准

正如司法实践中有法院明确指出的那样，"继父母子女间的权利义务关系，既不同于生父母子女关系，也不同于养父母子女关系；生父母子女之间的权利义务是无条件的，养父母子女之间的权利义务要看收养关系是否存在，而继父母子女之间的权利义务则要看继子女是否受到继父或继母的抚养教育。"④ 依据《婚姻法》第 27 条第 2 款规定，继父母子女关系适用第 21 条等规定的父母子女关系的前提，是继父母与继子女之间存在事实上的"抚养教育"关系。

对于第 27 条规定的"抚养教育"关系的判断，司法实践中主要从五个方面展开，包括继父母是否为继子女给付了经济上的抚养支出、⑤ 继父

① 相关探讨参见房绍坤、郑倩：《关于继父母子女之间继承权的合理性思考》，载《社会科学战线》2014 年第 6 期，第 205 页；孙若军：《父母离婚后的子女监护问题研究》，载《法学家》2005 年第 6 期，第 73 页；张学军：《试论继父母子女关系》，载《吉林大学社会科学学报》2002 年第 3 期，第 102 页。

② 参见上海市第一中级人民法院（2015）沪一中少民终字第 56 号民事判决书；湖北省襄阳市中级人民法院（2015）鄂襄阳中民一终字第 00546 号民事判决书；上海市闵行区人民法院（2015）闵少民初字第 2 号民事判决书。

③ 参见广东省广州市中级人民法院（2015）穗中法民一终字第 6014 号民事判决书；贵州省六盘水市中级人民法院（2014）黔六中民终字第 798 号民事判决书；重庆市第一中级人民法院（2014）渝一中法民终字第 00423 号民事判决书；山东省烟台市中级人民法院（2013）烟行终字第 5 号行政判决书。

④ 参见甘肃省兰州市中级人民法院（2016）兰中民终字第 112 号民事判决书。

⑤ 参见广东省广州市中级人民法院（2015）穗中法民一终字第 6014 号民事判决书；上海市嘉定区人民法院（2013）嘉民一初字第 6405 号民事判决书；四川省成都市金牛区人民法院（2012）金牛民初字第 65666566 - 1 号民事判决书。

母与继子女之间是否存在共同生活的事实、① 继父母对继子女的抚养是否在时间上满足了持续性的要求、② 继父母在主观上是否具有抚养继子女的意愿、③ 继子女是否已经成年等。④ 对于司法实践所坚持的这些判断标准，我国学理上也普遍持赞成态度。⑤ 这意味着，以是否存在"抚养教育"的事实关系为标准进行衡量，若继父母与继子女之间没有依据《收养法》第14 条等所确立的收养规则形成合法收养关系，但他们之间存在事实上的抚养教育关系，那么依据该抚养教育关系存在的事实可以类推适用《婚姻法》中关于父母子女关系的规定来调整继父母子女关系；若继父母与继子女之间并不存在事实上的抚养教育关系，且不存在合法的收养关系，那么双方之间的关系即不得类推适用《婚姻法》中关于父母子女关系的规定。⑥

据此标准，本案中上诉人陈某在与未成年之继子女长达五年之久的共同生活当中，始终以夫妻共有财产及个人财产抚养继子女，并且具有强烈的抚养继子女的主观意愿，所以，依据前述司法实践所普遍坚持的一般标准，其与继子女之间的权利义务关系依据《婚姻法》第27 条第 2 款规定而适用该法第 21 条等所规定的父母子女关系进行调整。

二、准用父母子女关系的法律效果

依据《婚姻法》第 27 条第 2 款规定，既然存在事实性抚养教育关系的继父母子女关系可以准用《婚姻法》确立的父母子女关系规则来处理，

---

① 参见山东省日照市中级人民法院（2015）日民一终字第 392 号民事判决书；江苏省连云港市中级人民法院（2014）连民申字第 0004 号民事判决书；四川省成都市中级人民法院（2013）成民终字第 3997 号民事判决书。

② 参见湖北省襄阳市中级人民法院（2015）鄂襄阳中民一终字第 00546 号民事判决书；上海市第二中级人民法院（2013）沪二中民一民再字第 3 号民事判决书；浙江省嘉兴市中级人民法院（2011）浙嘉民终字第 42 号民事判决书。

③ 参见最高人民法院《关于人民法院审理离婚案件处理子女抚养问题的若干具体意见》第13 条规定："生父与继母或生母与继父离婚时，对受其抚养教育的继子女，继父或继母不同意继续抚养的，仍应由生父母抚养。"另参见山西省阳泉市中级人民法院（2016）阳中民终字第 147号民事判决书；北京市第三中级人民法院（2015）三中民终字第 04361 号民事判决书；云南省昆明市中级人民法院（2014）昆民二终字第 1374 号民事判决书。

④ 参见湖南省长沙市中级人民法院（2015）长中民一终字第 03045 号民事判决书；辽宁省沈阳市中级人民法院（2015）沈中少民终字第 00033 号民事判决书；重庆市第五中级人民法院（2014）渝五中法民申字第 199 号民事裁定书。

⑤ 参见房绍坤、郑倩：《关于继父母子女之间继承权的合理性思考》，载《社会科学战线》2014 年第 6 期，第 205～206 页。

⑥ 参见河南省焦作市中级人民法院（2015）焦民三终字第 00346 号民事判决书。学理讨论参见顾薛磊、张婷婷：《论我国继父母子女形成抚养关系的认定标准》，载《青少年犯罪问题》2014 年第 4 期，第 57 页。

那这就意味着在我国现行民事法律体系下，当继父母与继子女之间存在着事实上的抚养教育关系时，继父母子女关系就会产生如同父母子女关系一样的法律效果，同样也就会受《民法总则》《婚姻法》《继承法》《侵权责任法》等的调整和保护。① 《婚姻法》第 21 条、第 22 条、第 23 条、第 24 条等所确立的调整父母子女关系的主要法律规则，明确了父母子女之间的主要权利义务，其中就包括了父母对子女有抚养教育的义务，若父母不履行该义务时，未成年的或不能独立生活的子女，有权向父母主张给付抚养费；子女有权随父姓，也有权随母姓；父母有保护和教育未成年子女的权利和义务；父母和子女有相互继承遗产的权利。② 这实际上表明，存在事实性的抚养教育关系的继父母子女关系，参照适用父母子女关系法的核心意义在于继父母因事实性抚养教育关系的存在而成为继子女法律上的父母，继父母子女之间的权利义务，完全等同于父母子女之间的权利义务。③ 以此为基础，在未成年人法定监护人确定的问题上，依据《民法总则》第 27 条规定，未成年人法律上的父母是未成年人的第一顺位的监护人。只有在未成年人法律上的父母死亡或没有监护能力时，未成年人的有监护能力的祖父母等才可以成为监护人。

因此，在本案中，若承认代孕子女生物学上的父亲在现行法上当然为其法律上的父亲，那么该法律上的父亲的配偶虽然与代孕子女并无生物学上的关系且未通过法律程序进行收养，但若其事实上已经在抚养教育孩子，则其就会因此取得被抚养教育之继子女法律上母亲的地位。该法律地位在取得之后，其存续本身就主要取决于继父母与继子女之间事实性抚养教育关系的存续以及当事人的主观意愿等。④ 如果该抚养教育关系存在且继父母依然愿意继续抚养继子女，即使继子女法律上的父母死亡，也不影

---

① 参见北京市延庆区人民法院（2015）延民初字第 06940 号民事判决书；广东省广州市中级人民法院（2014）穗中法民一终字第 2810 号民事判决书；重庆市第五中级人民法院（2014）渝五中法民申字第 199 号民事判决书；江苏省苏州市中级人民法院（2014）苏中民终字第 3714 号民事判决书。

② 参见巫昌祯、夏吟兰：《婚姻家庭法》，中国政法大学出版社 2016 年版，第 143～145 页。我国的相关法律实践，例如，《继承法》第 10 条规定，遗产继承的第一顺序为配偶、子女、父母，而子女则包括了婚生子女、非婚生子女、养子女和有抚养关系的继子女。最高人民法院《关于贯彻执行民事政策法律若干问题的意见》第 37 条规定，继父、继母与继子女之间，已形成抚养关系的，互有继承权。继子女继承了继父母遗产后，仍有继承生父母遗产的权利。

③ 参见湖南省怀化市中级人民法院（2015）怀中民一终字第 638 号民事判决书；浙江省绍兴市中级人民法院（2015）浙绍民终字第 2023 号民事判决书。

④ 参见河北省廊坊市中级人民法院（2015）廊中民一终字第 351 号民事判决书；江苏省苏州市中级人民法院（2014）苏中民终字第 3714 号民事判决书；湖南省永州市中级人民法院（2014）永中法民一终字第 239 号民事判决书。

响继父母与继子女之间法律上父母子女关系的存续，继母依然是继子女法律上的母亲，为其第一顺位的监护人。当然，依据《民法通则》第18条第3款（《民法总则》第36条），当监护人存在法律上或事实上不利于被监护人之利益实现情形的，其他有监护资格的主体甚至民政部门有权通过法律程序撤销继母之监护人资格。[①] 而在本案中，原告并未就此提出有效证据予以证明，因此，自无从撤销陈某的监护人资格。

三、小结

综上，若法院承认精子提供者罗某为代孕子女法律上的父亲，那么由于罗某与陈某系夫妻关系，在夫妻关系存续期间，陈某已经与罗某的亲子因事实上的抚养教育关系而形成了被现行法所保护的可适用父母子女关系规则调整的继父母子女关系，陈某据此成为罗某之亲子法律上的母亲，当然为其第一顺位的监护人，并且陈某对继子女的监护权并不会因罗某的死亡而当然发生变化。两位原告为代孕子女的祖父母，依据《民法通则》第16条规定（《民法总则》第27条），其监护资格在代孕子女法律上的母亲之后，若其无法依据《民法通则》第18条第3款（《民法总则》第36条）撤销陈某的监护人资格，其诉讼请求就无法获得法院支持。因此，一审法院的法律适用存在问题。[②]

第三节 代孕子女法律上的父母

承认上诉人陈某是对代孕子女有法定监护权的继母，是以精子提供者罗某为代孕子女法律上的父亲为前提，两审法院均认为，基因提供者即生物学上的父亲是代孕子女法律上的父亲。[③] 但这一判断是否于法有据，还需要依据现行法在厘清生物学上的父亲即精子提供者、生物学上的母亲即卵子提供者、分娩的孕母即子宫的提供者与代孕子女之间法律关系的基础上，进一步予以判断。对此需要明确如下三个问题。

---

① 参见娄银生：《被撤销的父母监护权——全国首例由民政部门申请撤销监护人资格的案件审理纪实》，载《法庭内外》2014年第4期，第2页。
② 参见上海市闵行区人民法院（2015）闵少民初字第2号民事判决书。
③ 参见上海市第一中级人民法院（2015）沪一中少民终字第56号民事判决书；上海市闵行区人民法院（2015）闵少民初字第2号民事判决书。

一、先决条件：代孕协议的效力

关于代孕协议效力的分析，前文已经有详细论述，于此不再赘述。①
在本案中，委托人与受托人之间签订有偿的代孕协议，以金钱给付作为受
托人提供子宫并孕育体外胚胎之行为的对价，侵犯了受托人的人格尊严，
违反了我国当代社会的公序良俗，依《民法总则》第 8 条、第 143 条等规
定，应为无效。对此，二审法院在判决书中笼统地认为《人类辅助生殖技
术管理办法》"虽为部门规章，不能作为确认代孕子女法律地位及监护权
的法律依据，但是国家对于代孕之禁止立场已为明确。私权领域虽有'法
无禁止即可为'之原则，却并不代表私权主体的任何权利义务都可通过民
事协议来处分，代孕行为涉及婚姻家庭关系、伦理道德等人类社会之基本
问题，不同于一般民事行为，故不适用契约自由原则。尽管代孕行为在我
国尚不合法……"等，并没有根据代孕所涉具体事宜对代孕协议的效力进
行区分界定，显然并不适当。

二、代孕协议无效时父母子女关系的确定

当代孕协议未违反法律强制性规定等而为有效时，自然应依据代孕协
议中的约定来确定代孕子女法律上的父母以及当事人之间的具体法律关
系。当代孕协议因违反法律规定而无效或有效的代孕协议当事人事后产生
争议时，确定相关主体的权利义务，主要应考虑如下几种情形。

（一）生物学上的父母是否当然为法律上的父母

在我国现行法律体系下，法律上父母子女关系的确立，主要通过两条
途径：一是自然血亲关系，依据《婚姻法》第 25 条，在父母子女关系上，
包括婚生子女与非婚生子女权利平等；二是拟制血亲关系，包括收养关系
以及继父母子女关系，前者依据《婚姻法》第 26 条规定，经法定程序收
养的子女与养父母的关系为父母子女关系；后者依据《婚姻法》第 27 条
规定，若继子女由继父母抚养和教育，其二者之间的关系准用父母子女关

---

① 详见本书"体外胚胎的法律地位与私法规制"之"（四）禁止代孕与体外胚胎的处置"
中的讨论。

系。① 第一条途径的核心在于是否存在自然血缘的事实，第二条途径则主要取决于当事人的自由意志。据此司法实践认为，依据自然血缘而形成的父母子女关系是无条件的，而依据法律拟制所形成的父母子女关系则是有条件的。②

在我国当前的法律实践中，是否存在生物学上的血缘关系，对法律上父母子女关系的确定至关重要。一般而言，当婚内所出之子女并非母亲之配偶在生物学上的子女时，其与母亲的配偶之间也不存在法律上的父母子女关系，只有其生物学上的父亲才是其法律上的父亲，负有相应的抚养义务。③ 另外，在子女非为婚内所生且其出生本身违背生物学上的父亲的意志场合，生物学上的父亲也对该与之有血缘关系的子女负有法定抚养义务而不能拒绝。④

当然，生物学上的血缘关系并不必然导致法律上父母子女关系的建立。在存在法定事由时，这两者之间的规范联系即会被切断。例如，经生父母同意进行的收养、⑤ 利用合法捐精者提供的精子所孕育的子女等，⑥生物学上的父母即不再是法律上的父母。对此，本案二审法院也明确予以承认。司法实践之所以如此的主要考虑是，法律上的父母子女关系应是典型、简单、稳定、符合社会伦常的一种社会关系，从而有利于家庭关系的稳定和谐以及未成年人最大利益原则的实现。

存在问题的是，本案二审法院一方面承认血缘关系并非判断亲子关系的唯一标准；另一方面又认为"对于生母的认定，根据出生事实遵循'分娩者为母'的原则；对于生父的认定，则根据血缘关系而作确定"，在逻辑推理上显然并不十分严谨，并且也可能违反现行法的基本义旨。承认子宫提供者为代孕子女当然的法律上的母亲，同时又承认生物学上的父亲为其当然的法律上的父亲，那么依据《婚姻法》中规定的事实抚养教育关系确定父亲的配偶与子女之间的继父母子女关系，依据类推解释规则而承认生物学上母亲的法律地位即为当然之理。如此一来，本案中代孕子女法律上的父亲只有一位，而法律上的母亲则有三位，并不符合我国现行民事法

① 参见魏振瀛主编：《民法》，北京大学出版社/高等教育出版社 2015 年版，第 592～593 页。
② 参见甘肃省兰州市中级人民法院（2016）兰中民终字第 112 号民事判决书。
③ 相关法院判决参见重庆市沙坪坝区人民法院（2010）沙法民初字第 7148 号民事判决书；江苏省南京市六合县人民法院（2000）六民初字第 731 号民事判决书。
④ 参见北京市海淀区人民法院（2013）海民初字第 23318 号民事判决书。
⑤ 参见《收养法》第 10 条、《婚姻法》第 26 条。
⑥ 参见李某华、范某诉范某业、滕某继承纠纷案，《中华人民共和国最高人民法院公报》2006 年第 7 期。

律体系中尤其是《婚姻法》中规定的父母子女关系的典型外观，与二审法院在判决书中所明确宣称的当前社会一般的生活观念格格不入，有违社会公共道德原则。另外，这种违背一般社会观念的父母子女关系对代孕子女而言过于复杂且不稳定，并不利于未成年人身心健康的成长，有违我国法律实践中所普遍承认且被二审法院在判决书中明确肯认的未成年人最大利益原则。①

因此，本案两审法院均以代孕子女与罗某之间存在生物学上的血缘联系而当然确定二者之间存在法律上的父母子女关系，并不妥当。

（二）子宫提供者优先保护的正当性与合法性基础

事实上，以精子、卵子、子宫的提供者为标准，可以将代孕场合的主要情形区分为：精子为丈夫一方提供，卵子与子宫皆由第三人提供；精子为丈夫一方提供，卵子由妻子一方提供，子宫由第三人提供；精子为第三人提供，卵子由妻子一方提供，子宫由第三人提供。对于前三者何者为代孕子女法律上的父母，我国现行制定法并未提供明确答案。对此究竟应该依据什么标准来进行界定呢？

在我国司法实践中，法院在阐述女性生育权应优先于男性保护的法理意见时认为："法律概念上的生育权存在于受孕、怀胎和分娩的全过程。相较于男方在生育子女时仅发生性行为即可，女性生育子女要历经受孕、怀孕、生产近十个月的时间，女性的投入显然更多，因此其在生育权上应优先于男性保护。"②

同样的道理，相较于精子和卵子的提供者而言，子宫的提供者即受托人全程参与了孩子的孕育过程，其与子女之间更容易建立密切的关系，这种骨肉之情在应受法律保护的伦理价值层面高于基因方面的价值。就此而言，原则上应当将受托人即孕母，确定为代孕子女法律上的母亲。对此，本案二审法院也予明确承认，其在判决书中写道："母子关系的确立更多在于十月怀胎的孕育过程和分娩艰辛所带来的情感联系，在于母亲对孩子在精力、心血、感情上的巨大投入和无形付出，单纯以生物学上的基因来认定母子关系，将缺乏社会学和心理学层面的支持。"当然，主要反对意见认为，将受托人当然地界定为代孕子女法律上的母亲，并未考虑代孕的

---

① 参见上海市第一中级人民法院（2015）沪一中少民终字第 56 号民事判决书。
② 参见孙欣：《女性单方面决定生育不构成对男性生育权的侵犯》，载《人民法院报》2014年 5 月 29 日，第 6 版。

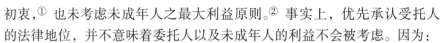

初衷,① 也未考虑未成年人之最大利益原则。② 事实上,优先承认受托人的法律地位,并不意味着委托人以及未成年人的利益不会被考虑。因为:

第一,尽管代孕协议可能会违反社会公共利益而被认定为无效,但在代孕协议无效场合,受托人优先取得法律上的母亲地位后,若委托人仍愿意通过法定收养程序同代孕子女确立收养关系,在取得合乎《收养法》规定的被收养人之父母同意并符合法定条件时,仍然可以实现代孕的原初目的。当然,依据《收养法》第 2 条,于此场合的收养应在充分保障被收养人之最大利益原则的前提下才可以实施。这与《德国民法典》中规定的代孕场合的收养情形一致。③

第二,若委托人事后反悔不要代孕子女,而受托人也不愿或者事实上无经济能力抚养代孕子女,那么依据《收养法》第 2 条、第 4 条、第 5 条,受托人符合条件的可以依法将孩子送养。受托人因此遭受损害的,可以依据《侵权责任法》第 6 条结合第 2 条主张民法上的损害赔偿。

第三,承认子宫提供者法律上优先受保护的法律地位,正是基于未成年人之最大利益原则的考虑。实践证明,由于子宫提供者事实上全程参与了生命的孕育过程,其与代孕子女之间更容易建立密切的关系,一般情形下是代孕子女利益的最佳照看者。在受托人拒绝或者无能力抚养未成年人时,还可以通过收养制度等来最大程度地保障未成年人最大利益的实现。

当然,对于未成年人最大利益原则的保护来讲,将精子、卵子以及子宫提供者当中的哪一个确定为法律上的父母只是立法上的一种"决断",确立任何一方在法律上的优先地位都可能存在缺陷。因此,重要的毋宁是个案中依据利益衡量规则就具体的应受保护的未成年人来确定保护其最大利益实现的最优方案。④

(三)基因提供者不应被承认的正当性与合法性基础

除了在孕育过程中的参与度方面的考虑外,拒绝将精子、卵子提供者

---

① 参见朱川、谢建平:《代孕子女身份的法律认定》,载《科技与法律季刊》2001 年第 3 期,第 42 页。

② 参见李志强:《代孕生育的民法调整》,载《山西师大学报》(社会科学版)2011 年第 3 期,第 21 页。

③ Vgl. Hans – Ulrich Maurer, Annahme an KindesStatt: Vorbemerkungen, In: Dieter Schwab Hrsg., Münchener Kommentar zum Bürgerlichen Gesetzbuch, Band 8, Familienrecht II: § § 1589 – 1921, C. H. Beck, 2008, S. 1340 – 1341.

④ 参见朱晓峰:《论德国未成年人收养最大利益原则及界定标准》,载《预防青少年犯罪研究》2014 年第 2 期,第 68 页。

优先确定为代孕子女法律上的父母，还考虑到了如下因素。

第一，避免法律评价中可能出现的逻辑矛盾。在现行法律体系下，通过适用《民法总则》第 8 条、第 143 条规定的公序良俗来判定有偿代孕协议无效，实际上是否定了委托人通过有偿代孕来实现自己的生育权并建立与代孕子女法律关系之意思表示的效力。若现行法在否定了有偿代孕协议的效力之后，又承认委托人与代孕子女之间在法律上的父母子女关系，其实就否定了之前关于代孕协议无效的效力评价，这在法律适用的规范逻辑体系上是自相矛盾的。对此，本案二审法院在判决书中予以了明确承认，其在判决书中写道："承认'分娩者为母'的认定原则，亦与其他两种人工生殖方式中的亲子关系认定标准相同，且符合我国传统的伦理原则及价值观念。另外，'分娩者为母'的认定原则亦与我国目前对代孕行为的禁止立场相一致。"①

第二，代孕协议无效场合夫妻双方的平等保护。在有偿代孕场合，当精子为男方提供且卵子与子宫皆由不同的第三人提供并进行代孕，或精子为第三人提供、卵子由妻子提供且子宫由第三人提供并进行代孕的，当代孕协议因违反法律规定而无效时，若优先保护基因提供者，则当提供了精子或卵子的夫或妻事实上在成为代孕子女生物学上的父母后，自然也就成为其法律上的父母。这也就意味着，因代孕协议无效而被法律否定评价的夫妻双方共同意思表示事实上仅会对代孕中未提供基因的婚姻一方产生实际效力，而对提供了基因的一方并未产生任何影响。这显然违反了民法的平等保护原则。而本案二审法院在判决当中采取双重标准，一方面，依据出生事实遵循"分娩者为母"的原则确定生母；另一方面，依据自然血缘关系确定生父，显然并不适当。

第三，避免形成过于复杂的社会关系，进而影响未成年人最大利益原则的实现。在代孕场合尤其是局部代孕场合，即作为委托人的夫妻其中一方提供了精子或卵子而由第三人提供子宫的场合，如果承认基因提供者作为代孕子女在法律上的父母，那么就会形成一种全新的社会关系。子女法律上的父母是基因的提供者，而基因提供者中有一方并非婚姻中的当事人。基于法律的规定，法律上的父母对未成年子女负有法定抚养义务，而婚姻中非基因提供者一方因与继子女之间存在抚养教育的事实而形成继父母子女关系。这样，就像本案所示情形一样，对代孕子女而言，其就存在

---

① 参见上海市第一中级人民法院（2015）沪一中少民终字第 56 号民事判决书。

着三位法律上的母亲，第一位是子宫提供者，第二位是基于基因即自然血亲关系而形成的母亲，最后一位是基于事实上的抚养教育即拟制血亲关系而形成的母亲。由此形成的过于复杂的社会关系可能导致未成年人社会认同方面的偏差，影响未成年人身心健康的发展，与《未成年人保护法》等制定法所确立的基本价值取向不相符合，与未成年人最大利益原则不相符合。[①]

（四）小结

综上所述，在本案中，作为精子提供者的罗某，并不当然是代孕子女法律上的父亲。双胞胎法律上的母亲原则上应当是作为案外第三人的受托人即子宫提供者。两审法院均以精子提供者罗某为双胞胎生物学上的父亲为纽带，确定二者之间存在法律上的父母子女关系，进而认定在罗某死亡时由双胞胎的继母或生物学上的祖父母为其监护人，显然并不准确。

第四节　代孕子女的监护人

既然代孕子女在法律上的母亲是受托人即子宫提供者，那么，依据《民法总则》第 27 条，该子女的法定监护人原则上只能是受托人。同时，由于代孕本身的特殊性，在确定监护人时存在争议的，需要考虑如下几种情形。

一、委托人与受托人之间存在争议

（一）受托人反悔

若受托人在代孕子女出生后反悔而没有依据代孕协议将之交给委托人，那么委托人也无权主张对代孕子女的监护权。即使委托人依据《收养法》第 2 条规定的未成年人最大利益原则而以委托人在经济能力、教育背景、家庭环境、生活习惯等方面存在着不利于代孕子女成长的因素而主张收养，原则上也不能对抗受托人基于法定监护权而享有的权利。依据《收

---

① 参见《未成年人保护法》第 3 条。

养法》所确定的收养规则，我国现行民事法律体系当中，实际上隐含着承认未成年人之生父母为其最大利益的照看者的基本价值判断，只要生父母愿意照看，那么原则上其享有的监护权就不能被剥夺。[①] 在例外情形下，若未成年人之生父母不具备完全民事行为能力且其可能构成对该未成年人的严重危害，则该未成年人的其他监护人可以将其送养。

若受托人存在《收养法》第 5 条第 3 项规定的特殊困难而无力抚养代孕子女，那么其有权将代孕子女送养。受托人有权依据《收养法》规定而将子女送给符合收养条件的第三人，也有权将之送给符合条件的受托人收养。于此存在的基本判断依据，是《收养法》第 2 条规定的被收养人之最大利益原则等。这也符合比较法上的惯常做法。[②]

（二）委托人反悔

若委托人在代孕子女出生之后反悔而不再主张对孩子的抚养权，于此场合，受托人又不想抚养或无力抚养孩子，对此应如何处理？于此情形下，首先依据子宫提供者优先原则，受托人依然是代孕子女法律上的母亲。同时，由于委托人明知自己的委托行为会导致受托人身体、健康以及人身自由受侵害而依然从事相应行为，符合《侵权责任法》第 6 条结合第 2 条所规定的关于侵权责任成立的一般构成要件。[③] 因此，对于受托人因代孕所遭受的损害，包括因代孕行为本身导致的收入损失等在内的财产损失，包括身体、健康等受损所遭受的精神损害以及孩子出生之后必须支出的包括抚养费在内的相关费用等，受托人可以向存在过错的委托人主张侵权法上的损害赔偿责任。同时，考虑受托人本身对于相关损害的发生亦存在过错，因此，依据《侵权责任法》第 26 条规定，可以适当减轻委托人的责任。

若受托人无力抚养子女，依据《收养法》第 5 条第 3 项规定，其有权将孩子送养，具体情形如前所述。

二、委托人与第三人之间存在争议

若受托人依据协议将代孕子女交给委托人而与之没有争议，但委托人

---

① 参见《收养法》第 2 条、第 5 条、第 10 条、第 11 条、第 12 条。
② 参见朱晓峰：《论德国收养法上的最佳利益标准与同性伴侣的共同收养》，载《民商法论丛》第 53 卷，法律出版社 2013 年版，第 363 页。
③ 参见程啸：《侵权责任法》，法律出版社 2015 年版，第 208 页。

与协议外的第三人就子女的抚养问题发生争议，那么，在确定监护权时应考虑以下几个方面。

（一）可以查找到受托人

由于受托人即子宫提供者是代孕子女法律上的母亲，所以在符合法律规定的前提下其有权自由选择收养人。这意味着，若委托人亦符合《收养法》规定，则受托人与委托人可以通过法定收养程序，使委托人与代孕子女之间建立以拟制血亲为基础的父母子女关系，委托人据此即可取得对代孕子女的监护权。这种做法在比较法上也有例可循。例如，在德国的法律实践中，依据《德国民法典》第 1741 条第 2 款，在委托代孕场合，委托人因受托人同意进行收养的，也为法律所允许。[①] 而在第三人请求收养的场合，若未成年人已经被委托人事实性地照顾着，并且这种照顾也符合法律的一般性规定，如果在这种情形下未成年人以后健康成长的危险并不能被具体地证实，则对请求收养该未成年人的第三人而言，生母的同意就是不可或缺的。[②]

（二）受托人下落不明

依据《收养法》第 4 条，查找不到生父母的儿童可以被收养。因此，若受托人事实上已无法查找到，那么就可以依《收养法》中的具体收养规则来确定代孕子女法律上的父母。依据《收养法》第 2 条、第 3 条，收养应遵循的主要原则包括被收养人最大利益原则；保障被收养人和收养人的合法权益原则；平等自愿原则；不得违背计划生育的法律、法规以及社会公德。2017 年制定的《民法总则》等 35 条明确规定了被监护人最大利益原则，并将该原则作为处理包括未成年人在内的被监护人法律纠纷的核心原则，[③] 另外我国当前的司法实践实际也已经将之奉为第一原则。[④] 这也就意味着，

① Vgl. Rainer Frank, J. von Staudingers Kommentarzum Bürgerliches Gesetzbuchmit Einführungsgesetz und Nebengesetzen, Buch 4. Familienrecht § § 1741 - 1772, Sellier de Gruyter, 2001, S. 63.

② Vgl. Hans - Ulrich Maurer, Annahme an KindesStatt: Vorbemerkungen, In: Dieter Schwab Hrsg., Münchener Kommentar zum Bürgerlichen Gesetzbuch, Band 8, Familienrecht II: § § 1589 - 1921, C. H. Beck, 2008, S. 1303.

③ 参见陈苇、谢京杰：《论儿童最大利益优先原则在我国的确立：兼论〈婚姻法〉等相关法律的不足及其完善》，载《法商研究》2005 年第 5 期，第 37 页；冯源：《论儿童最大利益原则的尺度：新时代背景下亲权的回归》，载《河北法学》2014 年第 6 期，第 157 页。

④ 相关判决参见河北省高级人民法院（2013）冀民申字第 1219 号民事裁定书；浙江省杭州市中级人民法院（2014）浙杭民终字第 39 号民事判决书；广东省佛山市中级人民法院（2014）佛中法民一终字第 3012 号民事判决书；重庆市第五中级人民法院（2014）渝五中法少民终字第 05039 号民事判决书。

当其他原则与该原则发生冲突时，法律实践会优先保护未成年人最大利益原则的实现。本案审理依然应遵循这一实践作法，即当最大利益原则与社会公共利益原则相冲突时，仍应选择优先保护前者。具体而言：

一方面，本案中代孕子女事实上自其出生之时已经由委托人抚养教育了近六年之久，其间并无证据显示委托人存在着不利于被抚养人的不利情形，若无正当理由再给被抚养人重新确定监护人，则被抚养人势必需要重新适应新的生活环境，建立新的社会关系等，明显与被收养人的最大利益原则不相符合。依据未成年人最大利益原则，稳定的人际关系是未成年人健康成长所必需的，其中尤其重要的是未成年人与父母之间这种人际关系的连续性。①

另一方面，委托人与受托人之间订立的有偿代孕协议因违反社会公共利益原则而无效，若在此之后又承认委托人对代孕子女的监护权，则会抵消法律在消极评价有偿代孕时为保护相关社会公共利益原则所产生的效力，亦即由委托人收养可能存在违反社会公共利益原则之虞。

之所以选择优先保护被收养人之最大利益原则，德国相应法律实践给出的理由是：当有偿代孕场合的未成年人一经出生，确定未成年人收养的一般性的预防式的衡量标准，即不再适当，对于该类型中未成年人的收养而言，唯一具有决定意义的是，具体被收养的未成年人的最大利益的实现。② 该正当性理由亦适应于本案的论证。对此，本案二审法院审理法官亦明确承认并指出："无论对非法代孕行为如何否定与谴责，代孕所生子女当属无辜，其合法权益理应得到法律充分保护。……根据儿童最大利益原则，从双方监护能力、孩子对生活环境及情感的需求、家庭结构完整性对孩子的影响等各方面考虑，监护权归实际抚养人陈某更有利于孩子的健康成长。"③

三、小结

综上所述，在本案中，当代孕子女的法律上的母亲即子宫提供者下落

---

① Vgl. Boos – Hersberger, Die Stellung des Stiefelterntiels im Kindsrecht bei Aufloesung der Stieffamilie im amerikanischen und im schweizerischen Recht, Helbing Lichtenhahn, 2000, S. 14.

② Vgl. Hans – Ulrich Maurer, Annahme an KindesStatt: Vorbemerkungen, In: Dieter Schwab Hrsg., Münchener Kommentar zum Bürgerlichen Gesetzbuch, Band 8, Familienrecht Ⅱ: §§ 1589 – 1921, C. H. Beck, 2008, S. 1340 f.

③ 参见宋宁华、敖颖婕：《全国首例非法代孕监护权纠纷案终审，孩子判归抚养母亲》，载《新民晚报》2016 年 6 月 19 日，第 A07 版。

不明时，应以《收养法》第 2 条所确立的被收养人最大利益原则为核心，依据《收养法》第 4 条、第 5 条、第 6 条等，依法在委托人与代孕子女之间建立以收养为基础的拟制血亲关系，明确陈某为代孕子女法律上的母亲，由其行使监护职责。

第五节　结　论

在现行法未对代孕问题提供明确解决方案的背景下，法律实践应以理性的态度在既存法律体系中通过规范解释论的方案为相关法律纠纷的适当解决提供规范依据。从本案的判决结果来看，法院在法律适用时所普遍存在的问题是，其当然地认为基因的提供者是代孕子女法律上的父母，并没有充分顾及现行法体系下将基因提供者确定为法律上的父母在正当性与合法性论证方面存在的重大缺陷，由此导致相应判决在法律适用方面存在明显错误。相比较而言，依据民事行为的生效要件将代孕协议区分为有效、无效两种类型，在有效的情形下依据协议约定确定当事人之间的法律关系，在无效的情形下将子宫提供者确定为代孕子女法律上的母亲，并在其下落不明时依据未成年人最大利益原则为其确定法律上的父母以行使监护权，可能在合法性基础与正当性基础的论证方面更为充分。

附录案例：陈某诉罗某甲等监护权纠纷案 *

裁判要旨

在现有法律条件下，代孕所生子女应根据"分娩者为母"原则认定代孕者为法律上的生母，有血缘关系的委托父亲实际认领的，应认定为法律上的生父，所生子女为非婚生子女。根据婚姻法关于"有抚养关系的继父母子女关系"这一条款之立法目的及立法意图，其子女范围可扩大解释为包括夫妻一方婚前婚后的非婚生子女，以同时具备以父母子女相待的主观意愿和抚养教育的事实行为为形成要件，故与子女生父有合法婚姻关系的养育母亲，可基于其抚养了丈夫之非婚生子女的事实行为及以父母子女相待的主观意愿而与代孕所生子女形成有抚养关系的继父母子女关系。

基本案情

上诉人（原审被告）：陈某，某年某月某日出生，汉族。

委托代理人：方某，上海瀛某律师事务所律师。

委托代理人：谭某，上海市华某律师事务所律师。

被上诉人（原审原告）罗某甲，某年某月某日出生，汉族。

被上诉人（原审原告）谢某某，某年某月某日出生，汉族。

上述两名被上诉人的共同委托代理人：乐某，上海合某律师事务所律师。

上述两名被上诉人的共同委托代理人：李某祺，上海合某律师事务所律师。

上诉人陈某因监护权纠纷一案，不服上海市闵行区人民法院（2015）闵少民初字第 2 号民事判决，向本院提起上诉。本院于 2015 年 9 月 17 日受理后，依法组成合议庭，于 2015 年 11 月 16 日公开开庭进行了审理，上诉人陈某及其委托代理人方某、谭某，被上诉人罗某甲、谢某某及其共

---

* 上海市第一中级人民法院（2015）沪一中少民终字第 56 号民事判决书。案例来源：北大法宝，【法宝引证码】CLI. C. 9581972，网址链接：

https://www. pkulaw. com/pfnl/a25051f3312b07f34bf4de915a14868c4f5d5ac46d49e2e4bdfb. html? keyword = % EF% BC% 882015% EF% BC% 89% E6% B2% AA% E4% B8% 80% E4% B8% AD% E5% B0% 91% E6% B0% 91% E7% BB% 88% E5% AD% 97% E7% AC% AC56% E5% 8F% B7#anchor-docu-mentno，最后访问日期：2019 年 3 月 19。

同委托代理人乐某、李某祺到庭参加了诉讼。经本院院长批准，本案审理期限延长至 2016 年 6 月 17 日。现已审理终结。

原审法院查明，罗某甲、谢某某系夫妻，婚生二女一子，长女罗 A、次女罗丙、儿子罗乙。罗乙与陈某于 2007 年 4 月 28 日登记结婚，双方均系再婚，再婚前，罗乙已育有一子一女，陈某未曾生育。婚后，罗乙与陈某通过购买他人卵子，并由罗乙提供精子，通过体外授精联合胚胎移植技术，出资委托其他女性代孕，于某某年某某月某某日生育一对异卵双胞胎即罗某丁（男）、罗某戊（女），两名孩子出生后随罗乙、陈某共同生活。2014 年 2 月 7 日，罗乙因病经抢救无效死亡，嗣后，陈某携罗某丁、罗某戊共同生活至今。2014 年 12 月 29 日，罗某甲、谢某某提起本案监护权之诉。原审另查明，2014 年 3 月 31 日及同年 6 月 10 日，罗某甲、谢某某及陈某先后向原审法院提起法定继承诉讼，后均因故撤回起诉。在法定继承案件中，双方主张继承罗乙的遗产范围包括：上海某某有限公司 80% 的股权份额、上海市闵行区某某路某某弄某某号某某室产权房、上海市闵行区某某街某弄某某支弄某号某某室产权房等财产。在上述案件审理过程中，法院曾委托司法鉴定科学技术研究所司法鉴定中心对罗某甲、谢某某与罗某丁、罗某戊之间是否存在祖孙亲缘关系进行鉴定，鉴定意见为：依据现有资料和 DNA 分析结果，不排除罗某甲、谢某某与罗某丁、罗某戊之间存在祖孙亲缘关系。双方当事人对该鉴定意见均无异议。本案审理过程中，原审法院于 2015 年 3 月 30 日委托司法鉴定科学技术研究所司法鉴定中心对陈某与罗某丁、罗某戊之间有无亲生血缘关系进行鉴定，上述鉴定机构于 2015 年 4 月 9 日出具的鉴定意见为：依据现有资料和 DNA 分析结果，排除陈某为罗某丁、罗某戊的生物学母亲。陈某为此垫付司法鉴定费人民币（以下币种均为人民币）5000 元。双方当事人对于该鉴定意见均无异议。原审过程中，双方当事人均明确表示，不知卵子提供者及代孕者的任何身份信息。罗某甲、谢某某诉称，其子罗乙与陈某均系再婚，婚后未生育。陈某以其患有不孕不育疾病为由，建议罗乙通过体外授精及代孕方式生育子女。在取得罗乙同意后，陈某全权安排代孕事宜，采用非法购买卵子、进行体外授精形成受精卵后再非法代孕的方式生育了异卵双胞胎罗某丁、罗某戊，卵子提供方与代孕方非同一人。两名孩子于某某年某某月某某日出生后与罗乙、陈某共同生活，陈某办理了孩子的出生医学证明，登记生父为罗乙、生母为陈某，并据此申报户籍。罗某甲、谢某某认为，罗乙为罗某丁、罗某戊的生物学父亲，陈某并非生物学母亲；以非法代孕方式生育子女违反国家现行法律法规，陈某与罗某丁、罗某戊之间未形成法律规定的拟制血亲关系；罗某甲、谢某某系罗乙之父母，即罗某丁、罗某戊之祖父母，在罗乙去世而孩子生母不明的情况下，应由其作为法定监护人并抚养两名孩子。故诉请判决：1. 罗某甲、谢某某为罗某丁、罗某戊的监护人；2. 陈某将罗某丁、罗某戊交由罗某甲、谢某某抚养。陈某辩称，不同意罗某甲、谢某某之诉请。其与罗乙登记结婚后，因患有不孕不育疾病，故向罗乙表示希望抚养与罗乙有血缘关系的子女。嗣后，其夫妻就购买卵子及委托代孕事宜协商一致，由罗乙一手操办并支付了包括购买卵子、体外授精及胚胎移植、代孕分娩的全部费用。两名孩子出生后即随罗乙、陈某共同生活，2014 年 2 月 7 日罗乙因病去世后，孩子随陈某共同生活至今。陈某认为，采用代孕方式生育子女系经夫妻双方同意，孩子出生后亦由其夫妻实际抚养，故应推定为罗乙与陈某的婚生子女，陈某为孩子的法定监护人；如无法认定罗某丁、罗某戊为罗乙与陈某的婚生子女，则基于两名孩子自出生之日起由其夫妻共同抚养的事实，应认定陈某与之形成了事实收养关系；如无法作出上述认定，则应在卵子提供人或代孕人两者中确定孩子的生母，即法定监护人，在不能确定生母是否死亡或丧失监护能力的情况下，应驳回罗某甲、谢某某要求作为监护人的诉讼请求。

原审法院经审理认为，本案的争议焦点是：陈某是否与罗某丁、罗某戊形成父母子女关系，对罗某丁、罗某戊是否享有法定监护权？一、陈某与罗某丁、罗某戊是否存在自然血亲关系？根据两份司法鉴定意见书，排除陈某为罗某丁、罗某戊的生物学母亲，故陈某与罗某丁、罗某戊不存在自然血亲关系。二、罗某丁、罗某戊是否可视为陈某与罗乙的婚生子女？最高人民法院 1991 年 7 月 8 日的《关于夫妻关系存续期间以人工授精所生子女的法律地位的函》（以下简称"最高法院 1991 年函"）明确规定："在夫妻关系存续期间，双方一致同意进行人工授精，所生子女应视为夫妻双方的婚生子女，父母子女之间的权利义务关系适用婚姻法的有关规定"。该函所指向的受孕方式为合法的人工授精，孕母为婚姻关系存续期间的妻子本人。原国家卫生部于 2001 年 8 月 1 日施行的《人类辅助生殖技术管理办法》对人类辅助生殖技术的实施做了严格规定，该项技术只能在卫生行政部门批准的医疗机构实施，只能以医疗为目的，并符合国家计划生育政策、伦理原则和有关法律规定。该办法在第三条明确规定：严禁以任何形式买卖配子、合子和胚胎；医疗机构和医务人员不得实施任何形式的代孕技术等。本案中，罗乙与陈某在婚姻关系存续期间通过买卖卵子、委托第三方代孕的方式孕生罗某丁、罗某戊，不符合上述司法解释的情形，故不适用上述相关规定。陈某既非卵子提供者而形成生物学上的母亲，又非分娩之孕母，现其请求认定以买卖卵子、代孕方式生育的孩子为其婚生子女之主张，法院不予采纳。三、陈某与罗某丁、罗某戊是否存在拟制血亲关系？在我国，父母子女之间即使没有血缘关系，或没有直接的血缘关系，法律仍然确定了地位与血亲相同的亲子关系，由于此种血亲非自然形成，系依法律设定，故又称"准血亲"或"法定血亲"。婚姻法确认的拟制血亲有两类：一是养父母与养子女以及养子女与养父母的其他近亲属；二是在事实上形成抚养关系的继父母与继子女、继兄弟姐妹。根据法律规定，养父母子女关系的形成应当符合法律规定的条件，并办理收养登记手续。本案中，陈某与罗某丁、罗某戊之间因欠缺法定的必备要件而不能成立合法的收养关系。拟制血亲关系必须依据法律规定加以认定，对于代孕过程中产生的"基因母亲""孕生母亲""养育母亲"各异的情况，"养育母亲"是否构成拟制血亲，法律并无规定，亦不符合现行法律规定的拟制血亲条件。代孕行为本身不具合法性，难以认定因此种行为获得对孩子的抚养机会后，双方可以形成拟制血亲关系，故认定陈某与罗某丁、罗某戊不存在拟制血亲关系。综上所述，原审法院认定，陈某与罗某丁、罗某戊既不存在自然血亲关系，亦不存在拟制血亲关系，陈某辩称其为罗某丁、罗某戊的法定监护人之理由，不予采信。在罗某丁、罗某戊的生父罗乙死亡、生母不明的情况下，为充分保护未成年人的合法权益，现罗某甲、谢某某作为祖父母要求抚养罗某丁、罗某戊，并作为其法定监护人之诉请，合法有据，予以支持。

原审法院审理后，依照《中华人民共和国民法通则》（以下简称《民法通则》）第十六条之规定，于二〇一五年七月二十九日作出判决：一、罗某丁、罗某戊由罗某甲、谢某某监护；二、陈某于判决生效之日将罗某丁、罗某戊交由罗某甲、谢某某抚养。案件受理费80元，由陈某负担，司法鉴定费5000元，由陈某负担。

原审判决后，上诉人陈某不服，向本院提起上诉称：

一、原审判决在认定事实及适用法律上存在严重错误。

1. 原审判决认定上诉人与两名孩子之间不存在亲子关系，系超越当事人的诉请范围作出裁判。根据被上诉人的诉请，本案的审理范围和争议焦点应为被上诉人对孩子是否享有监护权，而原审判决却将争议焦点确定

为上诉人与孩子是否具有亲子关系，并作出了否定亲子关系的认定，此超越了本案的诉请范围。而最高人民法院颁布的《〈中华人民共和国婚姻法〉司法解释三》（以下简称《〈婚姻法〉司法解释三》）第二条对否定亲子关系之诉的诉讼主体有严格限制，仅限于夫或妻一方，孩子父母以外的第三人无权提起。上诉人丈夫罗乙生前已确认上诉人与孩子的亲子关系，在罗乙去世后，被上诉人不具有提起亲子关系否认之诉的主体资格。

2. 原审判决未查明被上诉人是否具有监护能力等事实，属认定事实错误。原审中被上诉人多次提及其年事已高，行动不便，并表示将委托其在美国的女儿抚养两名孩子，而原审判决中对被上诉人的监护能力均未提及，完全置未成年人的利益于不顾，将孩子判给无法确定监护能力的被上诉人，欠负责任。

3.《民法通则》第十六条不能成为被上诉人取得监护权的法律依据。根据该条款规定，未成年人的祖父母、外祖父母只有在未成年人的父母已经死亡或者没有监护能力而其本身又具备监护能力的情形下才可以担任监护人。本案中两名孩子的父亲死亡，生母虽不明，但不等于死亡或丧失监护能力，而被上诉人的自述及其证据显示其不具备监护能力，故不能依据上述规定取得监护权。

4. 原审判决将婚生子女定义为亲生子女缺乏法律依据。原审判决认为，由于代孕行为违法，孩子与上诉人又无血缘关系，故并非婚生子女，也未形成拟制血亲关系。如按此逻辑，上诉人丈夫全程参与委托代孕事宜且支付巨款，其行为同样违法，不能因其提供了精子而当然获得父亲身份，进而被上诉人亦不能成为孩子的祖父母，更不能取得监护权。

5.《人类辅助生殖技术管理办法》不能成为否认亲子关系以及剥夺上诉人监护权的法律依据。该管理办法系原卫生部颁布，属于部门规章，其颁布目的是为了规范医疗机构以及医务人员的行为，而根据《中华人民共和国立法法》的规定，民事基本制度只能由法律规定，亲子关系确定是婚姻家庭法的重要组成部分，理应由法律规定。目前，有关代孕所生子女的法律地位问题在立法上仍属空白，无论上述管理办法的规定如何，都无法作为否认上诉人与孩子的亲子关系和剥夺上诉人监护权的法律依据。

二、原审判决忽略了应该考虑的其他合理因素。在法律出现空白，情与法有一定冲突的情形下，选择何种价值取向作出裁判，需要法院正确行使自由裁量权。上诉人认为，本案判决应当考虑如下几方面因素。

1. 代孕行为的违法性并不导致孩子丧失应有的法律权利，也不导致

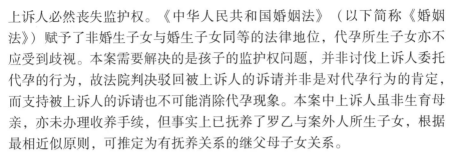

上诉人必然丧失监护权。《中华人民共和国婚姻法》（以下简称《婚姻法》）赋予了非婚生子女与婚生子女同等的法律地位，代孕所生子女亦不应受到歧视。本案需要解决的是孩子的监护权问题，并非讨伐上诉人委托代孕的行为，故法院判决驳回被上诉人的诉请并非是对代孕行为的肯定，而支持被上诉人的诉请也不可能消除代孕现象。本案中上诉人虽非生育母亲，亦未办理收养手续，但事实上已抚养了罗乙与案外人所生子女，根据最相近似原则，可推定为有抚养关系的继父母子女关系。

2. 法院判决应当秉承未成年人利益最大化原则。首先，从双方的监护能力来看，被上诉人已是耄耋老人，监护能力有限，甚至自己亦行动不便，难以照顾两名四岁儿童；相反，上诉人年轻有正当工作，收入亦足以保障孩子的生活，监护能力明显优于被上诉人。其次，从孩子已形成的生活环境来看，孩子自出生起就由上诉人及其父母抚养照顾，被上诉人从未抚养过，其现强行要求两名孩子离开已经熟悉的生活环境，明显不利于孩子成长。被上诉人亦一再表示能力不够，希望交由孩子的姑母抚养，而孩子姑母远在美国，故监护权判归被上诉人无疑是一纸空文。再次，从与孩子建立的感情来看，上诉人虽与孩子无血缘关系但已抚养照顾孩子四年多，而被上诉人未曾抚养过孩子，亦未建立起深厚的祖孙感情，血缘关系并不当然成为监护孩子的有利条件。最后，从教育孩子的角度来看，年幼的孩子更需要父母的照顾与教育，法律对于祖父母和外祖父母取得抚养权和监护权的情形予以严格限制就是考虑到隔代教育的弊端。原审法院未考虑上述因素，草率作出监护权归被上诉人的判决，背离了未成年人利益最大化原则。

3. 法院判决应当发挥监护权制度的法律作用，保护未成年人的利益不受侵犯。本案缘于双方的遗产纠纷，法庭应充分注意及考虑到，孩子并非也不应成为争夺财产的砝码。若按原审判决，监护权归被上诉人，则在孩子生母不明的情形下，如被上诉人侵犯孩子权益，将无人监督被上诉人监护权的行使情况；若孩子继续由上诉人抚养及监护，如上诉人侵犯孩子利益，则被上诉人作为祖父母仍可通过法律途径寻求保护。

4. 法院判决应当正确适用司法解释的规定。最高法院1991年函规定，如人工授精获得夫妻一致同意，所生子女应视为双方的婚生子女。推及本案，买卖卵子及代孕行为虽被禁止，但因此所生子女的法律地位并无法律规定，原审判决据该函认定两名孩子并非婚生子女，系适用法律错误。相反，根据该函的精神，血缘关系并非判断亲子关系的唯一标准，故不能排除非卵子方或非孕育方的妻子能够成为孩子母亲、从而认定孩子系婚生子女的可能性。

综上所述，上诉人认为，原审判决在事实认定和法律适用方面存在严重错误，故提起上诉，请求撤销原审判决，依法改判驳回被上诉人罗某甲、谢某某的原审诉请。

被上诉人罗某甲、谢某某辩称：

一、上诉人的上诉请求与其理由不符，如果认为原判违反法定程序，则应请求裁定撤销原判、发回重审，而非请求二审直接改判。

二、原审判决认定事实基本清楚，不存在应予撤销之情形。就监护权的确定而言，首先应追溯至其源头，查明孩子是如何孕育的，而上述情况原审中已经查明，且亦未抹杀孩子出生后随上诉人共同生活的事实。关于原审判决是否超越诉请范围的问题。被上诉人是否享有监护权与上诉人是否有权监护孩子，是一个问题的两个方面，理当同时裁断。如果讨论监护权的归属却不认定各方的身份关系，法院判决则缺乏事实基础。而要判定是否可以取得监护权，首先，应判定有无权利主体资格，其次，方可在有资格的人中考虑谁更有监护能力，故原审判决并未超越诉请范围。

三、原审判决适用法律正确。《民法通则》是处理监护权、抚养纠纷案件的基本法律，被上诉人作为孩子的祖父母有权主张监护权，原审判决据此支持被上诉人的诉请，当属正确。上诉人主张监护权的身份基础为其系孩子母亲，但上诉人既非基因母亲，亦非代孕母亲，且不符合任何一种拟制血亲关系之法定情形。上诉人援引的最高法院1991年函所针对的情形与本案并不相同，不能适用于本案。据此，两名孩子并非该函中所指的人工授精所生子女，不能认定为罗乙与上诉人的婚生子女，仅能视为罗乙的非婚生子女，作为生父的罗乙享有抚养权，而上诉人则无母亲身份。

四、上诉人认为原审判决一味批判代孕违法，此是对原判的过度解读。原审判决用语客观公正，未见任何过分强调代孕违法之内容。至于未成年人利益最大化原则，则是以严格执行现行法律法规为前提的，《民法通则》第十六条对于监护权的顺位规定正体现了未成年人利益最大化原则，即来自于血亲的监护和抚养更有利于未成年人，而监护能力、生活环境、感情建立、隔代教育的利弊只能在有监护资格的同顺位人员之间才有比较的余地，原审判决正是通过严格适用上述规定而使未成年人利益最大化原则得以体现。

综上所述，被上诉人认为，原审判决认定事实清楚，适用法律正确，故请求驳回上诉，维持原判。

本院经审理查明，原审认定的事实无误，本院依法予以确认。本院另查明，根据陈某提供的病历，其患有不孕不育症。在罗某丁、罗某戊出生后，罗乙与陈某将两名孩子接回家中抚养，并为孩子申办了户籍登记，孩子的出生医学证明上所记载的父母为罗乙、陈某。陈某系上海杨浦区某某幼儿园在职教师，其一审中提交的单位收入证明记载年收入20万元，二审庭审中其陈述每月实际净收入不低于1万元。罗某甲、谢某某均已退休，根据一审中提供的证据，两人每月退休金各自为3400元左右。另罗某甲、谢某某名下还有两套房屋，并称每年房租收入56400元。罗某甲、谢某某一审中还表示，可以委托在美国的女儿帮其抚养照顾两名孩子，并提交了女儿罗丙夫妇出具的同意代为抚养孩子的承诺书。一审庭审中陈某表示，其未曾阻止罗某甲、谢某某探望孩子，如果获得孩子的监护权，其将以自己的能力抚养，并同意法院将两名孩子继承所得的财产冻结，等孩子年满十八周岁之后交付给孩子。二审中陈某仍表示，如其取得两名孩子的监护权，其同意罗某甲、谢某某探望孩子。

关于本案之监护权纠纷，本院裁判意见如下：本案程序方面的争议为原审判决是否超越诉请范围以及罗某甲、谢某某是否具有提起亲子关系否认之诉的主体资格。对此，本院认为，本案中作为祖父母的罗某甲、谢某某主张监护权的前提条件是两名孩子的父母已经死亡或者没有监护能力。由于罗某丁、罗某戊的生父罗乙已经死亡，生母情况不明，均无可能对其进行监护，而两名孩子出生后一直由罗乙、陈某夫妇作为父母共同抚养，罗乙去世后陈某仍以母亲身份抚养照顾，故对陈某之法律上身份地位的认定便成为判定监护权归属的前提。因此，本案并非属于《民法通则》第十六条第二款规定的未成年人父母死亡或丧失监护能力之后的指定监护纠纷，而是包括亲子关系确认（否认）之诉在内的监护权纠纷，原审判决先对当事人的身份关系作出认定，并在此基础上判定监护权归属，不属于超越诉请范围。

关于罗某甲、谢某某的诉讼主体资格，本院认为，作为祖父母，其取得监护权的前提条件必须是首先否定陈某与两名孩子之间存在法律上的父母子女关系，包括自然血亲关系和拟制血亲关系，故法律上父母子女关系的确认与否与其具有直接利害关系，其符合《中华人民共和国民事诉讼法》第一百一十九条规定的起诉主体资格。另本案中罗某甲、谢某某对陈某之法律上母亲身份的否认并非单纯的婚生否认之诉，而是亲子关系确认中的消极否认之诉，根据《〈婚姻法〉司法解释三》第二条第二款之规定，亲子关系确认之诉的诉讼主体不限于夫或妻，罗某甲、谢某某作为主张监护权的祖父母亦具有诉讼主体资格。

关于案由问题，原审法院将本案确定为监护权、抚养关系纠纷，本院认为，因罗某甲、谢某某主张的是监护权，至于要求将两名孩子交付其抚养，则是附随于监护权主张中的具体请求，不构成独立的抚养关系纠纷之诉，故案由应确定为监护权纠纷。本案实体方面的争议为代孕所生子女的法律地位及其监护权之确定。对此问题，目前我国法律没有明确规定，尽管如此，法院基于不得拒绝裁判之原则，对于当事人提起的相关诉讼并不因此而可回避，仍得依据民法等法律的基本原则及其内在精神，结合社会道德和伦理作出裁判。

据此，本院就本案中涉及的代孕所生子女的法律地位、陈某与罗某丁及罗某戊是否成立拟制血亲关系、罗某丁及罗某戊的监护权归属问题逐一评述如下。

一、关于代孕所生子女的法律地位之认定。对于代孕问题，世界各国的立法各有不同，即使在允许代孕的国家，其开放程度亦有不同，我国目前尚属禁止，体现于原卫生部的《人类辅助生殖技术管理办法》，其中第三条明确规定，"禁止以任何形式买卖配子、合子和胚胎；医疗机构和医务人员不得实施任何形式的代孕技术"。此虽为部门规章，不能作为确认代孕子女法律地位及监护权的法律依据，但国家对于代孕之禁止立场已为明确。私权领域虽有"法无禁止即可为"之原则，却并不代表私权主体的任何权利义务都可通过民事协议来处分，代孕行为涉及婚姻家庭关系、伦理道德等人类社会之基本问题，不同于一般民事行为，故不适用契约自由原则。尽管代孕行为在我国尚不合法，但由于潜在的社会需求，且人工生殖技术已发展至可实现代孕的程度，代孕情况在现实中依然存在。法律可以对违法行为本身进行制裁，但因此出生的孩子并不经由制裁而消失，无论代孕这一社会现象合法与否，都必然涉及因代孕而出生之子女的法律地位认定，而对其法律地位作出认定，进而解决代孕子女的监护、抚养、财产继承等问题，是保护代孕所生子女合法权益之必须。关于代孕子女法律地位的认定，首先涉及亲子关系的认定原则。我国《婚姻法》对于亲子关系的认定未作出具体规定，司法实践中，对于生母的认定，根据出生事实遵循"分娩者为母"原则；对于生父的认定，则根据血缘关系而作确定。随着人工生殖技术的发展，人类得以利用人工方法达到使人怀孕生育之目的。现有的人工生殖技术包括人工体内授精、人工体外授精—胚胎移植（俗称试管婴儿）、代孕三种，其中前两种已为大多数国家包括我国所认可。针对人工授精的情形，最高法院1991年函中明确规定，"夫妻双方一致同意进行人工授精的，所生子女视为夫妻双方的婚生子女。"人工体外授精—胚胎移植的情形与此类似，应亦可适用上述之规定。由此可见，经夫妻双方一致同意以合法的人工生殖方式所生育的子女，其亲子关系的认定，生母根据"分娩者为母"原则，生父则以婚生推定方式确定。上述两种人工生殖方式，生育过程中怀孕分娩的主体均是不孕夫妻中的妻子一方，而代孕与之不同的是，怀孕分娩这一环节从不孕夫妻中的妻子一方转移给了其他女性，从而背离了"分娩者为母"的原则及由此建立的法律制度，故不为我国法律所认可。陈某上诉认为，根据最高法院1991年函之精神，血缘关系并非判断亲子关系的唯一标准，故本案可类推适用该函。对此，本院认为，该函所针对的是以合法的人工生殖方式所生育子女的法律地位之认定，而代孕行为本身不具有合法性，故不符合类推适用之情形。代孕所生子女的亲子关系认定具有一定的复杂性，关系到代孕目的的实现、各方当事人的利益、代孕所生子女的权益保护等，更需考虑到公众基于传统的伦理观念、文化背景等的接受程度。目前，我国法律对此缺乏相关规定，理论上主要有血缘说、分娩说、契约说（或称人工生殖目的说）、子女利益最佳说之四种学说。本院认为，"契约说"体现的是私法自治的法律精神，但在身份法中私法自治有严格的限制，即便在代孕合法化的国家，亦须专门立法予以规制。"子女利益最佳说"以子女最佳利益作为认定亲子关系的依据，此与我国传统的伦理原则及价值观念不相符合，缺乏社会文化基础。"血缘说"虽然有着天然的生物学基础，但在民众朴素的伦理观念中，香火延续、传宗接代主要是指父系而言，母子关系的确立更多在于十月怀胎的孕育过程和分娩艰辛所带来的情感联系，在于母亲对孩子在精力、心血、感情上的巨大投入和无形付出，单纯以生物学上的基因来认定母子关系，将缺乏社会学和心理学层面的支撑。何况，最高法院1991年函已经突破了纯粹的血缘主义，而在我国尽管合法的卵子捐献渠道极为有限，但亦不能否认存在合法捐卵的情形，故"血缘说"亦不可取。"分娩说"符合传统民法中"分娩者为母"的认定原则，亦与其他两种人工生殖方式中的亲子关系认定标准相同，且符合我国传统的伦理原则及价值观念。另外，"分娩者为母"的认定原则亦与我国目前对代孕行为的禁止立场相一致。综上所述，本院认为，本案中作为代孕所生子女

的罗某丁、罗某戊，其法律上的亲生母亲应根据"分娩者为母"原则认定
为代孕者；关于生父的认定，罗乙与两名孩子之间具有血缘关系，故法律
上的亲生父亲应为罗乙。由于罗乙与代孕者之间不具有合法的婚姻关系，
故所生子女当属非婚生子女。原审判决否定了陈某提出的两名孩子系其夫
妻之婚生子女的主张，本院予以认同。罗某丁、罗某戊的出生证明及户籍
登记已记载罗乙、陈某为父母，且亦被罗乙、陈某实际抚养，表明罗乙作
为生父已作出实际的自愿认领行为。罗某甲、谢某某系罗乙的父母，故为
罗某丁、罗某戊的祖父母。

二、陈某与罗某丁、罗某戊是否成立拟制血亲关系。我国法律规定的
父母子女关系包括自然血亲关系和拟制血亲关系，后者是指本无血缘关系
或无直接血缘关系，但从法律上确认其与自然血亲具有同等权利义务的父
母子女关系，包括养父母子女关系和有抚养关系的继父母子女关系。陈某
提出，其作为罗乙的妻子，基于和罗乙共同抚养教育两名孩子的事实，应
认定形成事实收养关系或有抚养关系的继父母子女关系，对此，本院评判
如下：

（一）是否形成事实收养关系。首先，我国《收养法》对收养应履行
的法定手续作出了明确规定，即收养必须向民政部门登记方始成立，而
《司法部关于办理收养法实施前建立的事实收养关系公证的通知》，系针对
《收养法》实施之前已建立事实收养的情形，本案中陈某与代孕所生的两
名孩子之间显然欠缺收养成立的法定条件。其次，如按事实收养关系认
定，实际上是认可了代孕所生子女的亲权由代孕母亲转移至抚养母亲，这
将产生对代孕行为予以默认的不良效果，此种消极认可态度与我国目前对
代孕行为的积极禁止立场不相符合。再次，如果按事实收养关系认定，对
我国现行的计划生育政策亦可能造成一定冲击。综合上述因素，本院认同
原审判决关于陈某与罗某丁、罗某戊之间不成立事实收养关系的认定
意见。

（二）是否形成有抚养关系的继父母子女关系。继父母子女关系，通
常理解是指生父或生母一方死亡，另一方带子女再婚，或生父母离婚，抚
养子女的一方再婚，由此形成的前婚子女与再婚配偶之间的关系。这一概
念的形成基础为传统的社会结构。然而，随着人们传统的家庭伦理观念不
断受到科技发展的影响及新的价值理念的冲击，稳固的婚姻家庭模式发生
动摇，试婚、非婚同居、婚外情等现象日益增多，非婚生子女的数量不断
增加，已经成为现实生活中不容回避的社会问题，其权益理应纳入法律保

护范围。《婚姻法》第二十五条规定，"非婚生子女享有与婚生子女同等的权利，任何人不得加以危害和歧视。"此为非婚生子女的权益保护提供了法律依据。关于拟制血亲的继父母子女关系，其子女范围理应包括婚生子女与非婚生子女。《婚姻法》第二十七条第二款规定，"继父或继母和受其抚养教育的继子女间的权利和义务，适用本法对父母子女关系的有关规定。"由此可见，《婚姻法》在区分直系姻亲和拟制血亲的继父母子女关系时，系以是否存在抚养教育之事实作为衡量标准。根据上述规定，有抚养关系的继父母子女关系的成立应具备两个条件：一是主观意愿，即非生父母一方具有将配偶一方的未成年子女视为自己子女的主观意愿，双方以父母子女身份相待；二是事实行为，即非生父母一方对配偶一方的未成年子女有抚养教育之事实行为。上述两个条件同时具备，方可成立有抚养关系的继父母子女关系。据此，缔结婚姻之前一方的非婚生子女，因在双方结婚之前孩子已经存在，作为非生父母一方，接受孩子并与之共同生活，是其与孩子生父母一方结婚时的自愿选择，若同时有抚养教育之事实的，则形成有抚养关系的继父母子女关系。本案中需要进一步探讨的是，缔结婚姻之后一方的非婚生子女与其配偶之间是否亦可形成拟制血亲的继父母子女关系？本院认为，缔结婚姻之后一方的非婚生子女，如果作为非生父母的夫或妻一方知晓并接受该子女为其子女，同时与该子女共同生活达相当期限，并对该子女履行了抚养教育之义务的，则具备了上述主观意愿和事实行为两个条件，亦可形成有抚养关系的继父母子女关系。至于子女的出生时间在缔结婚姻之前还是之后，并非《婚姻法》规定的认定形成有抚养关系的继父母子女关系的实质要件。本案中，罗某丁、罗某戊是陈某与罗乙结婚后，由罗乙与其他女性以代孕方式生育之子女，属于缔结婚姻关系后夫妻一方的非婚生子女。两名孩子出生后，一直随罗乙、陈某夫妇共同生活近三年之久，罗乙去世后又随陈某共同生活达两年，迄今为止陈某与孩子共同生活已有五年，其间，陈某已完全将两名孩子视为自己的子女，并履行了作为一名母亲对孩子的抚养、保护、教育、照顾等诸项义务，故应认定双方之间已形成有抚养关系的继父母子女关系，其权利义务关系应当适用父母子女关系的有关规定。该拟制血亲的继父母子女关系一旦形成，并不因夫妻中生父母一方的死亡而解除，亦不容继父母随意放弃监护权，仅在生父母与继父母离婚时，继父母不同意抚养的，方仍由生父母抚养，故罗乙的死亡并不能使陈某与两名孩子之间已存在的有抚养关系的继父母子女关系自然终止。罗某甲、谢某某认为，罗乙与陈某以非法代孕方式生育子女，违反了国家现行的法律法规，故陈某与两名孩子之间未形成法律规定的拟制血亲关系。对此，本院需要阐明的是，将陈某与两名孩子之间认定为有抚养关系的继父母子女关系，并不表明法院对非法代孕行为予以认可。首先，之所以作出这一认定，是基于陈某抚养了其丈夫罗乙的非婚生子女这一事实行为，至于该非婚生子女是否代孕所生对此并无影响。如果否定代孕行为并进而否定代孕所生子女的身份及法律地位，则罗乙亦不能成为两名孩子的生父，这显然不符合民法的基本原则。其次，本案审理的并非代孕协议纠纷，而是代孕所生子女的监护权纠纷，故法院所面临的首要任务是如何保护未成年子女的合法权益，而非仅着眼于对代孕行为的合法与否进行司法裁判。就本案而言，无论对非法代孕行为如何否定与谴责，代孕所生子女当属无辜，其合法权益理应得到法律保护。因此，不管是婚生子女还是非婚生子女，是自然生育子女抑或是以人工生殖方式包括代孕方式所生子女，均应给予一体同等保护。

（三）本案中罗某丁、罗某戊的监护权归属问题。联合国《儿童权利公约》第三条确立了儿童最大利益原则，我国作为该公约的起草参与国和缔约国，亦应在立法和司法中体现这一原则，法院在确定子女监护权归属时，理应尽可能最大化地保护子女利益。就本案而言，无论是从双方的监护能力，还是从孩子对生活环境及情感的需求，以及家庭结构完整性对孩子的影响等各方面考虑，将监护权判归陈某更符合儿童最大利益原则。首先，从纠纷双方的年龄及监护能力考虑，陈某正值盛年，有正当工作和稳定收入，亦有足够的精力和能力抚养照顾好两名孩子；而罗某甲、谢某某分别已至耄耋、古稀之年，身体状况及精力均不足以抚养照顾两名年幼的孩子，一审中其表示将委托远在美国的女儿帮助抚养照顾，表明其亦意识到自身监护能力之不足。其次，从生活环境的稳定性、与孩子的亲密程度及孩子的情感需求考虑，罗某丁、罗某戊出生后一直随罗乙、陈某夫妻共同生活，罗乙去世后由陈某抚养照顾，已与陈某形成了难以割舍的母子感情，而与罗某甲、谢某某并未共同生活过，能否适应环境的改变以及与老人共同生活的状态尚属未知。更何况，对于幼儿来说，母爱是无法替代的，孩子的这一情感需求不能不予考虑。最后，从家庭结构关系的完整性考虑，认定陈某与两名孩子为有抚养关系的继父母子女关系，则对罗某丁、罗某戊来说，其家庭结构关系仍是完整的，不因其是代孕所生而有异于常人。人皆有父母，父母子女之情是人类最基本的情感元素，维护正常的亲子关系和家庭内部结构，对幼儿人格的形成具有重要意义。故此，关于罗某丁、罗某戊的监护权归属，本院认为，首先，根据《民法通则》第十六条的规定，未成年人的父母是未成年人的监护人，其监护顺序处于第一顺位。本案中陈某虽非罗某丁、罗某戊的生母，但已与两名孩子形成了有抚养关系的继父母子女关系，根据《婚姻法》第二十七条第二款，应适用父母子女关系的规定，从监护顺序而言，陈某优先于作为祖父母的罗某甲、谢某某。其次，根据儿童最大利益原则，从双方的监护能力、孩子对生活环境及情感的需求、家庭结构完整性对孩子的影响等各方面考虑，监护权归陈某更有利于孩子的健康成长。据此，本院认定，罗某丁、罗某戊的监护权应归于陈某。罗乙的去世，无论是对罗某甲、谢某某及陈某，还是对两名孩子，都是一个巨大的伤痛，而罗某甲、谢某某与陈某此后又因争夺两名孩子的监护权而发生诉讼，无疑更增彼此的伤害。本院需要指出的是，虽然《婚姻法》规定的探望权主体为离婚后不直接抚养子女的父母一方，祖父母通常只随同父母探望，不单独享有探望权。但考虑到探望权的设置目的在于满足亲情需要和保护未成年子女的最大利益，而亲情不应局限在父母子女之间，也包括其他和子女关系密切的近亲属，故本院认为，基于本案的特殊情况以及陈某在诉讼过程中的承诺，应给予作为祖父母的罗某甲、谢某某以探望权，一方面可使罗某丁、罗某戊感受到来自祖父母的关爱；另一方面亦可令罗某甲、谢某某知悉陈某对两名孩子的抚养监护情况，既慰其思孙之情，又有监督保护之效。关于具体的探望方式，双方可自行协商，若协商不成，亦可通过其他合法途径解决。至于两名孩子将来可通过继承获得罗乙遗产一节，与本案监护权的归属并无关联，实不应成为双方争夺监护权的动因，且法律对于监护人的职责权利与民事责任均有明确规定，成为未成年人的监护人并不意味着可因此自由控制处分其财产，更不意味着可获得其财产。裁判虽然是理性而坚硬的，但亲情却是温暖而柔软的，在家庭关系引发的矛盾纠纷中，更需要的是亲情的温和化解，而非裁判的冷硬切割。希望双方能够多以孩子为念，化解不必要的矛盾和摩擦，置怨结欢，处理好今后的探望及遗产继承等事宜，给孩子们营建一个亲睦、和谐的家庭环境，使其能够健康、快乐地成长。

综上所述，本院认为，陈某与罗某丁、罗某戊已形成有抚养关系的继父母子女关系，其权利义务适用《婚姻法》关于父母子女关系的规定。罗某甲、谢某某作为祖父母，监护顺序在陈某之后，其提起的监护权主张不符合法律规定的条件，同时，从儿童最大利益原则考虑，由陈某取得监护权亦更有利于罗某丁、罗某戊的健康成长，故对陈某的上诉请求，本院予以支持。据此，依照《中华人民共和国民法通则》第十六条第一款及第二款、《中华人民共和国婚姻法》第二十七条第二款、《中华人民共和国民事诉讼法》第一百七十条第一款第（二）项之规定，判决如下：

一、撤销上海市闵行区人民法院（2015）闵少民初字第 2 号民事判决；

二、驳回被上诉人罗某甲、谢某某的原审诉讼请求。

一审案件受理费人民币 80 元，二审案件受理费人民币 80 元，共计人民币 160 元，由被上诉人罗某甲、谢某某负担。司法鉴定费人民币 5000 元，由上诉人陈某负担。本判决为终审判决。

第六章

继承纠纷中父母子女关系的
确定与继承规则*

第一节 问题的提出

1998 年 3 月 3 日，原告李某与郭某顺登记结婚。2002 年，郭某顺以自己名义购买了涉案建筑面积为 45.08 平方米的 306 室房屋，并办理产权登记。2004 年 1 月 30 日，李某和郭某顺共同与南京总医院签订了人工授精协议书，对李某实施人工授精，后李某怀孕。2004 年 4 月，郭某顺因病住院，其在得知自己患了癌症后，向李某表示不要这个孩子，但李某不同意人工流产，坚持要生下孩子。5 月 20 日，郭某顺在医院立下自书遗嘱，在遗嘱中声明他不要这个人工授精生下的孩子，并将 306 室房屋赠与其父母郭某和、童某某。郭某顺于 5 月 23 日病故。李某于当年 10 月 22 日产下一子，取名郭某阳。

原告李某诉称：位于江苏省南京市某住宅小区的 306 室房屋，是其与被继承人郭某顺的夫妻共同财产。郭某顺因病死亡后，其儿子郭某阳出生。郭某顺的遗产，应当由妻子李某、儿子郭某阳与郭某顺的父母即被告郭某和、童某某等法定继承人共同继承。

被告郭某和、童某某辩称：郭某顺生前留下遗嘱，明确将 306 室赠与二被告，故对该房产不适用法定继承。李某所生的孩子与郭某顺不存在血缘关系，郭某顺在遗嘱中声明他不要这个人工授精生下的孩子，是李某自己坚持要生下孩子。因此，不能将孩子列为郭某顺的继承人。①

本章主要内容发表于《西安电子科技大学学报》（哲学社会科学版）2016 年第 5 期。
① 最高人民法院指导案例第 50 号"李某、郭某阳诉郭某和、童某某继承纠纷案"（中华人民共和国最高人民法院审判委员会讨论通过 2015 年 4 月 15 日发布）。

南京市秦淮区人民法院经审理认为：郭某顺因为没有生育能力，签字同意原告在夫妻双方共同认定的医院实施人工授精手术，表明其想通过人工授精的方法获得其与原告共同之子女的意思表示。依据《民法通则》第57条规定：民事法律行为从成立时起具有法律约束力。行为人非依法律规定或者取得对方同意，不得擅自变更或者解除。郭某顺因为身患绝症而对之前同意的人工授精手术一事表示反悔，此时原告已经受孕，郭某顺要反悔此事依法必须取得原告同意。在未取得原告同意的情形下，郭某顺不得以其单方意志擅自变更或解除已经存在的民事法律关系。因此，郭某顺在遗嘱中否认其与李某所怀胎儿的父子关系，是无效民事行为。同时，依据最高人民法院在1991年7月8日《关于夫妻离婚后人工授精所生子女的法律地位如何确定的复函》中规定："在夫妻关系存续期间，双方一致同意进行人工授精，所生子女应视为夫妻双方的婚生子女，父母子女之间权利义务关系适用《婚姻法》的有关规定。"因此，郭某阳是郭某顺的合法继承人。依据《继承法》第19条，郭某顺所立遗嘱未给胎儿保留遗产份额，该部分遗嘱内容无效。分割遗产时，应依据《继承法》第28条规定，为胎儿保留继承份额，在胎儿活着出生时，由其继承。综上所述，审理法院判决支持了原告的诉讼请求。一审宣判后，双方当事人均未提出上诉，一审判决已发生法律效力。

　　在本案中，原告诉请法院裁决的内容包括两项：一是被继承人通过遗嘱处分的财产属于夫妻共有财产，对于共有财产中属于对方配偶的部分，遗嘱处分无效；二是被继承人所立遗嘱未给胎儿保留遗产份额，应属无效，被继承人遗产应依法定继承规则由同一顺位继承人等额分配。结合具体案情，可以将本案涉及的争议焦点归纳为如下三项：遗产范围；继承人的范围；继承人如何分配遗产。下文拟从三项争议焦点展开，探寻原告的请求权基础，并分析检讨法院判决的成败得失。

第二节　先决条件：遗产范围的厘定

　　指导案例50号的法院判决要旨中并未言及遗产范围。而在指导案例的原型即最高人民法院2006年公布的典型案例"李某华、范某诉范祖业、滕某继承纠纷案"中，审理法院径直依据《继承法》第26条、《继承法司法解释》第38条认为：登记在被继承人名下的房屋，已查明是被继承人与原告夫妻关系存续期间取得的夫妻共同财产。被继承人死亡后，该房屋的一半应归原告所有，另一半才能作为被继承人的遗产。被继承人在遗嘱中将该房屋全部房产处分给其父母，侵害了原告的所有权，遗嘱的这部分应属无效。① 其并未就相关规则之间的规范关系予以详细说明，影响论证效力。下面拟从四个方面入手，论证本案中的遗产范围。

一、个人合法财产

依《继承法》第 3 条，遗产是被继承人死亡时遗留的个人合法财产，包括公民的收入；公民的房屋、储蓄和生活用品；公民的林木、牲畜和家禽；公民的文物、图书资料；法律允许公民所有的生产资料；公民的著作权、专利权中的财产权利；公民的其他合法财产。本案系争财产属于公民的房屋，为被继承人在婚姻存续期间以自己名义购买且在房屋产权登记簿上登记为被继承人个人所有，那么，其是否属于第 3 条规定的被继承人的个人合法财产？

二、不动产登记簿的效力

依《物权法》第 16 条第 1 句：不动产登记簿是物权归属和内容的根据。第 17 条规定：不动产权属证书是权利人享有该不动产物权的证明。不动产权属证书记载的事项，应当与不动产登记簿一致；记载不一致的，除有证据证明不动产登记簿确有错误外，以不动产登记簿为准。在本案中，由于系争房屋不动产登记簿上登记的所有权人仅为被继承人郭某顺一人，所以，除非证明系争房屋登记簿上存在所有权人登记错误的情形，否则系争房屋即为被继承人郭某顺依据《继承法》第 3 条规定而享有的个人合法财产。于此的关键是判定系争房屋不动产登记簿上登记的所有权人是否存在登记错误。

三、夫妻共有财产的范围及其证明责任

由于原告李某与被继承人郭某顺之间存在合法有效的夫妻关系，对于

① 相关案情及判决参见李某华、范某诉范祖业、滕某继承纠纷案，《中华人民共和国最高人民法院公报》2006 年第 7 期。

夫妻关系存续期间的财产权属，我国《婚姻法》确立了约定财产制与法定财产制两种。

对于约定财产制，依据《婚姻法》第 19 条第 1 款第 1 句、第 2 句规定：夫妻可以约定婚姻关系存续期间所得的财产以及婚前财产归各自所有、共同所有或部分各自所有、部分共同所有。约定应当采用书面形式。另外，该条第 2 款同时规定，夫妻对婚姻关系存续期间所得的财产以及婚前财产的约定，对双方具有约束力。

对于法定财产制，依据《婚姻法》第 19 条第 3 句规定，没有约定或约定不明确的，适用《婚姻法》第 17 条、第 18 条的规定。其中，第 17 条第 1 款规定，夫妻在婚姻关系存续期间所得的下列财产，归夫妻共同所有：工资、奖金；生产、经营的收益；知识产权的收益；继承或赠与所得的财产，但本法第十八条第三项规定的除外；其他应当归共同所有的财产；第 18 条规定，有下列情形之一的，为夫妻一方的财产："一方的婚前财产；一方因身体受到伤害获得的医疗费、残疾人生活补助费等费用；遗嘱或赠与合同中确定只归夫或妻一方的财产；一方专用的生活用品；其他应当归一方的财产"。

依据《民事诉讼法》第 64 条第 1 款、《最高人民法院关于民事诉讼证据的若干规定》第 2 条，在本案中，若被告无法证明原告李某与被继承人郭某顺之间就夫妻财产存在书面约定，那么，依据《婚姻法》第 19 条第 3 句之规定就适用法定财产制。由于被继承人郭某顺购买房屋时间为夫妻婚姻存续期间，且并不存在属于《婚姻法》第 18 条规定的夫妻共同所有的排除情形，所以系争房屋为原告李某与被继承人郭某顺共有，其真实所有权人为李某与郭某顺二人，而非郭某顺一人。这也与最高人民法院公布的典型案例中所采纳的观点一致，即于此情形下应保护事实物权人，不宜以产权登记作为确认不动产权属的唯一依据。据此，系争房屋不动产登记簿上的所有权人信息并不完整，存在瑕疵。①

四、夫妻共有财产的分割

依据《物权法》第 93 条、第 103 条规定，共有分按份共有和共同共有，当共有人对共有的不动产或动产没有约定为按份共有或共同共有，或

---

① 参见唐某诉李某某、唐某乙法定继承纠纷案，《中华人民共和国最高人民法院公报》2014 年第 12 期。

约定不明确的，除共有人具有家庭关系等外，视为按份共有。由于本案中系争房屋共有人李某与郭某并未就采取何种共有形式有明确约定，且系争标的物为二共有人婚姻关系存续期间卖得，因此，原告李某与被继承人郭某顺对系争房屋为共同共有关系。依据《物权法》第 95 条规定，共同共有人对共有的不动产共同享有所有权。依据《婚姻法》第 17 条第 2 款规定，对夫妻享有共同所有权的财产而言，夫妻二人享有平等的处理权。另依《物权法》第 97 条规定，对于该平等处理权的具体表现之一就是，在共有人之间并无特别约定的情形下，处分共有不动产应当经全体共同共有人同意。

在本案中，系争房屋的共同共有人郭某顺未经其他共同共有人同意而擅自将共同共有标的物通过遗嘱进行处分，依据《继承法司法解释》第 38 条："遗嘱人以遗嘱处分了属于国家、集体或他人所有的财产，遗嘱的这部分，应认定无效。"这意味着，被继承人通过遗嘱处分属于夫妻共同共有之房屋的行为无效。但这里通过遗嘱进行处分的行为仅为部分无效而非全部无效。遗嘱系死因行为，在立遗嘱人死亡即继承开始时遗嘱才生效，[1] 而与此同时立遗嘱人与其配偶之间的婚姻关系也自然消灭，夫妻共同共有财产因共同共有关系结束而需要通过分割并进入继承分配程序，于此场合，依据《继承法》第 26 条，"夫妻在婚姻关系存续期间所得的共同所有的财产，除有约定的以外，如果分割遗产，应当先将共同所有的财产的一半分出为配偶所有，其余的为被继承人的遗产"。立遗嘱人通过遗嘱处分夫妻共同共有关系终止后依法定分割共同共有财产而获得的其个人财产部分，应属有效；而对于其他共同共有人依法应分得的财产部分的处分，应属无效。

综上，依据《继承法》第 3 条、第 26 条，《婚姻法》第 17 条、第 18 条、第 19 条，《物权法》第 16 条、第 17 条、第 93 条、第 95 条、第 97 条、第 103 条以及《继承法司法解释》第 38 条，本案中属于被继承人郭某顺遗产范围的财产，应为系争房屋在依法进行分割而除去其妻即原告李某的一半份额之后的剩余部分，而非系争房屋全部。被继承人遗嘱中涉及他人财产部分的处分行为无效。

第三节　核心议题：生育权的行使与继承人的界定

在指导案例 50 号裁判要旨当中，审理法院依据《民法通则》第 57 条

---

[1]　参见魏振瀛主编：《民法》，北京大学出版社/高等教育出版社 2013 年版，第 613 页。

以及最高人民法院发布的《关于夫妻离婚后人工授精所生子女的法律地位如何确定的复函》（以下简称"《人工授精所生子女法律地位的复函》"）认为，夫妻关系存续期间一致同意进行人工授精所形成的法律关系，对双方均有约束力，夫在妻怀孕后未经对方同意，单方解除因此形成的民事法律关系不生效力。而因双方同意进行人工授精所生之子女应视为婚生子女，父母子女间之权利义务关系适用《婚姻法》的有关规定确定。据此审理法院认为，郭某阳应被视为郭某顺的婚生子女，属于后者法定继承人的范围。这种论证是否规范严谨呢？

一、人工授精所生子女的法律地位

依据《继承法》第 10 条第 1 款规定，处于法定继承第一顺位的继承人包括被继承人的配偶、子女、父母。另外，依据该条第 3 款、第 4 款规定，于此所谓的子女包括婚生子女、非婚生子女、养子女和有抚养关系的继子女；父母则包括生父母、养父母以及存在事实抚养关系的继父母。因此，本案处于法定继承第一顺位的继承人中，被继承人郭某顺的父母即郭某和、童某某与郭某顺的配偶即原告李某的法定继承资格并无疑问。存在争议的是原告郭某阳是否为被继承人处于第一继承顺位的子女。

首先，就拟制血亲关系而言，依据《收养法》第 10 条、第 14 条、第 15 条以及《婚姻法》第 27 条第 2 款规定，收养关系的确立，有配偶者必须经配偶同意并在有权机关办理收养登记等；继父母子女关系的形成，需要继父母与继子女之间存在事实的抚养关系。在本案中，由于郭某阳系郭某顺死亡之后出生，因此，郭某阳当然和被继承人之间不存在收养以及事实抚养关系等拟制血亲所需条件，无法经此成为被继承人之养子女或有抚养关系之继子女。

其次，就自然血亲关系而言，虽然我国《婚姻法》等对于何谓婚生子女并未给予明确界定，但从一般社会观念、学说理论以及相应的司法实践来看，我国对于婚生子女的认定条件非常严格，婚生子女原则上仅包括婚姻存续期间由生父之妻所生之子女，一般而言具备如下要件：存在有效的婚姻关系；生育行为发生在有效婚姻存续期间，既包括在此期间受孕而后出生，也包括婚前受孕婚后出生和婚后受孕离婚后出生的情形；必须是生母之夫的血统。① 原则上欠缺其中之一者，即不属于婚生子女。例如，婚姻存续期间妻因通奸所生之子女，即因不具备生母之夫的血统而在司法实践和一般社会观念中当然不被认定为婚生子女；② 而在非婚同居期间所生之子女因不具备婚姻存续期间产生生育行为这一特征，由此属于非婚生子女而依据《婚姻法》第 25 条调整。在本案中，郭某阳是原告李某与郭某顺在婚姻存续期间通过人工授精所孕，其与郭某顺之间并没有自然血亲关系，原则上并不属于郭某顺的婚生与非婚生子女。

当然无原则不例外。为保护因人工授精所出之子女的利益的充分实现，最高法院在 1991 年 7 月 8 日发布的《人工授精所生子女法律地位的复函》中规定："在夫妻关系存续期间，双方一致同意进行人工授精，所生子女应视为夫妻双方的婚生子女，父母子女之间权利义务关系适用《婚姻法》的有关规定"。这意味着，当人工授精行为同时符合两项要件即夫妻关系存续期间进行人工授精和夫妻双方一致同意进行人工授精时，即使因此所出之子女与丈夫之间并无自然血亲关系，也被视为《婚姻法》规定的婚生子女。③ 依据《婚姻法》第 24 条、《继承法》第 10 条等，该种情形下的子女自然属于法定继承第一顺位继承人范围之列。

最后，需要澄清的一个问题是，在继承纠纷案件中，是否需要通过亲子关系鉴定来确定继承权的有无？亲子关系否认的权利主体范围是什么？司法实践中对此的基本立场是："生物学上的父母所决定的子女的遗传基因，是人的一种自然属性。自然属性是一定社会属性的条件，人的法律地位以人的社会属性为依据。在婚姻家庭法律中，必须坚持兼顾血缘关系真实性与身份关系稳定性的原则，坚持儿童最大利益原则，涉及未成年子女的事宜，应一切从最有利于未成年子女的生存、保护和发展考虑。基于此，婚生子女推定是婚姻家庭法律中的一个非常重要的制度，即在合法婚姻关系存续期间受胎或出生的子女推定为婚生子女，享有婚姻法、继承法规定的权利，承担相应的义务。推定是一种最便利、最可行的确定亲子关系的办法，它从一个显而易见的客观事实——子女的出生和母亲的关系出

---

① 参见王利明、杨立新、王轶、程啸：《民法学》，法律出版社 2014 年版，第 639 页。

② 相关司法判决参见广东省鹤山市人民法院（2015）江鹤法民二初字第 12 号民事判决书；广东省韶关市曲江区人民法院（2014）韶曲法民一初字第 991 号民事判决书；广西壮族自治区柳州市柳南区人民法院（2014）南民初一字第 2134 号民事判决书；安徽省广德县人民法院（2014）广民一初字第 02423 号民事判决书；江苏省南京市六合县人民法院（2000）六民初字第 731 号民事判决书。

③ 参见徐小飞：《人工授精所生子应认定为婚生子女》，载《法庭内外》2015 年第 7 期，第 24 页。

发，对另一个尚待证明的事实——子女与生母之夫间具有血缘关系作出判断。但为了保障当事人的亲权知情权，根据《婚姻法解释三》第 2 条之规定，允许特定当事人提出亲子关系的否认。所谓亲子关系的否认，是指有关当事人依法否认亲生血缘的父母子女关系，从而否定相应法律上的权利和义务。在个案当中是否有必要采用 DNA 血缘鉴定技术来发现实体真实，颇具敏感性及政策性，这就要求法院事先要进行审慎的司法审查。运用亲子关系鉴定处理亲子关系纷争，必须综合权衡各方当事人的利益，要注重保护相关人员的个人尊严及家庭的安定和谐，在尊重当事人私生活的同时尤其要考虑对于子女特别是未成年子女的利益保护。请求否认亲子关系归根结底属于身份权。身份权与民事主体的人身紧密相连，具有专属性和排他性，只能由特定的民事主体自己享有和行使，不得转让，也不能由他人继承。基于身份权属性，有权提出否认亲子关系的权利主体仅限于有完全民事行为能力的父母与子女本人。假如被继承人在对某一子女提起否认亲子关系的诉讼中死亡，被告之外的法定继承人能否继续进行诉讼？原告起诉，旨在通过诉讼程序保护其实体权利主张，如果原告在诉讼进行中死亡，其民事实体权利义务由继承人继承，其诉讼上的权利义务也随之转移至继承人。因此，诉讼权利义务的承担是以民事实体权利义务的继承为前提。只要该案尚未审结，人民法院应当一律依民事诉讼法第一百五十一条第（一）项之规定，裁定终结诉讼。"① 对此立场应予赞同。

二、"双方一致同意"的法律效果

存有疑问的是，在本案中，原告李某与被继承人郭某顺在夫妻关系存续期间一致同意进行人工授精且李某因之受孕后，郭某顺明确反悔并要求李某实施人工流产手术等意思表示，是否产生对之前已做出的"双方一致同意进行人工授精"的否定效力？若是，则因人工授精技术所生之郭某阳自不得依据例外规定而主张相应的继承资格。

对此，实际上就涉及了对《人工授精所生子女法律地位的复函》规定的"双方一致同意进行人工授精"要件的规范解释问题。依据最高人民法院公布的典型案例——李某华、范某诉范某业、滕某继承纠纷案审理法院在判决中明确表达出来的观点，当夫妻双方一致同意进行人工授精的行为

---

① 参见代贞奎、向蔡:《裁判继承权纠纷不以亲子关系鉴定为依据》，载《人民司法·案例》2017 年第 14 期，第 55 页。

因符合法律规定而生效后，依据《民法通则》第57条规定，民事法律行为从成立时起具有法律约束力，行为人非依法律规定或取得对方同意，不得擅自变更或解除。当因此实施人工授精手术的妻子已经怀孕时，原来同意实施人工授精手术的丈夫反悔并欲解除因之前同意行为所形成的法律关系，必须经妻子同意。在未取得妻子同意的情形下，丈夫不得以其单方意志擅自变更或解除已经存在的民事法律关系。[①] 此即表明，《民法通则》第57条普遍适用于夫妻一致同意进行人工授精所形成之民事法律关系的变更与解除，对于因双方一致同意形成的法律关系，包括妻子在内的任何一方非依法律规定或未经对方同意都无权单方变更和解除之。通过指导案例50号的判决要旨可知，本案审理法院也是依此思路来确定被继承人郭某顺单方解除之前其与原告李某因双方一致同意进行人工授精所形成之民事法律关系的行为无效。[②]

如果仅仅从本案个案纠纷解决的视角出发，通过民事法律关系变更与解除所需条件是否满足这一基本论证思路，分析并解决因"双方一致同意进行人工授精"而形成之民事法律关系所产生的纠纷，在正当性与合法性问题上均无问题。但考虑到最高人民法院发布的典型案例、指导案例在实践中的实际地位及功能，[③] 特别是考虑到法律规则的普遍性与平等适用性等特征，[④] 则通过民事法律关系变更与解除所需条件是否满足的思路，解决与本案相似案件的法律纠纷时，就可能遭遇现实尴尬。[⑤] 例如，在夫妻双方一致同意进行人工授精手术且妻子经此而怀孕后，妻子未经丈夫同意而单独提出终止妊娠的意思表示并在丈夫强烈反对声中擅自终止妊娠的，怀孕的妻子单独提出终止妊娠的意思表示是否能够解除之前夫妻双方一致

[①] 相关案情及判决参见李某华、范某诉范某业、滕某继承纠纷案，《中华人民共和国最高人民法院公报》2006年第7期。

[②] 参见最高人民法院指导案例第50号"李某、郭某阳诉郭某和、童某某继承纠纷案"（中华人民共和国最高人民法院审判委员会讨论通过2015年4月15日发布）。

[③] 关于典型案例与指导案例的法律地位，相关规范性法律文件中的具体规定参见最高人民法院1999年公布的《人民法院改革纲要》第14条："经最高人民法院审判委员会讨论、决定有适用法律问题的典型案件予以公布，供下级法院审判类似案件时参考"；最高人民法院2010年11月26日印发的《关于案例指导工作的规定》第7条："最高人民法院发布的指导性案例，各级人民法院审判类似案件时应当参照。"学理上的讨论参见雷磊：《指导性案例法源地位再反思》，载《中国法学》2015年第1期；张骐：《论类似案件应当类似审判》，载《环球法律评论》2014年第3期；陈兴良：《我国案例指导制度功能之考察》，载《法商研究》2012年第2期；孙国祥：《从柔性参考到刚性参照的嬗变——以"两高"指导性案例拘束力的规定为视角》，载《南京大学学报》（哲学社会科学版）2012年第3期；蔡琳：《案例指导制度之"指导"三论》，载《南京大学学报》（哲学社会科学版）2012年第4期。

[④] 参见朱晓峰：《侵权可赔偿损害类型论》，法律出版社2017年版，第4页。

[⑤] 参见张骐：《论类似案件应当类似审判》，载《环球法律评论》2014年第3期，第23页。

同意进行人工授精所形成的民事法律关系呢？依据最高法院发布的典型案例与指导案例审理法院的论证思路，在《民法通则》第57条的规范体系内，因双方合意所形成的有效民事法律关系对行为人均有约束力，任何一方非依法律规定或未经对方当事人同意都不得擅自变更和解除之。这意味着，于此场合怀孕的妻子无权单独解除夫妻一致同意所形成的民事法律关系。这一结论在我国现行法律体系下具有正当性与合法性基础吗？

三、生育行为中夫妻的法律地位

在我国现行法律体系当中，一方面，《人口与计划生育法》第17条第1句等规定了男女均享有生育权；另一方面，《妇女权益保障法》第51条等又赋予女性既依法享有生育子女的权利，又有不生育的自由。这实质上是完全承认了女性在生育行为中的主导地位，尽管学理上对此仍存在相反见解。① 就合法性基础而言，这种主导地位在民事法律实践中主要表现在以下两个方面。

第一，女性有权决定生。这意味着，只要女性单方决定生，无论男女双方最终就生育是否达成了一致意见，原则上都不影响女性单方意思表示以及由此形成的民事法律关系在法律上的评价。甚至在下述极端情形下，即使女方在违背男方意志而擅自怀孕并生育子女的场合，男方就此原则上既无权向女方主张私法救济，也无权拒绝承担给付子女抚养费等法定义务。例如，在赵某诉许某抚养费纠纷案中，原告赵某在与被告许某发生关系时欺骗对方自己已采取避孕措施，而实际上其并未采取避孕措施并因此怀孕，后拒绝许某终止妊娠的建议而将孩子生下来，并向许某主张抚养费的给付请求权。对许某提出赵某侵犯其生育权的抗辩理由，审理法院明确据《妇女权益保障法》第51条认为："生育子女不需要男女双方的合意，女方单方决定即可。女方既有不生育子女的权利，也有生育的权利。女方单方面选择生育子女，不构成对男方生育权的侵犯。"该院最终在判决书中支持了原告的诉讼请求。② 需注意的是，在夫妻双方一致同意实施"体外受精—胚胎移植"手术并与医院签订合同后，男方意外死亡的，女方单

---

① 例如，我国学理上有观点认为，夫妻共同的生育行为之上只能存在一个独立而完整的生育权，而配偶之间以共同共有的关系享有并支配该权利。参见潘皞宇：《以生育权冲突理论为基础探寻夫妻间生育权的共有属性》，载《法学评论》2012年第1期，第60页。

② 参见北京市海淀区人民法院（2013）海民初字第23318号民事判决书。

方主张进行冷冻胚胎复苏移植，并不会获得法院的支持。①

第二，女性有权决定不生。这意味着，只要女性单方决定不生，无论男女双方最终就生育是否达成了一致意见，原则上都不影响女性单方意思表示以及由此形成的民事法律关系在法律上的评价。在此情形下，即使女方在违背男方意志而擅自终止妊娠的场合，男方就此原则上也无权向女方主张私法上的救济。依据《婚姻法司法解释（三）》第9条规定："以妻擅自终止妊娠侵犯其生育权为由请求损害赔偿的，人民法院不予支持；夫妻双方因是否生育发生纠纷，致使感情确已破裂，一方请求离婚的，人民法院经调解无效，应依照婚姻法第三十二条第三款第（五）项的规定处理。"②

我国当前法律实践承认女性在生育行为中的绝对主导地位，特定情形下可能会导致男性一般人格利益以及胎儿利益的保护处于极为不利的地位。③ 例如，在丈夫因工作丧失生育能力时，已怀孕的妻子与他人通奸并为达到离婚所具备的"夫妻感情确已破裂"标准而在第三者的教唆下擅自终止妊娠的，于此场合丈夫为《人口与计划生育法》等所承认的生育权通过民法一般性条款而享有的应受法律保护的一般性人格利益即被侵害无疑。④ 但这种不利在我国当前的社会实践中并不构成拒绝承认女性生育行为中主导地位的正当性理由。正如前述赵某诉许某抚养费纠纷案的审理法官所阐述的，"决定孩子是否出生属于生育决定权的范围。生育权具有明显的冲突性……但男方的生育决定权与女性的人身自由权、生命健康权相比，处于下位阶。如果两种权利发生冲突，男性的生育权应当让步。从法经济学的角度出发，女性生育子女要历经受孕、怀孕、生产近十个月的时间，而男方生育子女仅发生性行为即可，女性的投入显然更多，因此生育决定权是女性独有的权利。"⑤ 这种观点显然具有普适性。例如，德国联

---

① 参见山东省济南市市中区人民法院（2017）鲁0103民初7541号民事判决书。

② 参见法释〔2011〕18号。在2011年《婚姻法司法解释三》发布之前，对于妻擅自终止妊娠的，司法实践中的立场分为截然对立的两种，既有支持夫方精神损害赔偿请求权的裁判文书，也有拒绝夫方精神损害赔偿请求权的裁判文书。相关司法实践及学理分析，参见周永坤：《丈夫生育权的法理问题研究》，载《法学》2014年第12期。《婚姻法司法解释三》发布生效之后，对于妻擅自终止妊娠的，司法实践即不再支持夫所主张的精神损害赔偿请求权。相关司法实践及学理分析，参见朱晓峰：《民法典编纂视野下胎儿利益的民法规范》，载《法学评论》2016年第1期。

③ 参见朱晓喆、徐刚：《民法上生育权的表象与本质》，载《法学研究》2010年第5期，第64页。

④ 参见王晨、艾连北：《再论生育权》，载《当代法学》2003年第1期，第150页。

⑤ 参见孙欣：《女性单方面决定生育不构成对男性生育权的侵犯》，载《人民法院报》2014年5月29日，第6版。

邦最高法院在其判决中也曾有相似表示。① 据此该院认为，在决定是否继续妊娠的关乎男女双方生育权益的场合，赋予女性以优先保护的法律地位具有更充分的正当性基础。

当然，当前我国法律承认女性在生育方面的绝对主导地位与当前社会背景下的法的价值追求密切关联。当社会发展导致法的基本价值朝着胎儿利益的充分保护以及男性生育权的平衡保护方向发展时，前述法律实践中的女性主导地位就会发生变化。② 当然，这仅是指向未来的立法论上的问题。③ 而从解释论的观点出发，当前法律实践中承认并保护女性在生育中的主导地位并无问题。因此，即使怀孕的妻子未经丈夫同意而擅自堕胎，也无须承担任何民法上的法律责任。换言之，妻子看起来似乎并不受《民法通则》第 57 条规定的约束，其有权单方解除夫妻一致同意所形成的民事法律关系。如此一来，丈夫一方在生育行为中是不是实际上就完全不享有任何权利了呢？

四、解除权的行使前提与限制

在我国当前法律实践当中，父母子女关系的建立，要么是以自然血亲为基础，要么是以拟制血亲为基础。自然血亲的父母子女关系以血缘关系的存在为前提，至于夫妻之间是否形成生育子女的合意，并非必要；④ 拟制血亲的父母子女关系则要么需要收养合意，要么需要抚养的事实。⑤ 婚姻存续期间通过夫妻一致同意进行人工授精而出生之子女欲与妻之丈夫确立父母子女关系，原则上亦必须具备自然血亲或拟制血亲成立的事实基础。

在同质授精场合，⑥ 通过人类辅助生殖技术出生的后代与自然受孕分娩的后代除了受孕方式不同之外，并无其他不同。因此，即使妻子未经丈

---

① Vgl. BVerfGE 6, S. 389 ff.
② 参见朱晓峰：《民法典编纂视野下胎儿利益的民法规范》，载《法学评论》2016 年第 1 期，第 189 页。
③ 参见张作华、徐小娟：《生育权的性别冲突与男性生育权的实现》，载《法律科学》2007 年第 2 期，第 136 页。
④ 参见北京市海淀区人民法院（2013）海民初字第 23318 号民事判决书。
⑤ 参见魏振瀛主编：《民法》，北京大学出版社/高等教育出版社 2013 年版，第 593 页。
⑥ 参见卫生部 2001 年发布的《人类辅助生殖技术管理办法》（中华人民共和国卫生部令第 14 号）第 24 条第 2 款：人工授精是指用人工方式将精液注入女性体内以取代性交途径使其妊娠的一种方法。根据精液的来源不同，分为丈夫精液人工授精和供精人工授精。其中，将丈夫的精子植入妻子子宫内的为同质授精，将第三人捐赠的精子植入妻子子宫内的为异质授精。

夫同意而擅自盗取其精子实施人工授精手术并怀孕生子的，由于丈夫与妻子所生之子女之间存在血缘关系，原则上可以归入以自然血亲为基础的父母子女关系类型。于此场合，最高人民法院在《人工授精所生子女法律地位的复函》中将之视为婚生子女并无多大疑问。[①]

在异质授精场合，由于丈夫与妻子所生之子女之间并不存在血缘关系，在无法归入以自然血亲为基础的父母子女关系类型时，需要考虑是否可以归入拟制血亲为基础的父母子女关系类型。而无论是以收养还是事实抚养所形成的拟制血亲，实质上都强调收养人或事实抚养人依据自主意志与原本和自己没有血缘关系的收养或抚养对象建立法律父母子女关系的要素。对异质授精而言，若夫妻未能就此达成一致意见，那么妻子未经丈夫同意而擅自进行人工授精手术并因此怀孕生子的，一方面，其所生子女因与丈夫没有血缘关系而无法与丈夫建立以自然血亲为基础的父母子女关系；另一方面，妻子的生育行为并未取得丈夫的同意，也不能建立以拟制血亲为基础的父母子女关系。就此而言，最高人民法院《人工授精所生子女法律地位的复函》中所要求的"夫妻双方一致同意"要件，在异质授精与同质授精场合的意义并不完全相同，其对于异质授精而言具有决定意义，未经丈夫同意而进行的异质授精行为以及因此形成的民事法律关系，不像同质授精那样，会对丈夫产生法律上的效力。

鉴于人工授精手术将会对夫妻双方以及将来可能出生的孩子产生重要影响，因此，原卫生部2003年发布的《人类辅助生殖技术和人类精子库伦理原则》第1条第2款第1项、第3项明确要求，人工授精手术必须在夫妇双方自愿同意并签署书面知情同意书后方可实施，并且接受该技术的夫妇在任何时候都有权提出中止该技术的实施。[②] 这实质上是承认了夫妻享有使已形成之民事法律关系变更或消灭的解除权。依据前述规定，该解除权的行使须具备如下三项显著特征。

一是该解除权的行使受特定除斥期间的限制。区别于适用于一般形成权的除斥期间，[③] 这里的解除权的行使必须在夫妻双方签署知情同意书之后至妻子因人工授精手术的实施而受孕之前的期间内行使。妻子一旦因人工授精手术的实施而成功受孕，则该解除权即告消灭，夫妻任何一方均不

[①] 参见徐小飞：《人工授精所生子应认定为婚生子女》，载《法庭内外》2015年第7期，第24页。

[②] 参见卫科教发〔2003〕176号。

[③] 参见史浩明：《论除斥期间》，载《法学杂志》2004年第4期，第84~85页。

得通过该解除权的行使而使之前一致同意进行人工授精而形成的民事法律关系消灭。当然，妻子在受孕之后依然有权自主决定是否终止妊娠，而妻子决定终止妊娠的权利是其在生育行为中居于主导地位的生育自主权的体现，[①] 并非解除权。

二是该解除权具有平等适用性。这意味着，夫妻双方或者其中任何一方都可以在前述除斥期间之内行使该解除权。这主要是考虑人工授精特别是异质授精场合，"夫妻双方一致同意"可能会对家庭关系特别是未来可能建立的父母子女关系产生直接效力。

三是该解除权的行使具有任意性。夫妻任意一方得依自主意志在除斥期间随时行使解除权，以使之前因一致同意而形成的法律关系消灭。于此强调任意解除权的属性，旨在通过提高"夫妻双方一致同意"要件的适用标准，确保通过人工授精行为所形成的法律关系具有约束夫妻双方的充分正当性基础。

不同于自然受孕，在人工授精场合，法律承认，夫妻双方在妻子怀孕之前均享有任意解除权，而在妻子怀孕之后由妻子主导接下来的生育行为。一方面，这既可以保障夫妻双方尤其是丈夫一方在非血缘父母子女关系形成时的自主意志的真实性，通过民事法律规则的适用使其享有的生育权落到实处；另一方面，这也充分尊重了我国法律实践中女性在生育行为中特别是怀孕之后的主导地位。就此而言，指导案例 50 号的判决要旨在整体论证思路上并不严谨，导致相关规则的解释与适用出现错误。

综上，依据《民法通则》第 57 条、《人工授精所生子女法律地位的复函》并参照《人类辅助生殖技术和人类精子库伦理原则》第 1 条第 2 款第 1 项、第 3 项规定，被继承人郭某顺在原告李某通过夫妻双方一致同意进行的人工授精技术成功受孕之后，无权解除因此形成的民事法律关系。原告郭某阳属于被继承人郭某顺的婚生子女，依据《继承法》第 10 条第 1 款，其是处于法定继承第一顺位的继承人。

第四节　系争问题的具体解决规则

依据《继承法》第 16 条、第 19 条、第 28 条、第 29 条规定，被继承

---

① 参见马强：《论生育权——以侵害生育权的民法保护为中心》，载《政治与法律》2013年第 6 期，第 20 页；马忆南：《夫妻生育权冲突解决模式》，载《法学》2010 年第 12 期，第 19 页。

人死亡之后的遗产分配规则主要包括以下几个方面。

一、遗嘱在先原则

我国现行法律体系下存在两种继承方式，一种是法定继承，一种是遗嘱继承。依《继承法》第5条、第16条："被继承人有权通过遗嘱将个人合法财产指定由法定继承人的一人或数人继承。继承开始后，按照法定继承办理；有遗嘱的，按照遗嘱继承或者遗赠办理。"这意味着，当存在合法有效的遗嘱时，遗嘱继承优先于法定继承。此即"遗嘱在先原则"。[①]这集中体现了继承法中意思自治的基本精神。同时依据《继承法》第27条第4项规定，当遗嘱部分无效或全部无效时，所涉及遗产按照法定继承处理。对此，司法实践中法院在审理继承纠纷的案件中亦完全赞同。例如，在藏某某与姚某某继承纠纷再审案中，审理法官即明确表示："根据私法自治原则，尊重被继承人的意愿是继承法律的重要原则，这是尊重和保护私人财产权的应有之义。法定继承是常态下被继承人意志的法律推定，而遗嘱继承是特殊个案中被继承人意志的个别表达，尊重被继承人意志原则是贯穿于继承法始终的基本原则，并且能够促进制度内部、制度与制度之间的兼顾与和谐。我国《继承法》虽然未明文确立尊重被继承人意愿的原则，但通篇贯穿了这一精神。遗赠扶养协议优于遗嘱，遗嘱继承优于法定继承，法定继承确定的继承人范围、继承顺序及遗产分配规则，符合绝大多数被继承人的意志。根据婚生子女推定原则，在合法婚姻关系存续期间受胎或出生的子女，若无遗嘱排除其继承权，又无丧失继承权的法定情形的，应当享有继承权。父母若要排除其继承权，必须凭借遗嘱以明示的方式予以排除。假如被继承人对其亲生子女关系产生怀疑，并在生前提起了否定亲生子女关系的诉讼，即使人民法院作出了确认否定亲子关系的判决，如果没有排除该子女继承权的遗嘱，则该子女仍享有继承权。理由是，被继承人提起否认亲子关系的诉讼，仅仅解决其亲权知情权的问题，不能必然推导出被继承人排除该子女继承权的意志。人的感情具有复杂性，虽然被继承人与该子女没有自然血亲关系，鉴于多年的抚养关系，被继承人与该子女之间仍可能存在深厚感情，怨恨于配偶的不忠并不一定迁怒于子女，再根据亲属法中的儿童最优原则，可参照拟制血亲关系，认

---

① 参见王利明、杨立新、王轶、程啸：《民法学》，法律出版社2014年版，第701页。

定该子女仍享有继承权。假如被继承人在遗嘱中明确该子女继承其遗产必须以存在亲子关系为前提，该子女主张享有继承权，则有义务举证予以证明存在亲子关系，即必须主动提出进行亲子关系鉴定，被继承人的其他法定继承人有配合的义务，即应当妥善保存真实可靠的鉴定样本（如封存被继承人的血液、毛发等样本）。若其他法定继承人拒绝配合进行鉴定或者因其过失导致鉴定样本灭失，导致无法进行鉴定的，推定该子女为婚生子女，享有继承权。其他继承人对鉴定样本缺失无过错，无法直接进行鉴定而主张对该子女进行家族基因鉴定，以推翻法律推定的，不予支持，因为不能完全排除被继承人与其他法定继承人之间不存在自然血亲关系的可能，启动家族基因鉴定可能导致家庭秩序混乱的风险。尊重被继承人的意愿不能仅以遗嘱、遗赠扶养协议为限，被继承人在其他协议、文本中载明的真实意愿也应予以尊重。"① 而在本案中，由于被继承人郭某顺生前即立有遗嘱，因此，若该遗嘱合法有效，则依据该遗嘱继承方式分配遗产。

二、对遗嘱自由的限制

虽然《继承法》强调被继承人依据自主意志所立之遗嘱的优先性，但这并不意味着反映被继承人自主意志的遗嘱不受法律评价。在我国现行民事法律体系下，遗嘱以及遗赠等属于单方法律行为，其形式方面原则上不仅要符合《继承法》的相关规定，② 在内容上也不得违反法律的强制性规定或公序良俗，否则即不生效力。③ 例如，依《继承法》第19条以及第28条规定，遗嘱应对缺乏劳动能力又没有生活来源的继承人保留必要的遗产份额；在遗产分割时，应保留胎儿的继承份额。当遗嘱违反这些法律的强制性规定而没有必留份时，依据《民法通则》第55条规定，遗嘱的相关内容即不生效力。

---

① 参见代贞奎、向蕻：《裁判继承权纠纷不以亲子关系鉴定为依据》，载《人民司法·案例》2017年第14期，第56页。

② 在例外情形下，依据《继承法司法解释》第35条，继承法实施前订立的，形式上稍有欠缺的遗嘱，如内容合法，又有充分证据证明确为遗嘱人真实意思表示的，可以认定遗嘱有效。

③ 例如，在泸州遗赠案当中，审理法院即依据公序良俗原则否定了遗赠人将个人财产遗赠给婚外第三者的效力。相关判决参见四川省泸州市纳溪区人民法院民事判决书、（2001）纳溪民初字第561号；四川省泸州市中级人民法院民事判决书、（2001）泸民一终字第621号。当然我国学理上对此存在不同意见，支持观点参见范愉：《泸州遗赠案评析——一个法社会学的分析》，《判解研究》第2辑，人民法院出版社2002年版，第62页；反对观点参见郑永流：《道德立场与法律技术——中德情妇遗嘱案的比较和评析》，载《中国法学》2008年第4期，第179~189页。

立遗嘱人违反法律强制性规定而未在遗嘱中写入必留份，并不当然导致遗嘱全部无效。依据 1985 年 9 月 11 日《最高人民法院关于贯彻执行〈中华人民共和国继承法〉若干问题的意见》（下文简称"《继承法司法解释》"）第 37 条、第 45 条规定："遗嘱人未保留缺乏劳动能力又没有生活来源的继承人的遗产份额，遗产处理时，应当为该继承人留下必要的遗产，所剩余的部分，才可参照遗嘱确定的分配原则处理；应当为胎儿保留的遗产份额没有保留的应从继承人所继承的遗产中扣回。"对此之外的，则按照遗嘱继承方式处理。

在本案当中，由于原告李某并未提出证据证明其属于《继承法》第 19 条规定的特留份额权利人，依据遗嘱在先原则，自不得依据法定继承规则主张继承权；对郭某阳而言，由于其在被继承人死亡前已经因被继承人与原告李某的一致同意进行人工授精技术而成功受孕，并在被继承人死亡后活着出生，因此有权依据《继承法》第 28 条主张相应胎儿必留份的继承权。被继承人所立遗嘱中拒绝写入必留份部分因违反法律强制性规定而无效，郭某阳有权依据《继承法司法解释》第 45 条，从其他遗嘱继承人所继承的遗产中扣回其依法应继承的份额。

综上，被继承人郭某顺固然有权依据自主意志通过遗嘱的形式来分配自己的个人合法财产，但该遗嘱自由不得违反法律强制性规定。由于原告郭某阳是被继承人郭某顺法律上的子女，且其在郭某顺死亡之前已为胎儿并在郭某顺死亡之后活着出生，所以依据《继承法》第 28 条规定，被继承人所立遗嘱因违反法律于此的强制性规定而部分无效，郭某阳有权主张被继承人个人合法财产中胎儿必留份的继承权。就此而言，审理法院本部分判决的论证思路、请求权基础以及相应结论并无问题。

第五节　结　　论

整体来看，虽然指导案例 50 号审理法院所作判决在结果上并无问题，但考虑到指导案例的示范效力以及《民法通则》第 57 条对于夫妻双方的同等适用效力，则该判决基本论证思路的逻辑严谨性以及相关法律规则解释的规范性都存在明显的不足。事实上，由于生育行为中涉及的各方利益，特别是夫妻之间在生育问题上发生严重分歧时导致的夫妻双方之间的权益冲突以及父母子女（胎儿）之间的权益冲突，实质上是法所追求和保护的各项基本价值在具体规则里的投射与冲突，对此，应当交由法院在个案裁判中充分考虑个案的具体情形而适用利益衡量规则确定何者应予优先保护。强行通过指导案例的方式将此类案件的审理规范化和统一化，可能会导致相关规则的解释难以自圆其说，且最终可能会影响个案中具体人之在法律上应受保护利益的充分实现，所以并不可取。

附录案例一：李某、郭某阳诉郭某和、童某某继承纠纷案*

裁判要旨

1. 夫妻关系存续期间，双方一致同意利用他人的精子进行人工授精并使女方受孕后，男方反悔，而女方坚持生出该子女的，不论该子女是否在夫妻关系存续期间出生，都应视为夫妻双方的婚生子女。2. 如果夫妻一方所订立的遗嘱中没有为胎儿保留遗产份额，因违反《中华人民共和国继承法》第十九条规定，该部分遗嘱内容无效。分割遗产时，应当依照《中华人民共和国继承法》第二十八条规定，为胎儿保留继承份额。

基本案情

原告李某诉称：位于江苏省南京市某住宅小区的 306 室房屋，是其与被继承人郭某顺的夫妻共同财产。郭某顺因病死亡后，其儿子郭某阳出生。郭某顺的遗产，应当由妻子李某、儿子郭某阳与郭某顺的父母即被告郭某和、童某某等法定继承人共同继承。请求法院在析产继承时，考虑郭某和、童某某有自己房产和退休工资，而李某无固定收入还要抚养幼子的情况，对李某和郭某阳给予照顾。

被告郭某和、童某某辩称：儿子郭某顺生前留下遗嘱，明确将 306 室赠予二被告，故对该房产不适用法定继承。李某所生的孩子与郭某顺不存在血缘关系，郭某顺在遗嘱中声明他不要这个人工授精生下的孩子，他在得知自己患癌症后，已向李某表示过不要这个孩子，是李某自己坚持要生下孩子。因此，应该由李某对孩子负责，不能将孩子列为郭某顺的继承人。

法院经审理查明：1998 年 3 月 3 日，原告李某与郭某顺登记结婚。2002 年，郭某顺以自己的名义购买了涉案建筑面积为 45.08 平方米的 306 室房屋，并办理了房屋产权登记。2004 年 1 月 30 日，李某和郭某顺共同与南京军区南京总医院生殖遗传中心签订了人工授精协议书，对李某实施了人工授精，后李某怀孕。2004 年 4 月，郭某顺因病住院，其在得知自己患了癌症后，向李某表示不要这个孩子，但李某不同意人工流产，坚持要

---

* 案例来源指导案例 50 号，最高人民法院审判委员会讨论通过 2015 年 4 月 15 日发布。

生下孩子。5 月 20 日，郭某顺在医院立下自书遗嘱，在遗嘱中声明他不要这个人工授精生下的孩子，并将 306 室房屋赠与其父母郭某和、童某某。郭某顺于 5 月 23 日病故。李某于当年 10 月 22 日产下一子，取名郭某阳。原告李某无业，每月领取最低生活保障金，另有不固定的打工收入，并持有夫妻关系存续期间的共同存款 18705.4 元。被告郭某和、童某某系郭某顺的父母，居住在同一个住宅小区的 305 室，均有退休工资。2001 年 3 月，郭某顺为开店，曾向童某某借款 8500 元。

南京大陆房地产估价师事务所有限责任公司受法院委托，于 2006 年 3 月对涉案 306 室房屋进行了评估，经评估房产价值为 19.3 万元。

裁判结果

江苏省南京市秦淮区人民法院于 2006 年 4 月 20 日作出一审判决：涉案的 306 室房屋归原告李某所有；李某于本判决生效之日起 30 日内，给付原告郭某阳 33442.4 元，该款由郭某阳的法定代理人李某保管；李某于本判决生效之日起 30 日内，给付被告郭某和 33442.4 元、给付被告童某某 41942.4 元。一审宣判后，双方当事人均未提出上诉，判决已发生法律效力。

裁判理由

法院生效裁判认为：本案争议焦点主要有两方面：一是郭某阳是否为郭某顺和李某的婚生子女？二是在郭某顺留有遗嘱的情况下，对 306 室房屋应如何析产继承？

关于争议焦点一。《最高人民法院关于夫妻离婚后人工授精所生子女的法律地位如何确定的复函》中指出："在夫妻关系存续期间，双方一致同意进行人工授精，所生子女应视为夫妻双方的婚生子女，父母子女之间权利义务关系适用《中华人民共和国婚姻法》的有关规定。"郭某顺因无生育能力，签字同意医院为其妻子即原告李某施行人工授精手术，该行为表明郭某顺具有通过人工授精方法获得其与李某共同子女的意思表示。只要在夫妻关系存续期间，夫妻双方同意通过人工授精生育子女，所生子女均应视为夫妻双方的婚生子女。《中华人民共和国民法通则》第五十七条规定："民事法律行为从成立时起具有法律约束力。行为人非依法律规定或者取得对方同意，不得擅自变更或者解除。"因此，郭某顺在遗嘱中否认其与李某所怀胎儿的亲子关系，是无效的民事行为，应当认定郭某阳是郭某顺和李某的婚生子女。

关于争议焦点二。《中华人民共和国继承法》（以下简称《继承法》）

第五条规定："继承开始后，按照法定继承办理；有遗嘱的，按照遗嘱继承或者遗赠办理；有遗赠扶养协议的，按照协议办理。"被继承人郭某顺死亡后，继承开始。鉴于郭某顺留有遗嘱，本案应当按照遗嘱继承办理。《继承法》第二十六条规定："夫妻在婚姻关系存续期间所得的共同所有的财产，除有约定的以外，如果分割遗产，应当先将共同所有的财产的一半分出为配偶所有，其余的为被继承人的遗产。"最高人民法院《关于贯彻执行〈中华人民共和国继承法〉若干问题的意见》第 38 条规定："遗嘱人以遗嘱处分了属于国家、集体或他人所有的财产，遗嘱的这部分，应认定无效。"登记在被继承人郭某顺名下的 306 室房屋，已查明是郭某顺与原告李某夫妻关系存续期间取得的夫妻共同财产。郭某顺死亡后，该房屋的一半应归李某所有，另一半才能作为郭某顺的遗产。郭某顺在遗嘱中，将 306 室全部房产处分归其父母，侵害了李某的房产权，遗嘱的这部分应属无效。此外，《继承法》第十九条规定："遗嘱应当对缺乏劳动能力又没有生活来源的继承人保留必要的遗产份额。"郭某顺在立遗嘱时，明知其妻子腹中的胎儿而没有在遗嘱中为胎儿保留必要的遗产份额，该部分遗嘱内容无效。《继承法》第二十八条规定："遗产分割时，应当保留胎儿的继承份额。"因此，在分割遗产时，应当为该胎儿保留继承份额。综上，在扣除应当归李某所有的财产和应当为胎儿保留的继承份额之后，郭某顺遗产的剩余部分才可以按遗嘱确定的分配原则处理。

附录案例二：藏某某与姚某某继承纠纷再审案 *

裁判要旨

否认亲子关系属于身份权范畴，专属于父母子女。自然血亲关系与是否享有继承权无必然联系，裁判继承权纠纷不以亲子关系鉴定为依据，而应当尊重被继承人的真实意愿。

基本案情

原告：藏某某。

被告：姚某某。

刘某某于 2010 年 8 月 15 日死亡，遗留房屋、汽车等遗产共计 1900 余万元，未留遗嘱。刘某某于 1989 年 8 月与藏某红结婚，生育一女藏某某。1995 年 2 月，刘某某与藏某红协议离婚，约定：藏某某由藏某红抚养，刘某某每月负担抚养费 1000 元，藏某某为双方当事人今后各自拥有财产的合法继承人之一。1997 年 12 月，刘某某又与姚某某结婚，生育子女刘甲、刘乙。刘某某死后，藏某某主张继承遗产。姚某某私自采集藏某某的头发与刘某某生前使用牙刷中的遗留物，隐名送鉴定机构进行 DNA 检测，结论排除二人有亲子关系，遂拒绝分配遗产给藏某某。藏某某起诉请求继承刘某某的遗产，被告姚某某等人提出对藏某某与刘某某之间是否存在亲子关系进行鉴定。若存在亲子关系，则藏某某享有继承权；若无亲子关系，则藏某某不享有继承权。藏某某不同意进行鉴定，被告姚某某等人认为应适用最高人民法院《关于适用婚姻法若干问题的解释（三）》（以下简称《婚姻法解释三》）第 2 条第 2 款之规定，认定藏某某不是刘某某的亲生女儿，没有继承权。

审判

重庆市九龙坡区人民法院经审理认为，在原告拒绝鉴定时，推定原告不享有继承权无法律依据，也不符合我国婚姻、家庭、道德观念的原则。因此，不同意被告的鉴定申请，原告在该案件中享有继承权。据此，依照继承法第二条、第三条、第十条、第二十六条之规定，判决被告姚某某向

---

* 重庆市第五中级人民法院（2015）渝五中法少民终字 00399 号民事判决书；重庆市第五中级人民法院（2016）渝 05 民再 17 号民事判决书。案例来源：《人民司法·案例》2017 年第 14 期。

藏某某支付遗产 276 余万元。

姚某某等人不服一审判决，提起上诉。

重庆市第五中级人民法院二审判决对姚某某等人的亲子关系鉴定请求不予支持，除改判确定遗产中房屋所有权的归属外，其余维持一审判决。

姚某某等人仍不服，申请再审。重庆市第五中级人民法院裁定进行再审。再审中，姚某某等人请求采取家族基因检测法进行鉴定，以确定藏某某是否为刘某某的亲生女。

重庆市第五中级人民法院再审认为，亲子鉴定具有很强的伦理性，涉及父母、子女的隐私权，因此，主张亲子鉴定应当严格限定于父母与成年子女本人。被继承人刘某某生前并未提起否认亲子关系的诉讼，而是依离婚协议履行对藏某某的抚养义务。另外，子女与父母有自然血亲关系，不是享有继承权的必备条件，形成抚养关系的继子女、养子女，没有自然血亲关系也可享有继承权。因此，一审、二审不支持姚某某等人亲子鉴定的主张，是依法对藏某某及其母亲名誉权、隐私权的保护，也是对逝者刘某某名誉的尊重，是正确的。遗产分配优先尊重死者生前的意思表示，刘某某在与藏某红的离婚协议中明确表示：藏某某为双方当事人今后各自拥有财产的合法继承人之一。刘某某一直未予以改变，藏某某依此约定享有继承权。重庆市第五中级人民法院于 2016 年 7 月 6 日作出再审判决，确认藏某某享有继承权，在补正二审判决中的瑕疵后，判决维持二审判决。

第七章

配偶权侵害的赔偿责任及正当性基础[*]

第一节　问题的提出

　　配偶权或配偶关系指配偶之间因婚姻而成立的以互负忠实义务为内容的法律关系。配偶权存在于婚姻生活共同体中，后者作为人类社会的基本构成形式与单位，在法律上具有重要地位，各国法律普遍规定婚姻享有受人尊重而不被侵犯的地位。由于配偶权被法律所保护，所以对于该类权益的侵犯会导致各种法律责任的产生。① 在中国，无论是在刑事法律规范层面，还是民事法律规范层面，都强调对于存续之婚姻的保护，因过错致婚姻中无过错配偶权受损的，不仅需要承担必要的民事责任，特定场合情节严重的，还可能承担相应的刑事责任。例如，《刑法》② 第 259 条第 1

---

　　*　本章主要内容发表于《浙江大学学报》（人文社会科学版）2017 年第 6 期。

　　①　关于第三人侵扰婚姻关系的法律问题，《华东政法大学学报》于 2013 年第 3 期以 "第三人侵扰婚姻关系法律问题的比较研究" 为题组织学者对德国、法国、意大利、英国、美国、日本以及我国台湾地区的相关法律实践与法学理论进行了详细讨论，明确了相关国家第三人侵扰婚姻场合的法律责任。

　　②　1979 年 7 月 1 日第五届全国人民代表大会第二次会议通过，1979 年 7 月 6 日全国人民代表大会常务委员会委员长令第五号公布，自 1980 年 1 月 1 日起施行；《中华人民共和国刑法（修订）》由 1997 年 3 月 14 日第八届全国人民代表大会第五次会议修订；《中华人民共和国刑法修正案》由 1999 年 12 月 25 日第九届全国人民代表大会常务委员会第十三次会议通过；《中华人民共和国刑法修正案（二）》由 2001 年 8 月 31 日第九届全国人民代表大会常务委员会第二十三次会议通过；《中华人民共和国刑法修正案（三）》由 2001 年 12 月 29 日第九届全国人民代表大会常务委员会第二十五次会议通过；《中华人民共和国刑法修正案（四）》由 2002 年 12 月 28 日第九届全国人民代表大会常务委员会第三十一次会议通过；《中华人民共和国刑法修正案（五）》由 2005 年 2 月 28 日第十届全国人民代表大会常务委员会第十四次会议通过；《中华人民共和国刑法修正案（六）》由 2006 年 6 月 29 日第十届全国人民代表大会常务委员会第二十二次会议通过；《中华人民共和国刑法修正案（七）》由 2009 年 2 月 28 日第十一届全国人民代表大会常务委员会第七次会议通过；《中华人民共和国刑法修正案（八）》由 2011 年 2 月 25 日第十一届全国人民代表大会常务委员会第十九次会议通过；《中华人民共和国刑法修正案（九）》由 2015 年 8 月 29 日第十二届全国人民代表大会常务委员会第十六次会议通过；《中华人民共和国刑法修正案（十）》由 2017 年 11 月 4 日第十二届全国人大常委会第三十次会议表决通过。

款就规定了与军人的配偶通奸等构成破坏军婚罪。而民事责任的承担主要集中在损害赔偿领域。由于配偶权侵害涉及配偶双方以及第三者等三方主体，而《婚姻法》第46条等仅原则性地规定了婚姻中无过错方以离婚为前提有权向过错方主张损害赔偿，其并未就无过错方与第三者、第三者与过错方的规范关系进行明确规定。最高人民法院公布的婚姻家庭纠纷典型案例中又再次强调婚姻中无过错方有权向出轨者主张精神损害赔偿，引起社会热议。① 在此背景下，仍有必要澄清配偶权侵害中损害赔偿规则适用的若干细节问题。

第二节 配偶权受侵权法保护

我国现行法律规范体系中并未明文规定配偶权，这导致了相应的法学理论与司法实践在立场上存在严重分歧。司法实践中拒绝承认过错第三者承担法律责任的观点认为，由于我国《婚姻法》并没有明文规定配偶权，所以主张由婚姻之外的第三者承担法律责任没有充分的法律依据。② 对于这种观点的主要反对意见则认为，以《婚姻法》没有明文规定配偶权为由而断然否定第三者对婚姻中无过错方承担侵权责任，论证过于粗疏，说服力不足。③ 就中国当前的社会状况而言，依据肯定由过错第三者承担法律

---

① 最高人民法院2015年11月19日发布的婚姻家庭纠纷典型案例共30例，河南省的1例涉及婚姻中过错方与第三者通奸生子并被判处向无过错方承担精神损害赔偿责任，北京市的1例涉及婚姻中过错方在婚姻存续期间出轨而被判处向无过错方承担精神损害赔偿责任。事实上，在我国当前的司法实践中，婚姻中无过错方向过错方主张精神损害赔偿请求权的，当过错方存在同居或与第三者婚外生子事实的，该请求权当然被支持（同居相关判决：北京市第二中级人民法院（2015）二中民终字第02363号民事判决书；北京市第二中级人民法院（2015）二中民终字第00764号民事判决书；北京市第一中级人民法院（2014）一中民终字第09836号民事判决书；北京市顺义区人民法院（2014）顺民初字第04896号民事判决书；北京市西城区人民法院（2014）西民初字第01568号民事判决书；北京市西城区人民法院（2014）西民初字第13924号民事判决书；北京市通州区人民法院（2014）通民初字第07428号民事判决书。婚外生子的相关判决：北京市第二中级人民法院（2015）二中民终字第12469号民事判决书；北京市第一中级人民法院（2014）一中民终字第3455号民事判决书；北京市丰台区人民法院（2013）丰民初字第15473号民事判决书）；当过错方仅出轨而没有其他如婚外生子或同居事实的，则并不当然承担对无过错方的精神损害赔偿责任，于此基本上取决于审理法院的自由裁量（于此场合支持赔偿的判决参见北京市第二中级人民法院（2014）二中民终字第04725号民事判决书；北京市第二中级人民法院（2014）二中民终字第10092号民事判决书；北京市海淀区人民法院（2014）海民初字第21446号民事判决书；北京市石景山区人民法院（2014）石民初字第9030号民事判决书）。

② 参见最高人民法院民事审判第一庭：《婚姻法司法解释的理解与适用》，中国法制出版社2002年版，第104页。

③ 参见解亘：《第三人干扰婚姻关系的民事责任》，载《华东政法大学学报》2013年第3期，第112页。

责任的观点，婚姻仍是家庭与社会制度的基石所在，在当前的主流社会观念当中，性的专属性仍是婚姻的本质之一，该专属性通过婚姻的传统与法律仪式向共同体成员公示，由此取得了任何他人皆不得肆意侵犯的绝对权性质。① 因此，不侵犯他人的婚姻既是法律上的义务，也是人之行为的道德底线。婚姻的此类特性为承认配偶权为受侵权法保护的对象奠定了社会基础。问题是，在配偶权遭受侵害的场合，婚姻中无过错方究竟能依据什么向谁主张什么样的法律责任呢？

一、通过一般侵权条款涵摄

事实上，尽管《婚姻法》等制定法并未明确承认配偶权为典型权利，但这并不影响配偶权在符合一般侵权条款涵摄要件时能通过一般规定获得保护。在我国现行民事法律体系下，一般侵权条款主要是指《民法通则》第 106 条第 2 款以及《侵权责任法》第 6 条结合第 2 条，《民法总则》颁布施行后还包括该法的第 120 条结合第 112 条、第 8 条。

就第 106 条第 2 款而言，由于其未对受侵权法保护的民事权益以性质上的限定，因此，原则上任何民事权益都可以通过该条而获得救济。但司法实践往往会对那些非绝对权性质的民事权益在构成要件上适用更为严格的标准，如过错上适用故意标准、因果关系上适用近因标准等，由此防止侵权法的过度负担并保护人的行为自由。因此，就配偶权而言，无论其是否具备绝对权属性，原则上都属于该条的涵摄对象，至于个案中是否受侵权法保护，则有赖于审理法院对于具体责任成立要件的把握以及自由裁量权的运用。而第 120 条结合第 112 条、第 8 条于此可以被视为第 106 条第 2 款的替代条款，在《民法通则》被废止后可以作为受害人主张损害救济的请求权基础之一。

就第 6 条结合第 2 条而言，由于第 2 条第 2 款对受侵权法保护的民事权益范围采取了列举＋概括的立法模式，而其明确列举的应受侵权法保护的民事权益都具备绝对权的性质，所以原则上非具备绝对权属性的民事权益并不在侵权法的保护范围。当然在主流意见看来，只要是法律已经规定或者约定成俗认为应当成为一种绝对权的，即受侵权法保护。对配偶权而言，考虑到我国当前社会背景下关于婚姻家庭的一般社会道德观念、行为

---

① 参见赵文杰：《第三人侵扰婚姻关系法律问题的比较研究》，载《华东政法大学学报》2013 年第 3 期，第 68 页。

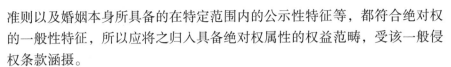

准则以及婚姻本身所具备的在特定范围内的公示性特征等，都符合绝对权的一般性特征，所以应将之归入具备绝对权属性的权益范畴，受该一般侵权条款涵摄。

这也就是说，配偶权无论是否具备绝对权属性，都不影响其在现行侵权法体系下寻得可靠的涵摄依据。司法实践中以没有法律依据为由，完全拒绝配偶权侵害场合下无过错方向第三者主张损害赔偿请求权的做法，并不适当。[①]

二、配偶权是民事利益而非典型权利

当然，以未被法律明确承认的配偶权遭受侵害为由而适用一般侵权条款作为请求权基础主张损害救济时，需要明确如下问题，即配偶权究竟是属于典型权利，抑或仅是一种应受法律保护的利益？因为相对于权利而言，利益并不具备典型权利所特有的周延内涵外延，法律保护界限相对比较模糊，并且在受法律保护的谱系当中，其因居于应受法律保护之范围的边缘而经常在司法裁判的利益权衡中被牺牲。[②] 虽然我国司法实践中有审理法院在判决书中明确承认违背夫妻间的忠实义务会导致对受害人"夫妻权利"的严重侵害等，[③] 但并不能据此当然认定以忠实义务为基础的配偶权属于典型权利，主要原因有以下三个方面。

第一，从实证法规范的角度来看，不管是自然天赋，还是实定法赋予，典型权利都必须为制定法所明确承认，其存在相对明确的内涵外延。未被制定法明确承认的，即使内涵外延确定且利益保护界限清晰，但仍不属于典型权利类型，如占有。对于配偶权来讲，其在我国现行法上的境遇如占有一般，尽管其内涵外延相对比较清晰，但制定法并未明确承认其为权利的一种，因此，将其纳入典型权利类型缺乏实证规范基础。

第二，从司法实践的角度来看，典型权利因为内涵外延确定且在法律保护的权益范围中居于中心位置，因此，原则上并不会因利益权衡规则的适用而被牺牲，利益的保护则恰好与之相反。从当前司法实践所坚持的普遍立场来看，以忠实义务为基础的配偶权被侵害时，审理法院在适用利益

---

① 参见浙江省绍兴市中级人民法院（2010）浙绍民终字第 917 号民事判决书。
② 关于权利与利益的详细区分，参见于飞：《侵权法中权利与利益的区分方法》，载《法学研究》2011 年第 4 期，第 104 页。
③ 参见广东省深圳市中级人民法院（2014）深中法民终字第 2171 号民事判决书。

权衡规则时一般会通过控制侵权责任成立的一般构成要件如过错要件中的过错程度、① 因果关系上的近因标准、② 侵害行为的次数或持续时间、③ 社会影响的大小、④ 损害后果的严重程度等，⑤ 来适当限制侵权损害救济的范围与强度。这显然与典型权利的法律保护立场并不一致。

第三，从法律坚守的基本价值来看，人格尊严以及人格自由发展应当是权利承认与法律保护所追求的最高价值。而以忠实义务为基础的配偶权却是基于婚姻家庭的保护而对人格自由发展的规范限制。⑥ 尽管在我国当前社会背景下承认配偶权应受侵权法保护存在正当性基础，但从社会发展的整体趋势以及比较法上不断变革的实践经验来看，严格限制配偶权的保护范围并扩大以人格尊严和人格自由发展为基础的行为自由领域，⑦ 符合当代法律的基本价值。而如果将配偶权典型权利化，则势必造成对司法实践通过自由裁量权的运用而逐步顺应前述历史趋势的规范障碍，并不利于法律所欲之基本价值的实现。

因此，承认配偶权为受《侵权责任法》保护的对象，并不意味着配偶权当然为该法所保护的典型权利类型，其仅是为该法第 6 条结合第 2 条所构成的一般侵权条款所保护的具有绝对权属性的民事利益。

三、配偶权受侵权法保护的基本规则

对于作为应受侵权法保护的民事利益的一种，配偶权保护亦应遵循《侵权责任法》所确立的一般适用规则。对此，主要包括以下两项。

---

① 参见山东省滨州市中级人民法院（2016）鲁 16 民终 610 号民事判决书；河南省平顶山市中级人民法院（2016）豫 04 民终 537 号民事判决书；安徽省霍邱县人民法院（2013）霍民一初字第 02055 号民事判决书；北京市丰台区人民法院（2013）丰民初字第 15473 号民事判决书。

② 参见广东省鹤山市人民法院（2015）江鹤法民二初字第 12 号民事判决书；浙江省温州市中级人民法院（2014）浙温民终字第 1632 号民事判决书。

③ 参见河南省新乡市中级人民法院（2015）新中民四终字第 236 号民事判决书；福建省福州市中级人民法院（2014）榕民终字第 2536 号民事判决书。

④ 参见上海市第二中级人民法院（2010）沪二中民一（民）终字第 1730 号民事判决书；重庆市沙坪坝区人民法院（2010）沙法民初字第 7148 号民事判决书。

⑤ 参见湖南省岳阳市中级人民法院（2015）岳中民一终字第 100 号民事判决书；山东省胶州市人民法院（2015）胶少民初字第 152 号民事判决书；广西壮族自治区柳州市柳南区人民法院（2014）南民初一字第 2134 号民事判决书。

⑥ 关于这个问题的经典论述见朱苏力：《用法的观点看婚姻》，载《法制资讯》2014 年第 5 期，第 8 页。

⑦ 参见朱晓峰：《侵权可赔损害类型论》，法律出版社 2017 年版，第 638 页。

（一）《婚姻法》规定优先适用规则

就侵权责任的成立与承担而言，《侵权责任法》为一般法，而《婚姻法》为特别法，依据《侵权责任法》第 5 条"其他法律对侵权责任另有特别规定的，依照其规定"，据此《婚姻法》第 46 条等优先于《侵权责任法》中的规定如第 6 条结合第 2 条而获得适用。如果特别法中所确立的规则又明确指向适用一般法中的规则，对此依然应当认为是特别法优先适用的结果，而非一般法规定的当然适用。例如，《最高人民法院关于适用〈中华人民共和国婚姻法〉若干问题的解释（一）》（下文简称《婚姻法司法解释（一）》）[①] 第 28 条规定"婚姻法第 46 条规定的'损害赔偿'包括物质损害赔偿和精神损害赔偿。涉及精神损害赔偿的，适用最高人民法院《关于确定民事侵权精神损害赔偿责任若干问题的解释》的有关规定"，即为适例。

（二）《侵权责任法》中一般侵权条款的漏洞填补规则

对于《婚姻法》等特别法未予规定且未明确排除适用一般法所确立的一般规则进行调整的，如《婚姻法司法解释（一）》第 29 条规定的"婚姻法第 46 条规定的损害赔偿责任主体为离婚诉讼当事人中的无过错方的配偶"，由于该条仅是对第 46 条的解释而非对本身不受《婚姻法》调整的过错第三人责任的当然排除，因此，婚姻中的无过错方当然有权依据《侵权责任法》第 6 条结合第 2 条向过错第三人主张承担侵权责任。具有漏洞填补功能的一般侵权条款在适用时，应注意其所涵摄的对象究竟是立法漏洞所致，还是立法者基于特殊的立法意图而有意未予规定，避免当时被立法者基于特殊的立法意图而特意留白的部分被一般侵权条款的适用所掩盖。[②]

当然考虑到配偶权是利益而非权利，因此，司法实践在适用一般侵权条款进行涵摄时，普遍会运用司法自由裁量权而依据特定社会情势适当控制配偶权的保护范围，从而在行为自由与婚姻家庭保护之间做出适当的平

[①]　2001 年 12 月 24 日最高人民法院审判委员会第 1202 次会议通过。

[②]　在德国法律实践中，对于特别法未予调整的相关事宜，一般侵权条款不得当然地进行漏洞填补，其在适用之前必须审慎考虑立法者在特别法制定时是否基于特定的立法意图而特意进行留白，若存在这种考虑，则一般侵权条款不得适用，防止立法者的立法意图被掩盖，反之，则可以依据一般侵权条款进行调整。关于这个问题的详细论述，参见 Franz Jürgen Säcker/Roland Rixecker Hrsg., Münchener Kommentar zum Bürgerliches Gesetzbuch：Schuldrecht Besonderer Teil Ⅲ, Band 5, C. H. Beck, 2009, S. 1816.

衡。由此导致的结果就是，依据《侵权责任法》中的一般侵权条款所保护的配偶权的范围与强度，在司法实践中因审理法院的不同立场而呈现出了显著的差异性，完全不同于依据《婚姻法》相关规则进行调整所呈现出来的统一性。这种现象从本质上来说是一般性条款向社会开放与其本身的确定性及可预见性之间紧张关系的真实反映，[1] 与之相比，具体条款在此方面的紧张关系则可忽略不计。

四、通过一般侵权条款保护配偶权的主要特点

通过一般侵权条款保护配偶权，存在着如下三项特点。

（一）扩大了配偶权受保护的范围

若不承认一般侵权条款对于以忠实义务为基础的配偶权的保护，可能会导致实践中相关主体合法权益保护不周延的问题。例如，婚姻中过错方为证明感情破裂而达到顺利离婚的目的，在情人教唆下未经因伤丧失生育能力的丈夫同意而擅自终止妊娠的场合下，在我国当前法律实践原则上不承认未出生之胎儿应受法律保护的主体地位之前，[2] 若不承认丈夫于此因配偶权被侵犯而遭受的损害属于一般侵权条款保护的范畴，即很难在现行法中为其提供适当、充分的法律救济。而这种不受救济的结果可能与当前社会中的一般伦理道德观念与民众的自然情感相悖，若司法实践对此不予以适当关注并妥善处理，可能会对法本身的威严与正当性基础造成戕害。通过一般侵权条款而将配偶权纳入侵权法的保护范畴，恰可以为该问题的适当解决提供规范依据。

（二）填补《婚姻法》等特别法的保护漏洞

以《婚姻法司法解释（一）》第 29 条第 1 款为依据，反对婚姻中无过错方向第三者主张承担侵权损害赔偿责任的观点，并不适当。因为该条是对《婚姻法》第 46 条具体适用条件的明确。而从法律规则的主要功能上看，第 46 条是赋权性规则而非强制性规则。依据该条规定，婚姻中无

---

① 关于一般性条款向社会生活开放与其本身确定性及可预见性之间紧张关系的相关论述及解决方案见朱晓峰：《论德国法上的营业权规则及其对我国的启示》，载《政治与法律》2016 年第 6 期，第 20 页。

② 参见朱晓峰：《民法典编纂视野下胎儿利益的民法规范》，载《法学评论》2016 年第 1 期，第 179 页。

过错方以离婚为条件有权向婚姻中过错方主张损害赔偿，而第 29 条第 1 款仅是对第 46 条规定的内容予以了进一步明确，其并未规定新的内容。第 46 条未规定无过错方有权向第三者主张损害赔偿请求权，依据第 29 条第 1 款的解释，这仅是表明其无权以第 46 条为依据向第三者主张损害赔偿请求权，并不能当然推导出该条禁止无过错方向第三者主张其他法律上规定的责任。因为《婚姻法》仅仅调整与婚姻关系相关的事宜，并不调整也无必要调整过错第三者的民事法律责任问题。依据民事法律责任一般规定与婚姻法上法律责任的特别规定之间的规范关系，在特别规定没有明确规定的情形下，可以依据一般规定来解决相关责任是否成立以及如何分配的问题。① 此即一般条款的漏洞填补功能。因此，在《婚姻法》未就无过错方与第三者之间的侵权责任的成立与承担做出特别规定时，应依据一般法规定确定。

（三）社会道德观念通过法官自由裁量权影响一般侵权条款的具体适用

由于一般侵权条款本身的特性，使得配偶权这种并未被法律明确规定之利益类型的保护，在司法实践中普遍受制于审理法院个案审理时法官的自由裁量权。在一般侵权条款所确定的框架范围内，审理法院一般会依据利益权衡规则综合考量行为人的过错程度、侵害行为的持续时间、社会影响以及受害人所遭受损害的严重程度等因素，以最终确定个案中遭受侵害的配偶权是否能够获得侵权法上的救济。② 在配偶权侵害案件当中，这些被综合考量的因素中需被重点关注的是社会一般道德观念对于具体案件判决的影响。几乎所有支持或反对婚姻中无过错方的判决，都会涉及通过一般社会道德观念来论证婚姻中过错方与第三者承担民事责任是否正当的问题。由于不同裁判者秉持着不同的社会道德观念，并且对于一般侵权条款适用的具体标准也有不同的裁判尺度，所以实践中屡屡会出现自由裁量权的恣意与同案不同判等影响法之权威的现象。③

---

① 参见张红：《道德义务法律化》，载《中外法学》2016 年第 1 期，第 81 页。

② 参见北京市第三中级人民法院（2015）三中民终字第 13889 号民事判决书；重庆市沙坪坝区人民法院（2010）沙法民初字第 7148 号民事判决书；江苏省南京市六合县人民法院（2000）六民初字第 731 号民事判决书。

③ 事实上，对于无过错方主张损害赔偿的，无论是支持的还是反对的判决，都会涉及对一般社会道德观念的说明，但判决结果却截然不同。相关判决可参见重庆市沙坪坝区人民法院（2010）沙法民初字第 7148 号民事判决书；江西省赣州市章贡区初级人民法院（2008）章民三初字第 580 号民事判决书。反对的判决参见广西壮族自治区大化瑶族自治县人民法院（2005）大民初字第 41 号民事判决书；江西省赣州市中级人民法院（2008）赣中民三终字第 314 号民事判决书。

还应关注的是，婚姻中无过错方以一般侵权条款主张侵权法上的损害救济，原则上须以夫妻之间负有相互忠实义务的配偶关系存在为前提。例如，对于婚前与情人发生性关系的女性怀孕之后与他人结婚并将孩子生下来的行为，在我国当前的司法实践中，审理法院一般会认为，尽管这种婚前性行为有违人情道德，但并没有违反婚内夫妻忠实义务，因为该性行为发生时尚不存在应受法律保护的配偶关系，自不存在对婚姻关系中另外一方当事人的侵权责任问题。① 当然，若存在严重违反社会公共道德并且导致婚姻中无过错方人格权益严重受损的情形，即使侵害行为发生时并无婚姻关系存在，婚姻中无过错方向过错方主张损害赔偿请求权也会获得审理法院的支持。如对于在恋爱期间同时又与他人交往并在与恋人婚后生育他人子女的行为，导致受害人误认为该子女为其亲生而长期抚养的，司法实践中有法院即认为，于此的侵害行为属于违反社会公共道德而侵害受害人人格尊严的行为，在造成受害人精神损害并存在严重后果时，应依据一般侵权条款支持受害人所主张的精神损害赔偿请求权。②

第三节 损害赔偿责任人

在现行民事法律体系下，婚姻无过错方有权依据《婚姻法》《民法通则》《民法总则》和《侵权责任法》等主张因配偶权被侵害而遭受损害的赔偿请求权。依据请求权基础的不同，无过错方分别可以向婚姻中过错方主张婚姻法上的损害赔偿请求权，向过错第三者主张侵权法上的损害赔偿请求权，个别情形下还会发生损害赔偿请求权与不当得利返还请求权的规范竞合问题。

一、婚姻中的过错方

依据《婚姻法》第 46 条以及《婚姻法司法解释（一）》第 29 条等规定，婚姻中无过错方以离婚为前提，有权向过错方主张损害赔偿请求权。于此存在的可予赔偿的损害类型，依据《婚姻法司法解释（一）》第 28

---

① 参见浙江省宁波市中级人民法院（2009）浙甬民一终字第 760 号民事判决书。
② 参见广东省鹤山市人民法院（2015）江鹤法民二初字第 12 号民事判决书；浙江省温州市中级人民法院（2014）浙温民终字第 1632 号民事判决书。

条规定，包括财产损害和精神损害。

（一）财产损害

财产损害赔偿原则上须以实际损害的存在为前提。在当前司法实践中，配偶权侵害场合因侵害行为导致婚姻中无过错方所遭受的财产损害中的可予赔偿的范围，包括孩子出生前所支出之必要费用（检查费、保胎费、建卡费）、出生费、医疗费、生活费、营养费、护理费、误工损失、鉴定的交通费等实际财产损害，[①] 也包括因此支出的亲缘关系鉴定费、[②] 违反计划生育政策而缴纳的社会抚养费。[③] 当然，司法实践中可予赔偿的实际财产损害，必须是可证明的因侵害行为导致的，否则即使存在相应损害，也无法获得赔偿。例如，若亲子关系非依亲缘鉴定咨询报告而被确定，或者因无过错方自行委托医疗机构进行血迹亲缘关系鉴定而非经法定程序确需必要鉴定费用支出，[④] 即使司法判决最终确定受害人与过错方所生子女无亲缘关系，其因此支出的鉴定费也不属于应予赔偿的损害范畴。[⑤] 当然于此受害人因抚养非亲生子女所支出的费用，司法实践中也有审理法院依据《民法通则》第 92 条（《民法总则》第 122 条）所确立的不当得利规则，承认受害人向负有法定抚养义务的亲生父母主张不当得利返还请求权。[⑥] 这实质上体现了在作为特别法的《婚姻法》与作为一般法的《民法通则》之间存在请求权竞合现象，受害人有权选择其一主张。

对于受害人于此遭受的财产损害的赔偿，必须以损害系侵害行为引起为前提，对非因侵害行为引起的损害，不属于于此可予赔偿的范围。例如，婚姻中无过错方为婚外情调查合同支出的费用，是否属于可赔损害范畴？对此，最高人民法院在其发布的指导意见中明确指出，由于离婚损害赔偿中经济损失和精神损害赔偿的内容均是基于配偶一方导致离婚的过错行为所致，强调的是对因受配偶侵权行为损害的无过错配偶提供经济和精神上的救济，为婚外情调查合同支出的费用，不属于《婚姻法》第 46 条

---

① 参见江苏省南京市六合县人民法院（2000）六民初字第 731 号民事判决书。
② 参见广东省韶关市曲江区人民法院（2014）曲法民一初字第 991 号民事判决书。
③⑤ 参见广东省鹤山市人民法院（2015）江鹤法民二初字第 12 号民事判决书。
④ 参见北京市怀柔区人民法院（2015）怀民初字第 01237 号民事判决书。
⑥ 参见 1992 年《最高人民法院关于夫妻关系存续期间男方受欺骗抚养非亲生子女离婚后可否向女方追索抚养费的复函》。另外，相关判决参见广西壮族自治区柳州市柳南区人民法院（2014）南民初一字第 2134 号民事判决书；安徽省广德县人民法院（2014）广民一初字第 02423 号民事判决书；广东省鹤山市人民法院（2015）江鹤法民二初字第 12 号民事判决书。

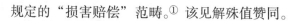

规定的"损害赔偿"范畴。① 该见解殊值赞同。

(二) 精神损害

对婚姻关系中过错方应向无过错方承担精神损害赔偿责任，我国当前司法实践中有审理法院在裁判文书的说理部分明确指出："夫妻互相忠实，不背叛爱情，不仅是传统美德，也是法定义务。对婚姻不忠实，是难以容忍的不诚信，它不仅破坏了夫妻关系，拆散了家庭，也伤及无辜的子女，而且败坏了社会风气，是法律所禁止的行为。为了保证法律的公平公正，维护正常稳定的婚姻家庭关系，引导配偶之间坚守相互忠诚的道德准则，应当对被告的此种漠视配偶间忠诚义务、挑战婚姻行为准则的行为予以制裁。只有对这种行为加以制裁才能对其他婚姻家庭中的夫妻起到警示和预防的作用，从而营造一个稳定有序的和谐社会。"② 在中国当前的社会背景下，这种说理事实上真实地表明了法律适用与民众自然情感的内在牵连关系，值得肯定。

依据《婚姻法司法解释（一）》第 28 条规定，婚姻关系侵害中涉及精神损害赔偿的，依据《精神损害赔偿司法解释》的有关规定确定。而依据后者第 8 条规定，因侵权致人精神损害的，仅有造成严重后果的，受害人所主张的精神损害赔偿请求权才会被法院支持，否则原则上并不会获得法院支持。何谓"严重后果"，依该司法解释第 9 条、第 10 条等规定，当侵害行为造成受害人死亡或者身体残疾时，当然存在严重后果；而其他情形下的精神损害是否赔偿以及赔偿的数额，则由法院在个案审理中具体判定。这实质上赋予了审理法院于此场合具有是否支持受害人所主张之精神损害赔偿请求权的自由裁量权。

依据《婚姻法》第 46 条规定，当存在重婚、有配偶者与他人同居、实施家庭暴力或虐待、遗弃家庭成员时，婚姻中无过错方有权依据《婚姻法司法解释（一）》第 28 条向过错方主张精神损害赔偿。而依据《婚姻法司法解释（一）》第 2 条规定，"有配偶者与他人同居"的情形是指有配偶者与婚外异性不以夫妻名义持续、稳定地共同居住。因此，通奸并不必然构成于此所谓的"同居"。那么因婚姻中过错方通奸行为而遭受精神损害的婚姻中无过错方在何种情形下所主张的赔偿请求权会因"严重后

---

① 参见最高人民法院民一庭：《为婚外情调查合同支出的费用不属于婚姻法第 46 条规定的"损害赔偿"范畴》，载《民事审判指导与参考》2009 年第 36 辑，第 104 页。
② 参见天津市第二中级人民法院（2015）二中民一终字第 1128 号民事判决书。

果"的存在而能够获得审理法院的支持呢？如前所述，在我国当前司法实践当中，一般而言，侵害人的主观状态如第三者明知或恶意，侵害行为的持续时间以及社会影响，损害的严重程度，侵害行为发生地的风俗习惯以及法官个人的伦理道德观念等，都会影响审理法院对"严重后果"的判断。① 例如，在婚姻中过错方与第三者通奸生子场合，审理法院一般会认为存在严重损害后果而支持无过错方所主张的精神损害赔偿请求权。② 在支持受害人于此场合所主张之精神损害赔偿请求权的审理法院看来，虽然因婚外情、通奸等怀孕生子并不在第 46 条所列范围，但和有配偶者与他人同居的行为相比，该情形中过错方的过错程度以及对无过错方、婚姻家庭及未成年子女造成的伤害均有过之而无不及，依据"举轻以明重"的类推解释规则，过错方当然应向无过错方承担精神损害赔偿责任。③ 当然，对单纯的通奸行为所导致的婚姻中无过错方所主张的精神损害赔偿请求权而言，一般并不会被审理法院所支持。④ 存在问题的是，由于何谓"严重后果"的诸项考量因素并没有统一的适用标准，司法实践中也总是会出现一些同案不同判的现象。所以，对于单纯通奸导致的婚姻中无过错方的精神损害，司法实践中也有审理法院在判决中支持予以赔偿的。⑤

由于财产损害赔偿原则上以实际发生的财产损害为要件，而精神损害赔偿受"严重后果"是否满足的限制，因此，我国司法实践中有审理法院在认定婚姻中过错方的损害赔偿责任时，不再明确区分究竟是对无过错方所遭受的财产损害的赔偿还是对精神损害的赔偿，而是径直笼统地使用"损害赔偿"这一范畴，⑥ 或者虽不承认精神损害赔偿，但却在财产分割时考虑婚姻过错方违反婚姻忠实义务的过错而相应地做出有利于无过错方

---

① 参见江苏省南京市六合县人民法院（2000）六民初字第 731 号民事判决书。
② 参见湖南省岳阳市中级人民法院（2015）岳中民一终字第 100 号民事判决书；山东省胶州市人民法院（2015）胶少民初字第 152 号民事判决书；广西壮族自治区柳州市柳南区人民法院（2014）南民初一字第 2134 号民事判决书；安徽省广德县人民法院（2014）广民一初字第 02423 号民事判决书；湖南省新宁县人民法院（2014）宁民一初字第 1207 号民事判决书；江苏省常熟市人民法院（2014）熟虞少民初字第 0027 号民事判决书。
③ 参见天津市第二中级人民法院（2015）二中民一终字第 1128 号民事判决书。
④ 参见辽宁省大连市中级人民法院（2015）大民一终字第 468 号民事判决书；广西壮族自治区桂林市象山区人民法院（2012）象民初字第 348 号民事判决书；河南省商河县人民法院（2014）唐民一初字第 1700 号民事判决书；新疆维吾尔自治区克拉玛依市中级人民法院（2015）克中法民申字第 7 号民事裁定书。
⑤ 参见北京市通州区人民法院（2013）通民初字第 13520 号民事判决书；江西省赣州市章贡区初级人民法院（2008）章民三初字第 580 号民事判决书；北京市丰台区人民法院（2014）丰民初字第 03935 号民事判决书；福建省福州市中级人民法院（2014）榕民终字第 2536 号民事判决书。
⑥ 参见湖北省高级人民法院（2014）鄂民监二再终字第 00024 号民事判决书。

的财产分割方案，① 来避免因相关概念的细致区分所可能导致地对受害人的救济不力现象发生。

（三）配偶双方互负同等的忠实义务

在中国传统法制与社会观念中，婚姻中的忠实义务原则上仅是对女方而言的，对男方而言，其并不对妻子负有同等的忠实义务。而当前的《婚姻法》则在男女平等的原则下确立了配偶双方互负同等的忠实义务。这意味着，婚姻中的无过错方无论男女，只要因过错方和插足婚姻的第三者而遭受损害的，就有权主张损害赔偿。

在婚姻中男方无过错而女方有过错的案件中，例如，田某诉王某一般人格权纠纷案的审理法院即认为，被告（妻子）在与原告（丈夫）夫妻关系存续期间与他人生育一子的行为有违公序良俗，且在双方离婚时隐瞒真相，由原告继续承担抚养义务，该行为不仅造成原告经济上的损失，同时也给原告的精神造成极大损害。因此，审理法院以被告违反社会公德侵害他人人格权益为由，支持了原告所主张的财产损害和精神损害赔偿请求权。②

在婚姻中女方无过错而男方有过错的案件审理中，司法实践所持的基本立场同审理男方无过错而女方有过错的案件并无二致。例如，周某诉张某离婚后损害责任纠纷案的审理法院即认为："夫妻应互相忠实，互相尊重。被告在与原告婚姻关系存续期间，与他人有不正当男女关系的行为，并生育一女，导致离婚，应承担相应的民事赔偿责任。"③

男女双方在婚姻忠实义务上的平等地位，实质上反映了平等观念在我国民事法律关系特别是婚姻关系中的深入贯彻，是我国社会发展进步的重要表现。

二、第三者

对于插足婚姻的第三者是否需要对婚姻中无过错方承担侵权法上的损

---

① 参见北京市第二中级人民法院（2015）二中民终字第 10801 号民事判决书；上海市第一中级人民法院（2015）沪一中民一终字第 897 号民事判决书。
② 参见重庆市沙坪坝区人民法院（2010）沙法民初字第 7148 号民事判决书；北京市石景山区人民法院（2014）石民初字第 9030 号民事判决书。
③ 参见浙江省东阳市人民法院（2015）东民初字第 197 号民事判决书；北京市通州区人民法院（2014）通民初字第 07428 号民事判决书。

害赔偿责任，在我国学理与司法实践中存在不同观点。

（一）第三者应否担责的理论争议

持肯定意见的学者认为，第三者插足他人婚姻，既侵害了婚姻无过错方依法享有的配偶权，并且可能导致其名誉受损，也构成对现行法所保护的婚姻家庭的侵害，扰乱社会秩序。鉴于此，应在法律上否定并制裁第三者插足他人婚姻的行为，反映在民事责任上，就是第三者须对自己的侵害行为向婚姻中无过错方承担损害赔偿责任。[1] 持反对意见的学者则认为：第一，第三者插足他人婚姻属于道德规范领域，对此法律不应过度干预；第二，产生第三者的原因错综复杂，现实生活中的很多第三者本身也是受害人，通过法律予以制裁并不适当；第三，将婚姻关系外的第三人牵涉进诉讼关系，即使最后查明的事实证明第三人不应承担责任，也可能因为诉讼行为本身对其生活造成不利影响。故以不承认第三者的侵权责任为宜。[2]那么究竟哪种观点更妥当呢？

结合我国特定的社会历史背景，在现行法律体系下，全面肯定或否定第三者的侵权责任可能都不适当，需要具体分析。虽然在现代社会背景下配偶权依其性质依然具有公示性的特点，但这种公示性已经因人口流动频繁所导致的陌生人社会的形成以及婚姻状况属于个人隐私范畴等因素的影响而大打折扣。特别是在婚姻中过错方以故意且违反社会公德的方式向第三者隐瞒其已婚的事实或第三者已尽到一般人的注意义务而仍不知道与之交往的对方当事人为已婚人士的，则该第三者无须向婚姻中的无过错方承担侵权责任。[3] 而在第三者依一般人的注意义务即可发现与之交往的对方为已婚人士且仍与之发生不正当关系的，那么其需要就过错行为向婚姻中的无过错方承担侵权责任。事实上，于此情形下应该考虑人之行为自由与婚姻家庭保护特别是配偶权保护之间，通过一般人的注意义务标准来进行平衡处理的问题。既不能因为强调对配偶权的充分保护而使他人的行为自由受到不合理的限制，也需要考虑因行为自由的滥用所可能导致地对他人合法权益以及与之相适应的婚姻家庭的侵扰。因为任何人的自由都是有限度的，与之相对的是，健康、安宁的婚姻家庭生活，对于未成年人的健康

---

① 参见杨立新：《侵权损害赔偿》，法律出版社 2010 年版，第 460 页。
② 参见王林清、杨心忠：《侵权纠纷裁判标准与规范》，北京大学出版社 2014 年版，第 377 页。
③ 参见湖南省永州市冷水滩区人民法院（2014）永冷民初字第 657 号民事判决书。

成长以及家庭成员的幸福安宁也至关重要。① 就此而言，在法之运行的理想状态下，行为自由与配偶权及婚姻家庭的法律保护并不是非此即彼的对立关系，而是一种犬牙交错的动态平衡状态。

（二）请求权基础

由于《婚姻法》第 46 条以及与之相关的司法解释等所确立的是婚姻中无过错方向过错方主张损害赔偿的请求权基础，婚姻中无过错方无法据此向插足婚姻的第三者主张侵权损害赔偿责任。在《婚姻法》等对第三者侵害婚姻所应承担的民事责任无特别规定时，应回溯至一般侵权条款来为婚姻中无过错方提供救济的请求权基础。依据前述分析，无论配偶权是否具备绝对权属性，都不影响无过错方在现行侵权法体系下依据《民法通则》第 106 条第 2 款（《民法总则》第 120 条结合第 112 条、第 8 条）或者《侵权责任法》第 6 条结合第 2 条，在符合侵权责任一般构成要件的前提下，向第三者要求承担侵权责任。事实上，对于无过错方以一般侵权条款作为向第三者主张损害赔偿的请求权基础的，司法实践中也有审理法院予以支持。②

对于第三者而言，依据《侵权责任法》第 6 条结合第 2 条、第 20 条、第 22 条等规定，其需要对相应侵害行为所导致的受害人的实际财产损失与精神损害承担赔偿责任。我国学理上有观点认为，应直接以《侵权责任法》第 22 条等为依据来支持婚姻中无过错方向第三者主张精神损害赔偿。③ 该观点并不完全准确。因为第 22 条本身并不能独立作为支持受害人精神损害赔偿请求权的裁判依据，其必须在第 6 条结合第 2 条确定的侵权责任的基础上来确定精神损害是否赔偿的问题。

需要注意的是，在破坏军婚罪场合，若第三者依据《刑法》第 259 条规定而承担了相应的刑事责任，那么其即不需要再对婚姻中无过错方承担精神损害赔偿责任。因为依据《最高人民法院关于适用〈中华人民共和国刑事诉讼法〉的解释》（下文简称“《刑事诉讼法司法解释》”）④ 第 138

---

① 参见薛军：《干扰婚姻关系的损害赔偿》，载《华东政法大学学报》2013 年第 3 期，第 93 页。
② 参见江苏省南京市六合县人民法院（2000）六民初字第 731 号民事判决书。
③ 参见于晓：《论干扰婚姻关系的侵害客体》，载《山东社会科学》2011 年第 1 期，第 142 页。
④ 法释〔2012〕21 号，2012 年 11 月 5 日最高人民法院审判委员会第 1559 次会议通过，自 2013 年 1 月 1 日起施行。

条第 2 款规定，若因受到犯罪侵犯，提起附带民事诉讼或者单独提起民事诉讼要求赔偿精神损失的，人民法院不予受理。依据该条规定，第三者对于其应承担的财产损害赔偿责任，则不受是否已承担刑事责任的影响。

（三）第三人承担侵权责任的法理基础

在现行法律规范体系内，婚姻中过错一方承当法律责任的基础在于对婚姻忠实义务的违反。存在问题的是，婚姻忠实义务仅对婚姻当事人双方产生拘束力，其并不具备约束婚姻之外第三人行为自由的效力。因此，需要明确，由第三者承担侵权责任的法理基础何在？一般而言，承担侵权责任需要具备的前提条件是，行为人侵犯了受侵权法保护的民事权益或违反了保护性的法律。由于婚姻中无过错方因缔结婚姻而享有的配偶权并未被现行法明确承认为权利，因此，需要从法律的其他一般性规定中探求是否存在满足由第三者承担侵权责任所必须具备的前提条件。于此需要重点关注作为现行民事法律一般原则而存在的《民法总则》第 8 条。依据这几条规定，民事主体的合法权益受法律保护，任何组织和个人不得侵犯，且民事活动应不违背公序良俗。那么婚外第三人插足他人婚姻是否构成对这些基本原则的违反呢？这需要从如下方面来分析。

一方面，就婚姻的本质来看，其是男女双方依据自主意志形成的受法律保护的一种微型社会组织即婚姻，构成国家这种大的社会共同体存续的基础。[①] 婚姻结构的规范性、稳定性以及持续性，关系着国家的正常存续与健康发展，因此，国家非常注重从法律层面关注并保护婚姻家庭。[②] 从这个角度来看，对于婚姻的法律保护，实际上体现着法律对于通过婚姻而得以维系的社会公共利益的关注与保护。任何危害婚姻稳定结构的行为包括第三者插足婚姻的行为，实质上是危害了以稳定的婚姻为存在基础的社会公共利益。针对这种危害社会公共利益的行为，行为人是否承担责任以及承担何种责任，在法之历史的不同阶段有不同的表现。例如，在我国传统社会的法制实践中，插足婚姻的第三者一般要承担严厉的刑事责任，而在当代的法制实践中，第三者原则上无须再承担刑事责任。这种变化实质上反映了婚姻与个体中的哪一方在国家通过法律维护社会公共利益时会被

---

① 参见赵文杰：《第三人侵扰婚姻关系法律问题的比较研究》，载《华东政法大学学报》2013 年第 3 期，第 68 页。

② 参见夏吟兰：《论婚姻家庭法在民法典体系中的相对独立性》，载《法学论坛》2014 年第 4 期，第 5 页。

优先保护的现实。重视婚姻家庭以及由此体现出来的社会公共利益的国家，一般会要求第三者承担较为严厉的法律责任，而重视个体自由以及由此体现出来的社会公共利益的国家，则在第三者承担责任方面较为宽容。我国当前法律实践原则性的放弃给予第三者严厉刑事制裁的传统做法，而仅在特定条件具备时承认由第三者对婚姻中无过错方承担民事赔偿责任，实质上就是婚姻家庭与个体在国家考量公共利益实现时所占分量发生重大变化的反映。

另一方面，既然婚姻是配偶双方依据自主意志缔结的受法律保护的共同体，那这种依据自主意志所形成的共同体依当事人自主意志的存续本身，就体现着当事人双方以人格尊严为基础的合法权益，非依法或双方当事人约定而导致的对婚姻存续本身的危害行为如第三者插足他人婚姻，就是对婚姻当事人以人格尊严为基础的合法权益的侵害。[①] 存在问题的是，通过婚姻配偶双方自主意志的合意而合法形成的婚姻并不当然地为婚外第三者知晓，若婚姻当事人一方故意隐瞒其婚姻状况而与不知情的第三者交往，于此情形下当然承认第三者对于婚姻中无过错一方承担配偶权侵害的法律责任，势必滞碍行为自由并最终影响社会公共利益的实现。据此，对配偶权侵害场合第三者是否向婚姻中无过错方承担法律责任的判断，本质上是适用利益权衡规则在以人格尊严为基础的配偶权与以人格自由发展为基础的行为自由之间进行权衡。这也意味着，即使第三者侵害了婚姻中无过错方的合法权益，也并不必然承担法律责任。第三者是否承担侵权法律责任，除了存在配偶权被侵犯的事实外，还应当考虑行为人的主观过错、侵害行为持续时间、损害的严重程度以及社会影响等因素，以确定保护配偶权是否会导致对行为自由以及社会公共利益等造成不当影响，并最终确定第三者是否向婚姻中无过错方承担法律责任。

因此，与违反婚姻忠实义务的婚姻过错方不同，婚外第三者并不必然因侵害婚姻中无过错方的合法权益即违反法定义务而对其承担法律责任。于此在法理基础上的核心差异在于：法律所保护的权益产生依据及界限不同。配偶之间的相互忠实义务基于双方的自主约定而依法产生，因此，其权利义务的界限是清晰明确的，在我国当前的法律实践中，一方以违反社会公共道德的方式违反忠实义务，由其承担对婚姻中无过错方的法律责

① 参见韩跃红：《生命伦理学语境中人的尊严》，载《伦理学研究》2015年第1期，第111页。相关判决参见重庆市沙坪坝区人民法院（2010）沙法民初字第7148号民事判决书；北京市石景山区人民法院（2014）石民初字第9030号民事判决书。

任，并不存在着对其本身应受法律保护的合法权益以及社会公共利益等实现的不利影响。[①] 而婚外第三者与婚姻及其内部的无过错方之间的法律关系完全是基于法律规定而产生，第三者违反了其承担的法定义务，侵害了婚姻中无过错方应受法律保护的合法权益，这与当事人之间的自主意志没有任何牵连。在我国当前的法律实践中，虽然婚姻当事人双方对婚姻享有应受法律保护的合法权益，但以婚约为基础的婚姻并不具备当然使婚外第三人知晓其存在的特性。若由婚外第三者当然对配偶权侵害所导致的损害向婚姻中无过错方承担法律责任，则会存在着对其本身应受法律保护的行为自由以及由此体现出来的社会公共利益等实现的不利影响。因此，需要通过利益权衡规则来确定冲突着的配偶权与行为自由等究竟何者应优先保护。

第四节　赔偿责任人之间的规范关系

就损害赔偿责任的具体承担而言，应向无过错方承担损害赔偿责任的过错方与过错第三者之间的规范关系为何？对此，在现行法律体系下，应从侵权法和婚姻法两个角度观察。

一、侵权法中的规范关系

我国学理上有观点认为，过错方与第三者之间的规范关系取决于受害人的选择。若受害人不追究婚姻中过错方的侵权责任，则损害赔偿责任完全由第三者承担；若受害人向过错方与第三者同时主张，则责任人之间就损害赔偿承担连带责任。持该观点的学者认为，于此考虑受害人是否追究，有助于稳定现存的婚姻关系，有利于保护妇女儿童的合法权益。[②] 依据这种观点，若受害人放弃追究婚姻中过错方的侵权责任而仅向第三者主张损害赔偿，那么承担了损害赔偿责任的第三者无权向婚姻中的过错方就

[①] 这区别于德国的主流法律实践观。德国联邦最高法院在判决中曾明确指出，任何人不能强迫配偶（包括通过诉讼途径）与其建立婚姻同居的关系，若赋予婚姻中无过错方有权向过错方和第三者主张停止侵害行为或损害赔偿请求权，则构成对该原则的规避，违反为基本法所优先保护的个体人格自由发展价值。关于这个问题，可参见 Xiaofeng Zhu, Schadensersatz bei Ehebruch in Deutschland und China, Recht als Kultur, No. 12 (2016), S. 169.

[②] 参见杨立新：《侵权损害赔偿》，法律出版社 2010 年版，第 464～465 页。

其依过错本应承担的份额行使追偿权。

据此可以认为，配偶权既然以忠实义务的存在为前提，侵害配偶权的实质是对忠实义务的违反，因为只有婚姻中的配偶双方互负忠实义务，所以违反忠实义务的就只能是配偶中的过错方，配偶权侵害属于内部关系处理的问题。① 于此情形下，配偶权侵害案件中过错第三者的侵害行为只有在同婚姻中过错方违反忠实义务的行为相结合时，才会导致对婚姻中无过错方以婚姻忠实义务为基础的配偶权的侵害。② 例如，在配偶被他人强奸的案件中，因不存在忠实义务的违反，所以被强奸方的配偶无权向侵权人主张侵权责任，而被强奸方有权依据身体权、人身自由权等被侵犯而主张侵权损害赔偿。亦即言，在配偶权侵害案件中，婚姻中无过错方所遭受的损害是婚姻中过错方与第三者的侵害行为所共同导致的，在我国现行侵权法律体系下，这构成多数人侵权责任。③

在多数人侵权责任场合，若第三者明知对方当事人已婚而依然与之交往并侵害他人婚姻家庭的，那么依据《民法通则》第130条或《侵权责任法》第8条规定，第三者与婚姻中过错方对婚姻中无过错方承担连带责任；④ 若第三者未尽到社会上一般人应尽的注意义务而导致婚姻中无过错方配偶权被侵犯的，由于第三者与婚姻中过错方于此场合并无共同故意，二人属于分别实施侵权行为但造成他人同一损害的情形，并且二人任何一人的行为都不足以导致受害人之全部损害的发生，所以应依据《侵权责任法》第12条确定责任关系：若能够确定责任大小的，各自向婚姻中的无过错方承担侵权责任；难以确定责任大小的，则平均承担赔偿责任。

对依据《民法通则》第130条或《侵权责任法》第8条所确定的连带责任的承担，依据《侵权责任法》第13条、第14条以及《民法总则》第178条规定，婚姻中的无过错方有权请求部分或全部连带责任人承担责任；若连带责任人中的一人承担了全部责任，那么其有权就超出自己赔偿数额的部分向其他连带责任人追偿。若婚姻中的无过错方放弃追究婚姻中过错方的责任，那么依据《人身损害赔偿司法解释》第5条第1款，作为共同侵权人的第三者对被放弃诉讼请求的婚姻过错方应承担的赔偿份额不

---

① Vgl. BGH 21.3.1956, FamRZ 1956, 180；BGHZ 23, S. 279；BGHZ 26, S. 217.
② 参见叶名怡：《法国法上通奸第三者的侵权责任》，载《华东政法大学学报》2013年第3期，第81页。
③ 参见程啸：《侵权责任法》，法律出版社2015年版，第338页。
④ 关于这个问题的判决，参见江苏省南京市六合县人民法院（2000）六民初字第731号民事判决书。

承担连带责任，若于此的责任范围难以确定的，那么推定各共同侵权人承担同等责任。

对于依据《侵权责任法》第 12 条所确定的侵权责任的承担，由于婚姻中过错方与第三者承担的是按份责任，于此场合，作为受害人的无过错方放弃追究任何一方的责任，都不会影响其对其他责任人主张相应的损害赔偿责任。

二、《婚姻法》对损害赔偿责任的影响

由于婚姻中过错方向无过错方承担损害赔偿责任受《婚姻法》的特别规定调整，而第三者向无过错方承担损害赔偿责任受《侵权责任法》中的一般规定调整。在婚姻中无过错方未离婚且没有以之为前提而依据《婚姻法》第 46 条向婚姻中过错方主张损害赔偿，那么其是否有权向过错第三者主张侵权法上的损害赔偿请求权？

比较法上有观点认为，于此情形下若婚姻中无过错方向插足婚姻的第三者主张精神损害赔偿，其实就是从婚姻中过错方的失足中获得物质利益，这种行为因违反德国法上的善良风俗而被禁止。[1] 但在中国当前配偶权侵害案件当中，被普遍承认的婚姻中无过错方的损害赔偿请求权特别是精神损害赔偿请求权，除了抚慰功能之外，尚具有制裁功能，[2] 其目的在于对中国传统社会一直以来所强调的婚姻家庭予以充分保护，并对违反社会公共道德之行为进行惩罚。因此，即使婚姻中无过错方未依据《婚姻法》向婚姻中过错方请求损害赔偿，其也有权依据侵权法的一般规定向过错第三者主张其应承担的侵权责任。

存在问题的是，在我国现行法律体系下，若夫妻采取共同财产制，那么在配偶权侵害场合，若夫妻并未离婚而无过错方依侵权法向第三者主张损害赔偿所获得的财产，是否属于夫妻共有财产？由于配偶权侵害场合所适用的损害赔偿规则尤其是精神损害赔偿规则的主要功能在于抚慰和制裁，其所抚慰的对象是无过错方，制裁的对象是违反夫妻忠实义务的过错方以及知晓或应当知晓并侵害他人配偶权而违反社会公共道德的第三者。

---

[1] 德国法上的相关司法判决参见 BGH 12. 7. 1955，JZ 1955，S. 581.

[2] 例如，我国司法实践中有法院在婚姻侵害案件的判决书中明确指出，制裁具体是通过精神损害赔偿规则的运用来实现。相关判决具体参见天津市第二中级人民法院（2015）二中民一终字第 1128 号民事判决书。

就此而言，即使无过错方不再追究过错方的损害赔偿责任，也不意味着过错方还可以因其违法行为而从中获益。因此，无过错方因侵害行为从第三者那里所获得的赔偿属于《婚姻法》第18条第5项的个人财产，不属于第17条第1款第5项规定的夫妻共有财产。据此，未区分考虑夫妻个人财产和共有财产内容的婚姻侵害赔偿观点可能存在问题。该观点认为，若侵害配偶权的双方均有配偶，在双方受害人均不要求离婚而放弃追究其过错之配偶一方责任的，则双方受害人向第三者主张的损害赔偿之债互相抵销；若双方受害人中仅有一方要求离婚而另一方受害人不要求离婚的，那么要求离婚的得向侵害配偶权的过错双方主张多数人侵权责任，而不要求离婚的一方则仅能向第三者主张侵权责任。① 由于配偶权侵害中无过错方向第三者主张损害赔偿请求权而获得的财产属于个人财产，所以这部分财产并不能当然适用抵销规则。而向受害人承担损害赔偿责任的责任财产应是第三者的个人财产，若其个人财产不足以承担赔偿责任且其配偶不主张离婚，于此场合对不足部分以夫妻共有财产支付，对于支付之后该第三者与其配偶之间的权利义务关系，依《婚姻法》处理。

第五节　损害赔偿请求权的诉讼时效

配偶权侵害中的无过错方所依法享有的损害赔偿请求权是否受诉讼时效限制？对此，需要区分两种情形处理。

一、对第三者主张请求权的诉讼时效

由于无过错方对第三者主张损害赔偿的请求权基础是《侵权责任法》上的一般侵权条款，在现行民事法律体系下，当法律未就诉讼时效设置特殊规则时，适用诉讼时效的一般规则。依据《民法通则》第135条规定，于此场合受害人应从知道或应当知道权利被侵害之日起二年内向人民法院请求保护被侵害的权利，向加害人主张损害赔偿请求权。《民法总则》施行后则依据该法第188条第1款结合第2款第1句规定的一般诉讼时效规则确定。

---

① 参见杨立新：《侵权损害赔偿》，法律出版社2010年版，第465页。

二、对过错方主张请求权的诉讼时效

由于无过错方向过错方主张损害赔偿以《婚姻法》的相关规定为请求权基础，而依据《婚姻法》第46条和《婚姻法司法解释（一）》第29条规定，无过错方向过错方主张损害赔偿，必须以离婚为前提，若法院不准离婚，那么相关损害赔偿请求权即不会获得法院支持。于此存在的问题是，若婚姻中无过错方因未离婚而没有向过错方主张损害赔偿责任，嗣后过错方或无过错方主张离婚又被法院支持的，于此情形下的相关损害赔偿请求权诉讼时效规则如何适用？

依据《婚姻法》第46条规定，无过错方向过错方主张损害赔偿的基础在于侵害配偶权导致了离婚。依据文义解释规则，侵害配偶权的行为发生之后而未离婚的，即使是自无过错方知道或应当知道之日起满两年，但如果嗣后的离婚依然是因该侵害配偶权的行为所导致的，无过错方依然有权依据第46条主张损害赔偿。依据目的解释规则，第46条以及《婚姻法司法解释（一）》第29条等主要是为了保护无过错方而确定的损害赔偿规则，[①] 无过错方以维持家庭继续存在而主动放弃了通过离婚向过错方主张损害赔偿，若嗣后该侵害行为依然导致了离婚，那么为了法之目的的实现，依然有必要承认无过错方有权向过错方主张损害赔偿。所以于此的诉讼时效应依据《民法通则》第135条第2句，按照法律另有规定的情形处理，而不适用二年的普通诉讼时效。《民法总则》施行后则依据第188条第2款第2句处理于此的诉讼时效问题。另外，依据《婚姻法司法解释（一）》第30条规定，无过错方特定情形下主张《婚姻法》第46条规定的损害赔偿必须在离婚后的一年内提起，超过该期间的法律不再保护无过错方的相应损害赔偿请求权。

三、诉讼时效适用中的个人自由与婚姻家庭保护

通过排除民法中作为一般规则的普通诉讼时效来解决婚姻中无过错方向过错方主张损害赔偿的时效限制问题，确实有助于无过错方利益的保

---

① 参见王林清、杨心忠：《侵权纠纷裁判标准与规范》，北京大学出版社2014年版，第375页。

护，在某种程度上也有利于婚姻家庭的维系，有其积极意义。存在问题的是，依据《民法通则》第 103 条、《民法总则》第 110 条以及《侵权责任法》第 2 条第 2 款规定，婚姻自主权也属于应受民法保护的权利，而婚姻自主权本身内含着结婚的自由与结婚后选择离婚的自由。婚姻过错方固然需要对其忠实义务的违反而向无过错的配偶承担赔偿责任，但这种赔偿责任的承担不能构成对过错方婚姻自主权的不合理限制。

在德国，当以人格自由发展为价值基础的婚姻自由与婚姻家庭保护两种法益发生冲突时，相应法律实践选择了优先保护婚姻自由。依据德国联邦最高法院的观点，任何人不能强迫配偶（包括通过诉讼途径）与其建立婚姻同居的关系，如果赋予婚姻中无过错方有权向过错方和第三者主张停止侵害行为或损害赔偿请求权，则构成对该原则的规避。① 而中国当前的法律实践恰好与德国的完全相反，其在两者发生冲突时选择了优先保护婚姻家庭。

事实上，在涉及利益冲突的具体案件审理中，这种非此即彼的利益保护方式并不可取。具体案件审理中的利益权衡规则毋宁是需要在若干冲突的法益之间探寻一种动态的平衡状态。② 从动态平衡的利益权衡视角出发，在中国当前的法律实践中，首先应当承认《民法通则》第 137 条或《民法总则》第 188 条第 2 款第 3 句规定的最长诉讼时效于此应有适用余地。若婚姻中一方曾过错侵害过对方配偶所享有的配偶权，侵害行为发生之后双方并未离婚，即使夫妻双方因该侵害行为而一直存在家庭纠纷且最终诉诸法院并导致离婚，若侵害行为距离离婚的期间已经过了最长的诉讼时效期间，曾有权主张损害赔偿的无过错方也不得再就此主张《婚姻法》第 46 条规定的损害赔偿。另外，若时代发展导致保护婚姻家庭的基本社会观念与价值让位于优先保护个人自由的社会观念与价值时，③ 那么以之为基础的具体法律规则也应当逐步调整，例如，依据第 46 条确定的损害赔偿请求权，也应受普通诉讼时效限制，或者像瑞士一样最终废止配偶权侵害所导致的损害赔偿。④

---

① Vgl. Christian v. Bar, Gemeineuropäisches Deliktsrecht, Bd. 2, C. H. Beck, 1999, S. 126 – 127.

② 参见［德］诺伯特·赖希，金晶译：《论欧洲民法的比例原则》，载《财经法学》2016 年第 3 期，第 110 页。

③ 参见叶名怡：《法国法上通奸第三者的侵权责任》，载《华东政法大学学报》2013 年第 3 期，第 81 页。

④ 参见林秀雄：《亲属法讲义》，元照出版公司 2012 年版，第 211 页。

第六节 适用损害赔偿规则保护
配偶权的传统因素

整体而言，我国当前的法律实践对以忠实义务为基础的配偶权以及婚姻家庭的保护，要优先于对包括婚姻自主权在内的个人自由的保护。在适用损害赔偿规则救济因配偶权被侵害而遭受损害的婚姻中的无过错方时，相应损害赔偿规则中的精神损害赔偿、连带责任以及特殊的诉讼时效制度等，实质上体现了对过错方与过错第三者的相应侵害行为的严厉否定和制裁。正如我国有学者已经正确指出的那样，配偶权侵害问题的法律处理"往往折射出了社风民情上的显著差异。同一个国家的不同历史时期处理方式上的变化，又传达了社会主流价值观念转变的信息"。[①] 事实上，我国配偶权侵害中相应损害赔偿规则适用时所表现出来的这些特点，与我国传统社会中严厉制裁通奸行为的主流社会观念与法律实践有着千丝万缕的联系。

一、历史传统

对于侵害婚姻的通奸或和奸行为，我国自西周以降的传统法律基本上都给予了相应行为人以严厉的刑事制裁。例如，西周时的法律规定，"男女不以义交者，其刑宫"（《尚书正义·吕刑》）；秦代法律规定，"夫为寄豭，杀之无罪，男秉义程"（《史记·始皇帝本纪》）；汉代的法律规定，"诸与人妻和奸，及其所与皆完为城旦舂"（《张家山汉简·二年律令·杂律》）；唐代法律规定，"诸奸者徒一年半，有夫者徒二年。疏议曰：和奸者，男女各徒一年半，有夫者二年"（《唐律疏议·杂律》）；宋代法律规定，"诸奸者，徒一年半，有夫者徒二年"（《宋刑统·杂律·诸色犯奸》）；元代在之前的法律实践基础上增加了对通奸妇女去衣受刑的规定，"诸和奸者，杖七十七；有夫者，八十七。诱奸妇逃者，加一等，男女罪同，妇人去衣受刑"（《元史·刑法志三·奸非》）；明、清时相应法律实践与元代的基本一致，"凡妻、妾与人奸通，而于奸所亲获奸夫奸妇，登时杀死者，勿论（《大明律·刑律二·人命》）；"凡和奸杖八十，有夫杖

---

① 参见薛军：《干扰婚姻关系的损害赔偿》，载《华东政法大学学报》2013 年第 3 期，第 93 页。

九十，刁奸杖一百"《大明律·刑律八·犯奸》，"其妇人犯罪，应决杖者，奸罪去衣受刑余罪单一决罚"（《大明律·名例·工乐户及妇人犯罪》）。尽管清末变法修律以后的法律实践对于通奸当事人特别是女性的严厉刑事制裁部分程度上予以了改变，但是，它并未完全放弃制裁当事人的基本立场。① 例如，1936 年颁布施行的《中华民国刑法》第 239 条规定："有配偶而与人通奸者，处一年以下有期徒刑。其相奸者，亦同。"这实质上是法制现代化过程中传统对现代化的反动。

二、现代的变革与传承

即使 1949 年以后中华人民共和国社会主义法律实践废弃了以六法全书为代表的清末修律以来的法制成果，并且在坚持马克思主义的人的尊严观以及倡导妇女平等保护等思想的前提下，放弃了一直以来通过规定严厉的刑事责任给予通奸行为以制裁的做法，但这并不意味着制裁通奸行为的传统观念即完全从现行法律体系中被清理出去了。事实上，制裁通奸行为的传统社会观念建立在维护以夫权为核心的家庭伦理秩序的基础之上，并且它深深地植根于民众的自然情感之中。在塑造这种自然情感的社会生活未根本性的变革并重新塑造出宽容且崇尚个体自由的主流社会观念之前，任何人为地武断放弃反映民众之自然情感的法律规则与相应的司法实践，最终都会逐渐地被适合民众自然情感的法律实践所吞噬。事实上，我国当前法律实践承认配偶权侵害场合婚姻中无过错方向过错方和过错第三者主张连带的精神损害赔偿责任，即为法律实践对于法制现代化观念的一种悄无声息的反动。这种法律实践一般也不会导致民众的普遍反感与抗拒，甚至被判决承担相应损害赔偿责任的当事人自己也不会对此提出正当性方面的质疑。② 这表明，通过支持婚姻关系中无过错方的精神损害赔偿请求权来制裁侵权行为的司法实践本身，在现阶段仍符合民众的自然情感，有其存在的正当性基础。受此影响，我国当前的法学理论中也有观点认为，应当通过民事制裁的方式来实现对婚姻关系的保护。③ 这种观点在当前的司法实践中也不乏支持者。例如，在杨某某

---

① Vgl. Zhu Xiaofeng, Schadensersatz bei Ehebruch in Deutschland und China, Recht als Kultur, No. 12（2016），S. 176.

② 关于婚姻损害赔偿规则在我国当代社会的实践效果，参见陈苇、张鑫：《我国离婚损害赔偿制度存废论》，载《河北法学》2015 年第 6 期，第 31 页。

③ 参见杨立新：《侵权损害赔偿》，法律出版社 2010 年版，第 460～464 页。

与高某某离婚纠纷案中，审理法院在针对通奸情形中受害人向过错方主张的精神损害赔偿请求权应否被支持的判决说理部分即明确指出："为了保证法律的公平公正，维护正常的稳定的婚姻家庭关系，引导配偶之间坚守相互忠诚的道德准则，应当对被告的此种漠视配偶间忠诚义务、挑战婚姻行为准则的行为予以制裁。只有对这种行为加以制裁才能对其他婚姻家庭中的夫妻起到警示和预防的作用，从而营造一个稳定有序的和谐社会。"[①]应当说，这些学理观点及司法实践实际上真实地反映了形成于传统社会且依然在当前社会中绵延不绝的人之自然情感的价值取向。

当然，塑造人之自然情感的社会生活本身一直处于变动不居的状态。因此，当人之自然情感因变化了的社会生活而具备了新的价值内核之后，那么通过民事损害赔偿规则制裁通奸行为的惯常作法可能会让位于对个体自由以及人之尊严的更深层次的保护。[②]

第七节　结　　论

正如学理上已经正确指出的那样，配偶权侵害中的损害赔偿问题涉及各国的不同文化，价值判断可能各异。[③] 就我国当前民事法律体系中所确立的配偶权侵害中的损害赔偿规则而言，中国的相应法律实践更倾向于对婚姻中无过错方的保护，藉此以实现对婚姻家庭这一社会基本构成单位的充分保护。而这恰恰与那些重视个人自由之维护的法律价值观念形成鲜明对比。[④] 当然，任何法律制度都是对特定社会背景下的人之现实需求的反映与满足，当社会本身发展导致人之现实需求以及以之为基础的社会主流价值观念发生转变之后，旧的法律规则自然就会被取代。对那些与配偶权保护规则相似的更多地涉及社会道德观念的法律规则来说，是否能够满足社会普通民众的一般道德观念，涉及其正当性甚至生存本身。因此，对配偶权侵害中损害赔偿规则的存废来讲，亦不能违反这一基本规律。

---

① 参见天津市第二中级人民法院（2015）二中民一终字第1128号民事判决书。
② Vgl Zhu Xiaofeng, Schadensersatz bei Ehebruch in Deutschland und China, Recht als Kultur, No. 12（2016），S. 179.
③ 参见孙维飞：《通奸与干扰婚姻关系之损害赔偿》，载《华东政法大学学报》2013年第3期，第103页。
④ Vgl. Christian Starck, Das Bonner Grundgesetz Kommentar, Bd. 1, Fran Valen, 1999, S. 767.

附录案例一：周某某诉王某等生身父母纠纷案*

裁判要旨

在夫妻关系存续期间，夫妻双方均应对夫妻感情忠贞不贰，洁身自爱，不应与他人发生婚外情。妻子长期与他人保持婚外情并通奸生子，在主观上欺骗了自己的丈夫，放纵了自己的情感，使自己处于一种矛盾的旋涡里。第三人在与他人相处时，明知对方是有夫之妇，却与其保持暧昧关系，破坏别人家庭，是极不道德的。第三人与婚姻中过错一方的行为，严重地侵害了无过错方对配偶的权利，给无过错方造成了极大的精神打击。因此，二人应赔偿无过错方的精神损失。

基本案情

原告：周某某，男，31岁，汉族，江苏南京人，工人。

被告：王某，男，28岁，汉族，江苏南京人，工人。

诉讼代理人：池某，江苏合众律师事务所律师。

诉讼代理人：封某敏，江苏合众律师事务所律师。

被告：王某某，女，26岁，汉族，江苏南京人，工人。

原告诉称：我与王某某原系夫妻，1999年4月生一子周某。2000年3月，王某某因与邻居沈某某产生纠纷，沈传出周某并非我亲生子，而是王某与王某某所生。为此，在2000年4月，王某某、周某和我及王某同去上海司法鉴定科学技术研究所做亲子鉴定。过了不久，王某交给我一份司法鉴定书，上写我与周某是亲生父子。后来才得知此鉴定书是王某伪造的，真实的鉴定结论确认我与周某没有血缘关系，周某系王某、王某某所生。此事给我造成了极大的精神伤害，我失眠、头晕，在近两个月内体重减轻三十多斤，且听力也大大下降。2000年8月，我与王某某协议离婚。请求法院确认王某为周某的亲生父亲，判令被告支付对其所生子周某的保胎费、生活费、医疗费、营养费、护理费、陪护费等合计1.9万元，支付本人

---

* 江苏省南京市六合县人民法院（2000）六民初字第731号民事判决书。案例来源：北大法宝，【法宝引证码】CLI. C. 228710，网址链接：

https：//www. pkulaw. com/pfnl/a25051f3312b07f34ca309c7ba49a197339702a689167284bdfb. html？keyword = % EF% BC% 882000% EF% BC% 89% E5% 85% AD% E6% B0% 91% E5% 88% 9D% E5% AD%97% E7% AC% AC731% E5% 8F% B7，最后访问日期：2019年3月19日。

误工费及精神伤害赔偿费3万元，并支付亲子鉴定费、差旅费3500元。

被告王某辩称：我与王某某是同事，双方经常接触，王某某说她喜欢我，要与我结婚，且要为我生一小孩。1998年春节，王某某与我发生第一次性关系。王某某怀孕后，告诉我孩子是我的。后来由于王某某与邻居沈某某吵架，沈某某讲孩子不是周某某的，而是我的。这样，我们四人一同去上海做亲子鉴定，结果为周某是我与王某某所生。为了息事宁人，我与王某某找人做了一份假鉴定。此事发生后，我被原告闹得不得安宁，我新婚不久的妻子也遭受打击。这给我们双方都造成了伤害，双方都是受害者。由于孩子周某是周某某与王某某婚姻存续期间所生，故原告的各项损失不予认可。只请求法院将周某的抚育权判给我。

被告王某某辩称：1997年12月22日下班后，我们单位聚餐。大约晚上9点多钟，王某叫我与他一起走。在滁河边，他把我强奸了。之后，王某又多次威逼我与他发生性关系，最终生了周某。由于当时我与原告没有离婚，原告要求赔偿的费用我已承担了一半，我不应再赔偿。至于原告提出精神伤害赔偿，本人的精神也受到很大的伤害，此费用应由王某给付。

本院经不公开审理查明：原告周某某与被告王某某原系夫妻。1997年年底至1998年年初，王某某与同单位职工王某发生婚外性关系。此后，两被告又多次发生性关系。1998年7月，王某某怀孕，其将怀孕一事告知王某，怀疑孩子是王某的。1999年4月15日，王某某生下一子，取名周某。周某某对两被告的所作所为一无所知。2000年3月，王某某与邻居沈某某发生争吵，在争吵中沈某某说出周某不是周某某的亲生子，而是王某所生。周某某知悉此事后，与王某某、王某一道带着周某，于2000年4月18日去上海司法部司法鉴定科学技术研究所，对王某与周某以及周某某与周某之间有无亲生血缘关系作技术咨询。咨询意见认为王某与周某之间存在亲生血缘关系，周某某与周某之间不存在亲生血缘关系。但被告王某拿到咨询意见书得知上述结论后，私刻研究所印章，重新打印尾页，更改咨询意见。周某某对更改后的咨询意见书表示怀疑，再次去上海核实，才使事实真相大白。2000年8月4日，周某某与王某某协议离婚，周某由王某某抚育，周某今后的一切费用与周某某无关。夫妻共同财产各半分割。庭审中，双方当事人一致认定周某出生前费用（检查费、保胎费、健卡费）2500元、出生费2500元、医疗费2000元及用于鉴定的交通费679元。周某某、王某某认为周某生活费、营养费、护理费合计7000元，王某认为此费用为4500元。周某某提出误工损失3200元及精神损害赔偿费

3 万元，王某某接受，但王某认为周某某的误工损失与本案无关，精神损害赔偿费不予认可。

上述事实有下列证据证明：

1. 司法部司法鉴定科学技术研究所咨询意见书。咨询意见为：

（1）按照国际通用标准，可以认为王某与周某之间存在着亲生血缘关系。

（2）可以认为周某某与周某之间不存在亲生血缘关系。

2. 周某部分医疗费用及医疗病历。六合县六城镇卫生所的门诊医药费收据 2 张，价款为 140 元。南京市儿童医院门诊收费收据 1 张，价款为 85.5 元。六合县人民医院的门诊医药费收据 2 张，合计价款为 95.3 元。南京市儿童医院周某的门诊病历 1 份。

3. 交通费票据。南京至上海的江苏省公路汽车客票 3 张，共计 264 元。上海至南京的上海市省市际汽车客票 7 张，共计 579 元。上海至南京的 42 次火车票 1 张，计为 47 元。还有 26 张公共汽车、出租车发票，共计 217 元。

4. 周某某误工证明。南京钢铁厂六合分厂的证明载明：兹有我厂职工周某某在 4 月 17 日至 8 月 2 日期间没到渣场上班，影响劳务收入 3200 元。同时，季度奖及年终奖金受到损失约 1500 元。

5. 周某某与王某某离婚证书。六合县人民政府于 2000 年 8 月 4 日核发的离婚证及周某某与王某某签订的离婚协议书。其中，在协议书子女安排一栏中写明：小孩周某与周某某无血缘关系，周某由王某某抚养，周某以后的一切费用与周某某无关。

6. 诊断证明书及门诊病历各 1 份。六合县中医院于 2000 年 8 月 10 日出具的诊断证明书载明：姓名周某某，病情诊断神经性耳鸣，处理意见建议高压氧治疗。周某某的门诊病历卡载明：左耳耳鸣，听力下降等。

本院根据上述事实和证据认为：王某某在与周某某夫妻关系存续期间，应对夫妻感情忠贞不贰，洁身自爱，不应与王某保持长达半年多的婚外情。王某某认为这一切都是王某威逼、恐吓造成的，倘若成立，其应有足够的时间、机会向警方报案，或向有关部门反映。而王某某未能采取这些有效的措施，阻止王某对其伤害，相反，在怀孕后与王某商讨结婚一事。可以看出，王某某在主观上欺骗了自己的丈夫，放纵了自己的情感，使自己处于一种矛盾的旋涡里，一方面，害怕周某某知道；另一方面，还继续与王某有不正当的来往。王某在与同事相处时，明知王某某是有夫之妇，却与其保持暧昧关系，破坏别人家庭，是极不道德的。两被告不光彩的做法，严重地侵害原告对配偶的权利，给原告造成了极大的精神打击。因此，两被告应赔偿原告的精神损失。

对双方当事人一致认同的各项费用，予以确认，同时确认周某生活费、营养费、护理费为4500元。由于原告从事重工业，且工作具有一定的危险性，在受到如此大的精神打击下，势必影响工作。因此，其提供的3200元误工损失，予以确认。原告要求王某归还所借的2350元鉴定费，王某认为与该案不属同一法律关系，予以采纳。与孩子周某有关的各项费用，在周某某与王某某夫妻关系存续期间，已共同承担，王某某已支付相应的费用。同样，周某某的误工损失及交通费等，王某某应享有相应的权利。因此，除精神损害赔偿外，王某某不再承担周某某的损失。由于周某某与王某某离婚时共同财产各半分割，婚前双方用共同财产抚育周某，客观上造成周某某应得财产的减少，其减少部分应由王某承担。王某辩称周某某、王某某夫妻关系存续期间，无法确认周某某在抚育周某费用上的实际份额，其理由不足，不予支持。

依照《中华人民共和国民事诉讼法》第四条第二款、第一百二十八条，《中华人民共和国民法通则》第一百零四条、第一百零六条第二款、第一百三十条，本院判决如下：

1. 王某与周某之间存在亲生血缘关系，王某为周某生父。

2. 周某出生前费用2500元，出生费2500元，医疗费2000元，生活费、营养费及护理费4500元，周某某误工损失3200元及用于鉴定的交通费679元，合计人民币15379元，王某于本判决生效之日起10日内给付该费用中的7690元，其余费用已由王某某负担，王某某不再负担，但王某某应对王某给付义务承担连带责任。

3. 王某某、王某于本判决生效之日起10日内给付周某某精神损害赔偿费人民币1万元。

4. 驳回周某某其他诉讼请求。案件受理费2300元，周某某负担1560元，王某负担530元，王某某负担210元。

一审宣判后，双方当事人均未上诉。判决生效后，被告一方已经自动履行了判决确定的给付义务。

附录案例二：杨一某与高某某离婚纠纷案 *

裁判要旨

夫妻一方在婚内长期存在婚外情，与他人通奸并生下一子的过错行为虽然不在《婚姻法》第 46 条所列情形当中，但该行为与有配偶者与他人同居的行为相比，过错程度以及对无过错方、对婚姻家庭及未成年子女造成的伤害均有过之而无不及。我国自古就有"举轻以明重"的法律适用原则，为了保证法律的公平公正，维护正常的稳定的婚姻家庭关系，引导配偶之间坚守相互忠诚的道德准则，应当对过错方的此种漠视配偶间忠诚义务、挑战婚姻行为准则的行为予以制裁。只有对这种行为加以制裁才能对其他婚姻家庭中的夫妻起到警示和预防的作用，从而营造一个稳定有序的和谐社会。

基本案情

上诉人（原审被告）高某某。

委托代理人曲某，天津北某律师事务所律师。

委托代理人王某锋，天津北某律师事务所律师。

被上诉人（原审原告）杨一某。

委托代理人陈某，天津优某律师事务所律师。

委托代理人吴某敬，天津优某律师事务所实习律师。

上诉人高某某因与被上诉人杨一某离婚纠纷一案，不服天津市河西区人民法院于 2015 年 1 月 26 日受理，2015 年 7 月 24 日作出的（2015）西民一初字第 00162 号民事判决，向本院提起上诉。本院于 2015 年 8 月 26 日受理后，依法组成合议庭，并于 2015 年 9 月 23 日公开开庭审理了本案。上诉人高某某及其委托代理人曲某、王某锋，被上诉人杨一某及其委托代理人陈某、吴某敬到庭参加诉讼。本案现已审理终结。

---

* 天津市第二中级人民法院（2015）二中民一终字第 1128 号民事判决书。案例来源：北大法宝，【法宝引证码】CLI. C. 16425167，网址链接：

https://www.pkulaw.com/pfnl/a25051f3312b07f300b99b49c132544a046f4514c7a72236bdfb. html? keyword=%EF%BC%882015%EF%BC%89%E4%BA%8C%E4%B8%AD%E6%B0%91%E4%B8%80%E7%BB%88%E5%AD%97%E7%AC%AC1128%E5%8F%B7，最后访问日期：2019 年 3 月 19 日。

原审法院查明，原告、被告于1999年12月经人介绍相识，后确立恋爱关系，某年某月某日登记结婚，原告、被告均系初婚，某年某月某日生有一女取名杨二某。二人婚前及婚后初期感情尚可，后逐渐产生矛盾，二人于2007年7月27日协议离婚，《离婚协议书》约定：一、关于子女抚养安排：婚生女杨二某由女方抚养，男方不支付抚养费，孩子的教育费和医药费双方各承担50%，男方可随时探望孩子。二、关于住房处理：坐落于河西区解放南路与梅江道交口瑞江花园归高某某所有。杨一某自行解决住房问题，并保证为此不再提出异议。三、关于财产分割：1.以下财产归女方所有：全部财产。2.以下财产归男方所有：个人衣物。四、关于债权、债务处理：坐落于河西区解放南路与梅江道交口瑞江花园房屋贷款由女方偿还。五、双方约定的其他协议：男方放弃房产作为孩子的抚养费。原告、被告办理协议离婚后未办理天津市河西区解放南路与梅江道交口瑞江花园某室私产房屋的过户更名手续。协议离婚后二人于2008年年底复合，原告回到家中与被告及女儿共同居住，2010年1月29日原告、被告办理复婚登记手续。被告于某年某月某日生有一子取名杨三某，但被告称原告并非该子亲生父亲，故原告携婚生女杨二某于2015年1月13日离家在原告的父母家居住，被告与其子杨三某一起生活，原、被告分居至今。

在原审法院审理过程中原告认为被告在原、被告婚姻存续期间所生之子杨三某并非原告亲生，申请对原告与被告所生之子杨三某之间是否存在亲子关系进行鉴定，但被告坚持拒绝配合做亲子鉴定，故原审法院根据《最高人民法院关于适用〈中华人民共和国婚姻法〉若干问题的解释（三）》第二条之规定推定原告的主张成立，即杨三某非原告亲生。

原、被告名下财产情况：1.原告名下的天津市河西区解放南路与梅江道交口瑞江花园某室及屋内家具、家电：夏普牌46寸液晶电视一台、美的牌冰箱一台、格力牌挂式空调两台、格力牌柜式空调一台等。原、被告婚后于2003年购买该房屋，购房款256182元，其中首付款56182元、贷款200000元。自购房起至原、被告第一次协议离婚共还房屋贷款50个月，本息约80000元；自原、被告协议离婚至二人复婚共还房屋贷款30个月，本息共计约42000元；从原、被告复婚至2015年5月共还房屋贷款63个月，本息共计约75600元；截至还完2015年5月的房屋贷款后，尚欠本金83333.75元。该房屋贷款的还款方式是等额本金，每月还款本金均为833.34元。原、被告双方均认可该房屋现价值1450000元。该房屋现由原告及其子居住。原、被告均同意按照开庭时以上述核对的金额作为共同财产分割的依据；2. 被告名下的牌照号为"津H某某"威志牌小轿车一辆；3. 原、被告各自名下的住房公积金及养老保险的个人缴存部分；4. 原告申请的中德住房储蓄银行的住房储蓄产品项下的权益。

原、被告在庭审中对部分财产达成了一致的分割意见：1. 位于天津市河西区解放南路与梅江道交口瑞江花园某室室内的家具、家电均归被告所有，被告给付原告折价款2000元；2. 牌照为"津H某某"威志牌小轿车归被告所有，被告给付原告折价款8000元；3. 原、被告各自名下的住房公积金和养老保险的个人缴存部分归各自所有，被告给付原告差价款35000元；4. 原告申请的中德住房储蓄银行的住房储蓄产品项下的权益由原告享有，被告放弃分割。

原审原告杨一某诉讼请求：1. 解除原、被告婚姻关系；2. 婚生女杨二某由原告抚养，被告按照法律规定支付抚养费，直至杨二某独立生活为止；3. 分割夫妻共同财产；4. 被告支付精神损害赔偿金5万元；5. 诉讼费用由被告承担。

原审法院认为，原、被告在婚后共同生活期间未能妥善地处理二人的婚姻家庭关系，原告要求离婚，被告也同意离婚，二人的夫妻感情确已破裂，因此，对于原告要求离婚的诉讼请求应当予以支持。对于婚生女杨二某的抚养问题，原、被告均主张子女的抚养权，原审法院考虑杨二某现一直跟随原告共同生活的情况及子女的个人意愿，对于原告要求婚生女杨二某由原告抚养的诉讼请求依法予以支持。被告庭审中表示如原告抚养子女同意每月支付抚养费1000元，原告亦表示认可，原审法院对此予以确认。杨三某非原告亲生子，原告无须承担抚养义务，该子由被告抚养，抚养费用由被告自行承担。庭审中，原、被告对于部分夫妻共同财产的分割达成了一致意见，原审法院予以照准。

针对原、被告存在争议的夫妻共同财产河西区解放南路与梅江道交口瑞江花园某室私产房屋的分割问题，该房屋系原、被告在结婚后使用共同财产缴纳首付款，余款办理了房屋贷款所购买。购买该房屋后二人共同偿还房屋贷款。2007年7月27日原、被告协议离婚时签订的《离婚协议书》中约定：上述房屋归被告所有，剩余房屋贷款由被告偿还，此后房屋贷款由被告一人偿还。但上述协议签订后，原、被告并未办理房屋的过户更名手续，在原、被告于2008年年底复合后，原告回到家中居住与被告共同生活，直至2010年1月29日原、被告办理复婚登记手续期间原、被告及女儿共同居住、共同生活，原、被告财产应已混同，此期间偿还的房屋贷款以及二人复婚后偿还的房屋贷款均应当认定为原、被告共同出资偿还。因此，在原、被告协议离婚时对房屋进行的分割约定应当认定为此前的房屋出资全部归被告所有。而原、被告复合后共同出资偿还的贷款款项中原告所占部分应当在本案离婚诉讼中进行分割，该部分款项对应的增值部分按照该房屋的增值情况一并进行补偿。对于离婚后房屋权属的分配，综合考虑该房屋现在的居住情况及原、被告各自在该房屋中所占的份额，该房屋在原、被告离婚后归被告所有比较适宜。购买该房屋的全部支出即首付款及已还贷款本息为253782元，该房屋现价值扣除未还贷款本金后为1366666.3元，该房屋增值约5.39倍。综合考虑财产的具体情况、离婚后子女抚养情况、双方的经济状况、住房情况、过错情况等原审法院认定原、被告自2008年年底复合后至2015年5月共同还贷款项中被告应当返还原告50000元，按增值比例计算后应为269500元。

针对被告称原、被告婚姻存续期间对案外人享有债权的主张，因证据不足原审法院不予支持，如被告搜集到相关证据，可另行以民间借贷纠纷起诉案外人。

被告当庭承认其婚内长期存在婚外情，与他人通奸并生下一子，被告的种种行为最终导致原、被告的夫妻感情破裂而离婚，造成原告精神上受到严重的损害，被告作为过错方应当对原告受到的损害承担赔偿责任，所以对于原告要求被告赔偿精神损害赔偿金50000元的诉讼请求，原审法院依法予以支持。对于被告辩称被告的上述行为并不属于《中华人民共和国婚姻法》第四十六条中所列的无过错方有权请求损害赔偿的几种情形，因此不应承担赔偿责任的抗辩意见。原审法院认为《中华人民共和国婚姻法》第四十六条规定有下列情形之一，导致离婚的，无过错方有权请求损害赔偿：（一）重婚的；（二）有配偶者与他人同居的；（三）实施家庭暴力的；（四）虐待、遗弃家庭成员的。本案中被告的过错行为虽然不在上述条款中所列，但被告的所作所为同有配偶者与他人同居的行为相比，过错程度以及对无过错方、对婚姻家庭及未成年子女造成的伤害均有过之而无不及。我国自古就有"举轻以明重"的法律适用原则，为了保证法律的公平公正，维护正常的稳定的婚姻家庭关系，引导配偶之间坚守相互忠诚的道德准则，应当对被告的此种漠视配偶间忠诚义务、挑战婚姻行为准则的行为予以制裁。只有对这种行为加以制裁才能对其他婚姻家庭中的夫妻起到警示和预防的作用，从而营造一个稳定有序的和谐社会。

综上，依照《中华人民共和国婚姻法》第三十二条、第三十七条、第三十八条、第三十九条、第四十六条、《最高人民法院关于适用〈中华人民共和国婚姻法〉若干问题的解释（三）》第二条之规定，判决：一、原告杨一某与被告高某某离婚；二、婚生女杨二某由原告杨一某直接抚养，被告高某某每月支付子女抚养费 1000 元，原告杨一某为被告高某某每月探视子女一次提供方便，杨三某由被告高某某抚养，抚养费用由被告高某某自行承担；三、河西区解放南路与梅江道交口瑞江花园某室私产房屋归被告高某某所有，房屋剩余贷款由被告高某某偿还，被告高某某于本判决生效之日起十日内给付原告杨一某房屋折价补偿款 269500 元。原告杨一某收到上述款项后须在被告高某某将房屋剩余贷款全部清偿完毕后十日内配合被告高某某办理房屋清贷、注销抵押登记、办理房屋过户等相关手续将房屋过户至被告高某某名下，上述手续所需缴纳全部税、费由被告高某某承担；四、河西区解放南路与梅江道交口瑞江花园某室室内的家具、家电均归被告高某某所有，被告高某某于本判决生效之日起十日内给付原告杨一某财产折价款 2000 元；五、牌照为"津 H 某某"的威志牌小轿车一辆归被告高某某所有，被告高某某于本判决生效之日起十日内给付原告杨一某财产折价款 8000 元；六、原、被告各自名下的住房公积金和养老保险的个人缴存部分归各自所有，被告高某某于本判决生效之日起十日内给付原告杨一某财产折价款 35000 元；七、原告杨一某申请的中德住房储蓄银行的住房储蓄产品项下的权益由原告杨一某享有；八、被告高某某于本判决生效之日起十日内赔偿原告杨一某精神损害赔偿金 50000 元；九、原告杨一某的住房问题自行解决。

上诉人高某某上诉请求：一、撤销原审判决第三项、第八项。二、将案件发回重审或改判河西区解放南路与梅江道交口瑞江花园某室房屋归上诉人所有，房屋剩余贷款由上诉人偿还，上诉人给付被上诉人房屋折价款 42161.54 元，其他部分同意原审判决第三项。三、将案件发回重审或改判驳回被上诉人在原审中所要求的精神损害赔偿的诉讼请求。主要理由：一、就房屋分割问题，原审法院人定双方复合后对房屋的还贷属于共同财产，并认定诉争房屋自 2003 年购买时起的增值部分一并属于夫妻共同财产是错误的，原审法院计算的房屋折价款严重侵害了上诉人的财产权益。二、就精神损害赔偿问题，原审法院认定上诉人"存在婚外情、与他人通奸并生下一子"属于主观评价，是错误的，上诉人与案外异性存在暧昧关系轻于《婚姻法》第四十六条规定的情形，无须给付被上诉人精神损害赔偿。

被上诉人杨一某对上诉人高某某上诉请求的答辩意见：一审认定事实清楚、适用法律正确，同意维持一审判决。主要理由：一、双方虽曾于2007年协议离婚，但实际于2008年年底复合，自2008年年底至2015年1月双方始终共同居住生活，同居期间财产自然发生混同，从物权法的规定来看，诉争房屋始终登记在被上诉人名下，物权并未发生转移，因此，原审结合客观事实及上诉人的过错程度，综合认定的补偿金额符合事实及法律规定，应予维持。二、被上诉人于原审中已提供证据，明确表明上诉人存在婚外情并与其他男子发生性关系，原审法院准许了被上诉人的亲子鉴定申请，而上诉人不予配合，因此，原审法院对亲子关系的认定符合法律规定，原审法院所判决的精神损害赔偿金也有事实及法律依据，应予维持。

本院查明的事实与原审法院查明的事实一致。

本院认为，本案双方当事人均同意离婚，应当依法准予，就双方已达成一致意见的子女抚养及财产分割内容，本院亦予以确认。本案双方仅就河西区解放南路与梅江道交口瑞江花园某室房屋折价款及原审判决的精神损害赔偿金存在争议，本院就此分述如下：

就河西区解放南路与梅江道交口瑞江花园某室室房屋折价款问题，该房屋购于2003年6月17日，首付款56182元，至2007年7月27日双方协议离婚时双方共同确认已还本息80000元，从双方协议离婚至2010年1月29日复婚，双方共同确认杨一某还款22400元、高某某还款20000元，从双方复婚自2015年5月本次离婚诉讼提起时，共同还款75600元，尚欠8333.75元，高某某方主张预估剩余贷款本息合计97000元。原、被告双方均认可该房屋现价值1450000元。因双方均认可在协议离婚后，从2008年年底开始至复婚期间共同居住生活，原审认定该期间双方财产混同的意见是正确的，此期间偿还的房屋贷款以及二人复婚后偿还的房屋贷款均可认定为共同出资，可以视同夫妻共同财产在本次诉讼中进行分割。按杨一某的出资额59000元［（22400+20000+75600）÷2］占房屋总成本比例，考虑房屋增值因素，以及双方婚生女杨二某由杨一某直接抚养的情形，原审法院认定折价款269500元并无明显不当，本院依法予以维持。

就原审判决认定的精神损害赔偿金问题，原审根据当事人的庭审陈述、在案证据及鉴定的申请及未能鉴定的原因推定杨三某非杨一某亲生的意见并无不当，这一情节与《婚姻法》第四十六条规定的情形并不等同，但是，依照《民法通则》第一百二十条、最高人民法院《关于确定民事侵权损害赔偿责任若干问题的解释》第八条之规定，杨一某的精神损害赔偿金的诉讼请求应当予以支持。综上，上诉人高某某的上诉理由不能成立，本院均不予支持。原审法院认定事实清楚，适用法律正确，本院予以维持。依照《中华人民共和国民事诉讼法》第一百七十条第一款第（一）项的规定，判决如下：

驳回上诉，维持原判。

上诉案件受理费 200 元，由上诉人高某某负担。

本判决为终审判决。

参 考 文 献

一、中文专著

1. 程啸：《侵权责任法》，法律出版社 2015 年版。

2. 段匡：《日本的民法解释学》，复旦大学出版社 2004 年版。

3. 费孝通：《乡土中国·生育制度》，北京大学出版社 1998 年版。

4. 何海澜：《善待儿童：儿童最大利益原则及其在教育、家庭、刑事制度中的运用》，中国法制出版社 2016 年版。

5. 胡锦光、韩大元：《中国宪法》，法律出版社 2016 年版。

6. ［德］康德著，沈书平译：《法的形而上学原理》，商务印书馆 1991 年版。

7. 雷磊：《类比法律论证》，中国政法大学出版社 2011 年版。

8. 梁慧星主编：《中国民法典草案建议稿》，法律出版社 2013 年版。

9. 梁慧星：《民法总则讲义》，法律出版社 2018 年版。

10. 龙卫球：《民法总论》，中国法制出版社 2001 年版。

11. ［英］罗森著，石可译：《尊严》法律出版社 2015 年版。

12. ［德］施瓦布著，郑冲译：《民法导论》法律出版社 2006 年版。

13. ［德］施瓦布著，王葆莳译：《德国家庭法》法律出版社 2010 年版。

14. 王利明主编：《中国民法典·人格权法编（草案）建议稿》，法律出版社 2004 年版。

15. 王利明、杨立新、王轶、程啸：《民法学》，法律出版社 2016 年版。

16. 王林清、杨心忠：《侵权纠纷裁判标准与规范》，北京大学出版社 2014 年版。

17. 王泽鉴：《人格权法》，北京大学出版社 2013 年版。

18. 魏振瀛主编：《民法》，北京大学出版社/高等教育出版社 2015 年版。

19. 巫昌祯、夏吟兰：《婚姻家庭法》，中国政法大学出版社 2016 年版。

20. ［日］星野英一著，张丽娟译：《民法中的人》，北京大学出版社 2005 年版。

21. 许崇德：《宪法》，中国人民大学出版社 2007 年版。

22. 徐国栋主编：《绿色民法典草案》，社会科学文献出版社 2004 年版。

23. ［德］雅科布斯，冯军译：《规范·人格体·社会》，法律出版社 2001 年版。

24. 杨立新：《侵权损害赔偿》，法律出版社 2010 年版。

25. 张新宝：《〈中华人民共和国民法总则〉释义》，法律出版社 2017 年版。

26. 郑永流、朱庆育等：《中国法律中的公共利益》，北京大学出版社 2014 年版。

27. 朱庆育：《民法总论》，北京大学出版社 2013 年版。

28. 朱晓峰：《侵权可赔损害类型论》，法律出版社 2017 年版。

29. 最高人民法院民事审判第一庭：《婚姻法司法解释的理解与适用》，中国法制出版社 2002 年版。

二、中文论文

1. 蔡琳：《案例指导制度之"指导"三论》，载《南京大学学报》（哲学社会科学版）2012 年第 4 期。

2. 陈苇、谢京杰：《论儿童最大利益优先原则在我国的确立：兼论〈婚姻法〉等相关法律的不足及其完善》，载《法商研究》2005 年第 5 期。

3. 陈苇、张鑫：《我国离婚损害赔偿制度存废论》，载《河北法学》2015 年第 6 期。

4. 陈现杰：《〈关于确定民事侵权精神损害赔偿责任若干问题的解释〉的理解与适用》，载《人民司法》2001 年第 4 期。

5. 陈兴良：《我国案例指导制度功能之考察》，载《法商研究》2012 年第 2 期。

6. 丁春艳：《"错误出生案件"之损害赔偿责任研究》，载《中外法学》2007 年第 6 期。

7. 范愉：《泸州遗赠案评析——一个法社会学的分析》，《判解研究》

第 2 辑，人民法院出版社 2002 年版。

8. 房绍坤、郑倩：《关于继父母子女之间继承权的合理性思考》，载《社会科学战线》2014 年第 6 期。

9. 冯源：《论儿童最大利益原则的尺度：新时代背景下亲权的回归》，载《河北法学》2014 年第 6 期。

10. 冯源：《儿童监护事务的国家干预标准：以儿童最大利益原则为基础》，载《北京社会科学》2016 年第 3 期。

11. ［日］高桥和之，陈道英译：《"宪法上人权"的效力不及于私人间——对人权第三人效力上的"无效力说"的再评价》，载《财经法学》2018 年第 5 期。

12. 高勇、贺昕：《论体外胚胎的法律地位及其物权保护——兼评冷冻胚胎争夺案》，载《黑龙江政法管理干部学院学报》2015 年第 5 期。

13. 顾薛磊、张婷婷：《论我国继父母子女形成抚养关系的认定标准》，载《青少年犯罪问题》2014 年第 4 期。

14. 韩跃红：《生命伦理学语境中人的尊严》，载《伦理学研究》2015 年第 1 期。

15. ［日］加藤一郎，梁慧星译：《民法学的解释与利益衡量》，《民商法论丛》第 2 卷，法律出版社 1995 年版。

16. 蒋舸：《反不正当竞争法一般条款的形式功能与实质功能》，载《法商研究》2014 年第 6 期。

17. ［德］赖希著，金晶译：《论欧洲民法的比例原则》，载《财经法学》2016 年第 3 期。

18. 雷磊：《法律推理基本形式的结构分析》，载《法学研究》2009 年第 4 期。

19. 雷磊：《指导性案例法源地位再反思》，载《中国法学》2015 年第 1 期。

20. 李海平：《基本权利间接效力理论批判》，载《当代法学》2016 年第 4 期。

21. 李海昕：《胎儿权益的民法保护》，载《人民司法·应用》2009 年第 24 期。

22. 李燕、金根林：《冷冻胚胎的权利归属及权利行使规则研究》，载《人民司法·应用》2014 年第 13 期。

23. 李志强：《代孕生育的民法调整》，载《山西师大学报》（社会科学版）2011 年第 3 期。

24. 梁慧星：《市场经济与公序良俗原则》，《民商法论丛》第 1 卷，法律出版社 1994 年版。

25. 梁上上：《异质利益的公度性难题及其求解：以法律适用为场域展开》，载《政法论坛》2014 年第 4 期。

26. 刘士国：《中国胚胎诉讼第一案评析及立法建议》，载《当代法学》2016 年第 2 期。

27. 刘颖：《论民法中的国家政策——以〈民法通则〉第 6 条为中心》，载《华东政法大学学报》2014 年第 6 期。

28. 满洪杰：《人类胚胎的民法地位刍议》，载《山东大学学报》（哲学社会科学版）2008 年第 6 期。

29. 马强：《论生育权——以侵害生育权的民法保护为中心》，载《政治与法律》2013 年第 6 期。

30. 马忆南：《夫妻生育权冲突解决模式》，载《法学》2010 年第 12 期。

31. 潘皞宇：《以生育权冲突理论为基础探寻夫妻间生育权的共有属性》，载《法学评论》2012 年第 1 期。

32. 瞿灵敏：《体源者身故后遗留胚胎的法律属性及处置规则：宜兴冷冻胚胎继承纠纷案评释》，载《财经法学》2015 年第 2 期。

33. ［日］山本敬三，解亘译：《民法中的动态系统论》，《民商法论丛》第 23 卷，金桥文化出版有限公司 2003 年版。

34. 石春玲：《财产权对人格权的积极索取与主动避让》，载《河北法学》2010 年第 9 期。

35. 史浩明：《论除斥期间》，载《法学杂志》2004 年第 4 期。

36. 孙国祥：《从柔性参考到刚性参照的嬗变——以"两高"指导性案例拘束力的规定为视角》，载《南京大学学报》（哲学社会科学版），2012 年第 3 期。

37. 孙良国：《夫妻间冷冻胚胎处理难题的法律解决》，载《国家检察官学院学报》2015 年第 1 期。

38. 孙若军：《父母离婚后的子女监护问题研究》，载《法学家》2005 年第 6 期。

39. 孙维飞：《通奸与干扰婚姻关系之损害赔偿》，载《华东政法大学学报》2013 年第 3 期。

40. 王晨、艾连北：《再论生育权》，载《当代法学》2003 年第 1 期。

41. 王葆莳：《儿童最大利益原则在德国家庭法中的实现》，载《德国研究》2013 年第 4 期。

42. 王利明：《人格权法中的人格尊严价值及其实现》，载《清华法学》2013 年第 5 期。

43. 王文宇：《商事契约的解释：模拟类推与经济分析》，载《中外法学》2014 年第 4 期。

44. ［德］维尔伯格著，李昊译：《私法领域内动态体系的发展》，载《苏州大学学报》（法学版）2015 年第 4 期。

45. 夏吟兰：《论婚姻家庭法在民法典体系中的相对独立性》，载《法学论坛》2014 年第 4 期。

46. 解亘：《第三人干扰婚姻关系的民事责任》，载《华东政法大学学报》2013 年第 3 期。

47. 解亘、班天可：《被误解和被高估的动态体系论》，载《法学研究》2017 年第 2 期。

48. 徐海燕：《论体外早期人类胚胎的法律地位及处分权》，载《法学论坛》2014 年第 4 期。

49. 徐国栋：《体外受精胚胎的法律地位研究》，载《法制与社会发展》2005 年第 5 期。

50. 薛军：《干扰婚姻关系的损害赔偿》，载《华东政法大学学报》2013 年第 3 期。

51. 杨力：《基于利益衡量的裁判规则的形成》，载《法商研究》2012 年第 1 期。

52. 杨立新：《一份标志人伦与情理胜诉的民事判决——人的体外胚胎权属争议案二审判决释评》，载《法律适用》2014 年第 11 期。

53. 杨立新：《中华人民共和国民法总则（草案）建议稿》，载《河南财经政法大学学报》2015 年第 2 期。

54. 叶名怡：《法国法上通奸第三者的侵权责任》，载《华东政法大学学报》2013 年第 3 期。

55. 于飞：《侵权法中权利与利益的区分方法》，载《法学研究》2011 年第 4 期。

56. 于文豪：《基本权利》，江苏人民出版社 2016 年版。

57. 于晓：《论干扰婚姻关系的侵害客体》，载《山东社会科学》2011 年第 1 期。

58. 张骐：《论类似案件应当类似审判》，载《环球法律评论》2014年第3期。

59. 张红：《错误出生的损害赔偿责任》，载《法学家》2011年第6期。

60. 张红：《论国家政策作为民法法源》，载《中国社会科学》2015年第12期。

61. 张红：《道德义务法律化》，载《中外法学》2016年第1期。

62. 张鸿巍：《儿童福利视野下的少年司法路径选择》，载《河北法学》2011年第12期。

63. 张明楷：《故意伤害罪探疑》，载《中国法学》2001年第3期。

64. 张善斌、李雅男：《人类胚胎的法律地位及胚胎立法的制度构建》，载《科技与法律》2014年第2期。

65. 张圣斌、范莉、庄绪龙：《人体冷冻胚胎监管、处置权归属的认识》，载《法律适用》2014年第11期。

66. 《中外法学》编辑部：《中国民法学发展评价（2012～2013）》，载《中外法学》2015年第2期。

67. 张学军：《试论继父母子女关系》，载《吉林大学社会科学学报》2002年第3期。

68. 张作华、徐小娟：《生育权的性别冲突与男性生育权的实现》，载《法律科学》2007年第2期。

69. 赵文杰：《第三人侵扰婚姻关系法律问题的比较研究》，载《华东政法大学学报》2013年第3期。

70. 赵英男：《整全法是一种反思平衡吗？——德沃金法律理论与罗尔斯方法论的比较分析》，载《财经法学》2018年第4期。

71. 郑永流：《道德立场与法律技术——中德情妇遗嘱案的比较和评析》，载《中国法学》2008年第4期。

72. 周华：《论类型化视角下体外胚胎之法律属性》，载《中南大学学报》（社会科学版）2015年第3期。

73. 周详：《胎儿"生命权"的确认与刑法保护》，载《法学》2012年第8期。

74. 周永坤：《丈夫生育权的法理问题研究》，载《法学》2014年第12期。

75. 朱川、谢建平：《代孕子女身份的法律认定》，载《科技与法律季刊》2001年第3期。

76. 朱苏力：《用法的观点看婚姻》，载《法制资讯》2014 年第 5 期。

77. 朱晓峰：《论德国收养法上的最佳利益标准与同性伴侣的共同收养》，载《民商法论丛》第 53 卷，法律出版社 2013 年版。

78. 朱晓峰：《作为一般人格权的人格尊严权——以德国侵权法中的一般人格权为参照》，载《清华法学》2014 年第 1 期。

79. 朱晓峰：《论德国未成年人收养最大利益原则及界定标准》，载《预防青少年犯罪研究》2014 年第 2 期。

80. 朱晓峰：《论德国法上的营业权规则及其对我国的启示》，载《政治与法律》2016 年第 6 期。

81. 朱晓峰：《非法代孕与未成年人最大利益原则的实现》，载《清华法学》2017 年第 1 期。

82. 朱晓喆、徐刚：《民法上生育权的表象与本质》，载《法学研究》2010 年第 5 期。

83. 最高人民法院民一庭：《为婚外情调查合同支出的费用不属于婚姻法第 46 条规定的"损害赔偿"范畴》，载《民事审判指导与参考》2009 年第 36 辑。

三、外文专著

1. Basil S. Markesinis/Hannes Unberath, *The German Law of Torts: A Comparative Treatise*, 4th. Hart Publishing, 2002.

2. Beccaria, On Crimes and Punishments and Other Writings, 中国政法大学出版社 2003 年版。

3. Boos – Hersberger, Die Stellung des Stiefelterntielsim Kindsrechtbei Aufloesung der Stieffamilieimamerikanischen und imschweizerischenRecht, Helbing Lichtenhahn, 2000.

4. Christian Starck, Das Bonner Grundgesetz Kommentar, Bd. 1, Fran Valen, 1999.

5. Christian v. Bar, Gemeineuropäisches Deliktsrecht, Bd. 2, C. H. Beck, 1999.

6. D. Medicus/S. Lorenz, Schuldrecht Ⅰ – Allgemeiner Teil, 19. Aufl. , C. H. Beck, 2010.

7. D. Schwab Hrsg. , Münchener Kommentar zum Bürgerlichen Gesetz-

buch, Band 8, Familienrecht Ⅱ: §§ 1589 – 1921, C. H. Beck, 2008.

8. Dworkin, *Law's Empire*. The Belknap Press of Harvard University Press, 1986.

9. F. J. Säcker/R. RixeckerHrsg. , Münchener Kommentarzum Bürgerliches Gesetzbuch: Schuldrecht Besonderer Teil Ⅲ, Band 5, C. H. Beck, 2009.

10. Hans – Martin Pawlowski, Methodenlehre für Juristen: Theorie der Norm und des Gesetzes, C. F. Müller Verlag, 1999.

11. J. Hager, J. von Staudingers Kommentar zum Bürgerliches Gesetzbuch mit Einführungsgesetz und Nebengesetzen, Buch 2. Recht der Schuldverhältnisse §§ 823 – 825, Sellier de Gruyter, 1999.

12. J. Goldstein, Anna Freud, Albert J. Solnit, Before the Best interests of the Child, The Free Press, 1979.

13. Lynn D. Wardle, Laurence C. Nolan, Fundmental Principles of Family Law, William S. Hein & Co. , 2002.

14. Neil Duxbury, *Patterns of American Jurisprudence.* Oxford University Press, 1997.

15. O. W. Holmes, *The Common Law.* LondonMacmillan & Co, 1882.

16. R. Frank, J. von Staudingers Kommentar zum Bürgerliches Gesetzbuch mit Einführungsgesetz und Nebengesetzen, Buch 4. Familienrecht §§ 1741 – 1772, Sellier de Gruyter, 2001.

17. R. Westerhoff, Die Elemente des beweglichen Systems, Duncker und Humblot, 1991.

18. R. Zimmermann, The Law of Obligations: Roman Foundation of the Civil Law Tradition, Juta, Cape Town/Johnnesburg, 1996.

19. S. Katz/J. Eekelaar, Mavis Maclean, Cross Currents – Family Law and Policy in the United States and England, Oxford University Press, 2000.

20. W. Oeschger, Die Pflege-und Adoptivkinderversorgung: eine psychologisch-heilpädagogische Studie, Schweiz Unversitätsverlag, 1957.

四、判 决

（一）最高人民法院

1. 王某钦诉杨某胜、泸州市汽车二队交通事故损害赔偿纠纷案，《中华人民共和国最高人民法院公报》2006 年第 3 期。

2. 李某华、范某诉范某业、滕某继承纠纷案，《中华人民共和国最高人民法院公报》2006 年第 7 期。

3. 张某与镇江市姚桥镇迎北村村民委员会生命权、健康权、身体权纠纷案，《中华人民共和国最高人民法院公报》2015 年第 8 期。

4. 唐某诉李某某、唐某乙法定继承纠纷案，《中华人民共和国最高人民法院公报》2014 年第 12 期。

（二）地方人民法院

1. 安徽省霍邱县人民法院（2013）霍民一初字第 02055 号民事判决书。

2. 安徽省宿州市中级人民法院（2013）宿中民三终字第 00626 号民事判决书。

3. 安徽省合肥市中级人民法院（2014）合民一终字第 00418 号民事判决书。

4. 安徽省广德县人民法院（2014）广民一初字第 02423 号民事判决书。

5. 安徽省宿州市中级人民法院（2015）宿中民三终字第 00174 号民事判决书。

6. 安徽省黄山市中级人民法院（2016）皖 10 民终 170 号民事判决书。

7. 北京市丰台区人民法院（2013）丰民初字第 06178 号民事判决书。

8. 北京市通州区人民法院（2013）通民初字第 13520 号民事判决书。

9. 北京市丰台区人民法院（2013）丰民初字第 15473 号民事判决书。

10. 北京市海淀区人民法院（2013）海民初字第 23318 号民事判决书。

11. 北京市西城区人民法院（2014）西民初字第 01568 号民事判决书。

12. 北京市丰台区人民法院（2014）丰民初字第 03935 号民事判决书。

13. 北京市顺义区人民法院（2014）顺民初字第 04896 号民事判决书。

14. 北京市通州区人民法院（2014）通民初字第 07428 号民事判决书。

15. 北京市石景山区人民法院（2014）石民初字第 9030 号民事判决书。

16. 北京市西城区人民法院（2014）西民初字第 13924 号民事判决书。

17. 北京市海淀区人民法院（2014）海民初字第 21446 号民事判决书。

18. 北京市第一中级人民法院（2014）一中民终字第 3455 号民事判决书。

19. 北京市第二中级人民法院（2014）二中民终字第 04725 号民事判决书。

20. 北京市第一中级人民法院（2014）一中民终字第 09836 号民事判决书。

21. 北京市第二中级人民法院（2014）二中民终字第 10092 号民事判决书。

22. 北京市怀柔区人民法院（2015）怀民初字第 01237 号民事判决书。

23. 北京市昌平区人民法院（2015）昌民初字第 6490 号民事判决书。

24. 北京市延庆区人民法院（2015）延民初字第 06940 号民事判决书。

25. 北京市第二中级人民法院（2015）二中民终字第 00764 号民事判决书。

26. 北京市第二中级人民法院（2015）二中民终字第 02363 号民事判决书。

27. 北京市第三中级人民法院（2015）三中民终字第 04361 号民事判决书。

28. 北京市第二中级人民法院（2015）二中民终字第 10801 号民事判决书。

29. 北京市第二中级人民法院（2015）二中民终字第 12469 号民事判决书。

30. 北京市第三中级人民法院（2015）三中民终字第 13889 号民事判决书。

31. 北京市第三中级人民法院（2018）京三中民终字第 5013 号民事判决书。

32. 重庆市石柱土家族自治县人民法院（2010）石法民初字第 864 号民事判决。

33. 重庆市沙坪坝区人民法院（2010）沙法民初字第 7148 号民事判决书。

34. 重庆市第四中级人民法院（2010）渝四中法民终字第 518 号民事判决书。

35. 重庆市第五中级人民法院（2014）渝五中法民申字第 199 号民事裁定书。

36. 重庆市第一中级人民法院（2014）渝一中法民终字第 00423 号民事判决书。

37. 重庆市第五中级人民法院（2014）渝五中法少民终字第 05039 号民事判决书。

38. 重庆市第五中级人民法院（2015）渝五中法少民终字第 07041 号民事判决书。

39. 福建省厦门市思明区人民法院（2013）思民初字第 6037 号民事判决书。

40. 福建省龙岩市永定县人民法院（2014）永民初字第 135 号民事判决书。

41. 福建省龙岩市中级人民法院（2014）岩民终字第 564 号民事判决书。

42. 福建省福州市中级人民法院（2014）榕民终字第 2536 号民事判决书。

43. 福建省福州市长乐市人民法院（2015）长民初字第 3983 号民事判决书。

44. 福建省福州市中级人民法院（2016）闽 01 民终 425 号民事判决书。

45. 甘肃省庆阳市环县人民法院（2014）环民初字第 484 号民事判决书。

46. 甘肃省庆阳市中级人民法院（2014）庆中民终字第 486 号民事判决书。

47. 甘肃省庆阳市中级人民法院（2015）庆中民终字第 44 号民事判决书。

48. 甘肃省兰州市中级人民法院（2016）兰中民终字第 112 号民事判决书。

49. 广东省佛山市中级人民法院（2004）佛中法民一终字第 778 号民事判决书。

50. 广东省佛山市中级人民法院（2006）佛中法民一终字第 808 号民事判决书。

51. 广东省深圳市中级人民法院（2011）深中法民一终字第 663 号民事判决书。

52. 广东省深圳市龙岗区人民法院（2013）深龙法横民初字第 1225 号民事判决书。

53. 广东省韶关市曲江区人民法院（2014）曲法民一初字第 991 号民事判决书。

54. 广东省惠州市中级人民法院（2014）惠中法民四终字第 194 号民事判决书。

55. 广东省梅州市中级人民法院（2014）梅中法民一终字第 320 号民事判决书。

56. 广东省深圳市中级人民法院（2014）深中法民终字第 1244 号民事判决书。

57. 广东省深圳市中级人民法院（2014）深中法民终字第 1851 号民事判决书。

58. 广东省深圳市中级人民法院（2014）深中法民终字第 2171 号民事判决书。

59. 广东省广州市中级人民法院（2014）穗中法民一终字第 2810 号民事判决书。

60. 广东省佛山市中级人民法院（2014）佛中法民一终字第 3012 号民事判决书。

61. 广东省鹤山市人民法院（2015）江鹤法民二初字第 12 号民事判决书。

62. 广东省湛江市遂溪县人民法院（2015）湛遂法民初字第 30 号民事判决书。

63. 广东省深圳市宝安区人民法院（2015）深宝法少民初字第 393 号民事判决书。

64. 广东省江门市中级人民法院（2015）江中法民一终字第 25 号民事判决书。

65. 广东省惠州市中级人民法院（2015）惠中法民一终字第 483 号民事判决书。

66. 广东省广州市中级人民法院（2015）穗中法民一终字第 6014 号民事判决书。

67. 广东省湛江市中级人民法院（2015）湛中法民一终字第 742 号民事判决书。

68. 广东省河源市中级人民法院（2015）河中法民一终字第 697 号民事判决书。

69. 广东省广州市中级人民法院（2016）粤 01 民再 131 号民事判决书。

70. 广东省深圳市中级人民法院（2016）粤 03 民终 552 号民事判决书。

71. 广西壮族自治区大化瑶族自治县人民法院（2005）大民初字第 41 号民事判决书。

72. 广西壮族自治区崇左市江州区人民法院（2012）江民初字第 739 号民事判决书。

73. 广西壮族自治区桂林市象山区人民法院（2012）象民初字第 348 号民事判决书。

74. 广西壮族自治区柳州市柳南区人民法院（2014）南民初一字第2134号民事判决书。

75. 广西壮族自治区南宁市中级人民法院（2014）南市民一终字第1101号民事判决书。

76. 广西壮族自治区贺州市人民法院（2015）贺民一终字第10号民事判决书。

77. 广西壮族自治区玉林市玉州区人民法院（2016）桂0902民初2875号民事判决书。

78. 广西壮族自治区玉林市中级人民法院（2017）桂09民终53号民事判决书。

79. 贵州省铜仁市思南县人民法院（2014）思民初字第890号民事判决书。

80. 贵州省六盘水市中级人民法院（2014）黔六中民终字第798号民事判决书。

81. 贵州省贵阳市中级人民法院（2015）筑民三终字第267号民事判决书。

82. 贵州省黔西南布依族苗族自治州中级人民法院（2017）黔23民终594号民事判决书。

83. 河北省邯郸市中级人民法院（2013）邯市民一终字第25号民事判决书。

84. 河北省石家庄市中级人民法院（2013）石民一终字第00249号民事判决书。

85. 河北省高级人民法院（2013）冀民申字第1219号民事裁定书。

86. 河北省衡水市中级人民法院（2014）衡民一终字第376号民事判决书。

87. 河北省廊坊市中级人民法院（2015）廊中民一终字第351号民事判决书。

88. 河北省沧州市任丘市人民法院（2016）冀0982民初695号民事判决书。

89. 河北省沧州市中级人民法院（2016）冀09民终3716号民事判决书。

90. 河北省邢台市中级人民法院（2016）冀05民终433号民事判决书。

91. 河南省焦作市中级人民法院（2008）焦民终字第1213号民事判决书。

92. 河南省安阳市中级人民法院（2009）安民二终字第 296 号民事判决书。

93. 河南省商丘市梁园区人民法院（2009）商梁民初字第 1741 号民事判决书。

94. 河南省安阳市中级人民法院（2009）安民二终字第 296 号民事判决书。

95. 河南省安阳市中级人民法院（2010）安民一终字第 582 号民事判决书。

96. 河南省南阳市西峡县人民法院（2011）西城民初字第 44 号民事判决书。

97. 河南省安阳市滑县人民法院（2011）滑民初字第 119 号民事判决书。

98. 河南省漯河市舞阳县人民法院（2011）舞民初字第 600 号民事判决书。

99. 河南省安阳市中级人民法院（2011）安民一终字第 306 号民事判决书。

100. 河南省商丘市中级人民法院（2011）商民终字第 109 号民事判决书。

101. 河南省南阳市中级人民法院（2011）南民终字第 297 号民事判决书。

102. 河南省郑州市荥阳市人民法院（2013）荥崔民初字第 2 号民事判决书。

103. 河南省新乡市中级人民法院（2013）新中民四终字第 418 号民事判决书。

104. 河南省周口市中级人民法院（2013）周民终字第 1053 号民事判决书。

105. 河南省信阳市中级人民法院（2013）信中法民终字第 1646 号民事判决书。

106. 河南省孟州市人民法院（2014）孟民二初字第 00061 号民事判决书。

107. 河南省周口市沟县人民法院（2014）扶民初字第 612 号民事判决书。

108. 河南省唐河县人民法院（2014）唐民一初字第 1700 号民事判决书。

109. 河南省周口市中级人民法院（2014）周民终字第1880号民事判决书。

110. 河南省郑州市中级人民法院（2014）郑民一终字第1412号民事判决书。

111. 河南省信阳市光山县人民法院（2015）光民初字第01679号民事判决书。

112. 河南省新乡市中级人民法院（2015）新中民四终字第236号民事判决书。

113. 河南省焦作市中级人民法院（2015）焦民三终字第00346号民事判决书。

114. 河南省信阳市光山县人民法院（2016）豫1522民初550号民事判决书。

115. 河南省南阳市中级人民法院（2016）豫13民终66号民事判决书。

116. 河南省平顶山市中级人民法院（2016）豫04民终537号民事判决书。

117. 河南省信阳市中级人民法院（2016）豫15民终517号民事判决书。

118. 河南省南阳市中级人民法院（2016）豫13民终1341号民事判决书。

119. 黑龙江省哈尔滨市中级人民法院（2015）哈民二民终字第689号民事判决书。

120. 黑龙江省伊春市中级人民法院（2016）黑07民终27号民事判决书。

121. 黑龙江省齐齐哈尔市中级人民法院（2017）黑02民终2452号民事判决书。

122. 湖北省武汉市江岸区人民法院（2014）鄂江岸民初字第00136号民事判决书。

123. 湖北省孝感市孝昌县人民法院（2014）鄂孝昌民初字第00235号民事判决书。

124. 湖北省孝感市中级人民法院（2014）鄂孝感中民一终字第00255号民事判决书。

125. 湖北荆州市中级人民法院（2014）鄂荆州中民二终字第00335号民事判决书。

126. 湖北省高级人民法院（2014）鄂民监二再终字第00024号民事

判决书。

127. 湖北省荆州市中级人民法院（2015）鄂荆州中民一终字第00135号民事判决书。

128. 湖北省荆门市中级人民法院（2015）鄂荆门中民一终字第00263号民事判决书。

129. 湖北省随州市中级人民法院（2015）鄂随州中民一终字第00279号民事判决书。

130. 湖北省襄阳市中级人民法院（2015）鄂襄阳中民一终字第00546号民事判决书。

131. 湖北省十堰市中级人民法院（2016）鄂03民终1129号民事判决书。

132. 湖南省衡阳市石鼓区人民法院（2010）石民一初字第127号民事判决书。

133. 湖南省衡阳市中级人民法院（2011）衡中法民一终字第41号民事判决书。

134. 湖南省衡阳市中级人民法院（2011）衡中法民一终字第442号民事判决书。

135. 湖南省长沙市中级人民法院（2013）长中民未终字第0271号民事判决书。

136. 湖南省永州市冷水滩区人民法院（2014）永冷民初字第657号民事判决书。

137. 湖南省新宁县人民法院（2014）宁民一初字第1207号民事判决书。

138. 湖南省永州市中级人民法院（2014）永中法民一终字第239号民事判决书。

139. 湖南省永州市中级人民法院（2015）永中法民二终字第100号民事判决书。

140. 湖南省岳阳市中级人民法院（2015）岳中民一终字第100号民事判决书。

141. 湖南省怀化市中级人民法院（2015）怀中民一终字第638号民事判决书。

142. 湖南省长沙市中级人民法院（2015）长中民一终字第03045号民事判决书。

143. 湖南省长沙市中级人民法院（2015）长中民未终字第06552号

民事判决书。

144. 湖南省湘西土家族苗族自治州凤凰县人民法院（2017）湘3123民初480号民事判决书。

145. 湖南省湘西土家族苗族自治州中级人民法院（2017）湘31民终671号民事判决书。

146. 吉林省吉林市中级人民法院（2014）吉中民一终字第502号民事判决书。

147. 吉林省白山市中级人民法院（2016）06民终106号民事判决书。

148. 吉林省延边朝鲜族自治州中级人民法院（2016）吉24民终110号民事判决书。

149. 江苏省南京市六合县人民法院（2000）六民初字第731号民事判决书。

150. 江苏省常熟市人民法院（2014）熟虞少民初字第0027号民事判决书。

151. 江苏省无锡市北塘区人民法院（2014）北民初字第0704号民事判决书。

152. 江苏省无锡市中级人民法院（2014）锡民终字第2011号民事判决书。

153. 江苏省苏州市中级人民法院（2014）苏中民终字第3714号民事判决书。

154. 江苏省连云港市中级人民法院（2014）连民申字第0004号民事判决书。

155. 江苏省连云港市中级人民法院（2015）连少民终字第00161号民事判决书。

156. 江苏省苏州市中级人民法院（2015）苏中少民终字第00008号民事判决书。

157. 江苏省徐州市沛县人民法院（2015）沛大民初字第0584号民事判决书。

158. 江苏省徐州市中级人民法院（2015）徐民终字第03082号民事判决书。

159. 江苏省淮安市中级人民法院（2015）淮中民终字第00602号民事判决书。

160. 江苏省泰州市中级人民法院（2016）苏12民终1042号民事判

决书。

161. 江苏省无锡市中级人民法院（2017）苏 02 民终 3978 号民事判决书。

162. 江西省赣州市章贡区初级人民法院（2008）章民三初字第 580 号民事判决书。

163. 江西省赣州市中级人民法院（2008）赣中民三终字第 314 号民事判决书。

164. 江西省赣州市中级人民法院（2015）赣中民三终字第 947 号民事判决书。

165. 辽宁省沈阳市铁西区人民法院（2014）沈铁西少民初字第 102 号民事判决书。

169. 辽宁省凌海市人民法院（2014）凌海行初字第 00001 号行政判决书。

167. 辽宁省鞍山市千山区人民法院（2014）鞍千二初字第 96 号民事判决书。

168. 辽宁省大连市中级人民法院（2014）大审民再终字第 73 号民事判决书。

169. 辽宁省沈阳市中级人民法院（2014）沈中少民终字第 00116 号民事判决书。

170. 辽宁省本溪市中级人民法院（2014）本民三终字第 00110 号民事判决书。

171. 辽宁省沈阳市中级人民法院（2015）沈中少民终字第 00030 号民事判决书。

172. 辽宁省沈阳市中级人民法院（2015）沈中少民终字第 00033 号民事判决书。

173. 辽宁省丹东市中级人民法院（2015）丹民一终字第 00389 号民事判决书。

174. 辽宁省铁岭市开原市人民法院（2015）开老民三初字第 00073 民事判决书。

175. 辽宁省大连市中级人民法院（2015）大民一终字第 468 号民事判决书。

176. 辽宁省锦州市凌河区人民法院（2016）辽 0703 民初 291 号民事判决书。

177. 辽宁省铁岭市中级人民法院（2016）辽 12 民终 336 号民事判决书。

178. 辽宁省锦州市中级人民法院（2016）辽 07 民终 1795 号民事判决书。

179. 内蒙古自治区扎兰屯市人民法院（2013）扎民初字第 137 号民事判决书。

180. 内蒙古自治区开鲁县人民法院（2014）开民初字第 1140 号民事判决书。

181. 宁夏回族自治区银川市金凤区人民法院（2013）金民初字第 1292 号民事判决书。

182. 宁夏回族自治区银川市兴庆区人民法院（2017）宁 0104 民初 2499 号民事判决书。

183. 宁夏回族自治区银川市中级人民法院（2017）宁 01 民终 1706 号民事判决书。

184. 青海省西宁市中级人民法院（2016）青 01 民终 298 号民事判决书。

185. 山东省济南市长清区人民法院（2013）长民初字第 2363 号民事判决书。

186. 山东省烟台市中级人民法院（2013）烟行终字第 5 号行政判决书。

187. 山东省青岛市中级人民法院（2014）青少民终字第 45 号民事判决书。

188. 山东省济南市中级人民法院（2014）济民五终字第 78 号民事判决书。

189. 山东省临沂市中级人民法院（2014）临民一终字第 351 号民事判决书。

190. 山东省菏泽市中级人民法院（2015）菏少民终字第 23 号民事判决书。

191. 山东省济南市天桥区人民法院（2015）天少民初字第 27 号民事判决书。

192. 山东省济南市中级人民法院（2015）济少民终字第 138 号民事判决书。

193. 山东省胶州市人民法院（2015）胶少民初字第 152 号民事判决书。

194. 山东省日照市中级人民法院（2015）日民一终字第 392 号民事判决书。

195. 山东省滨州市中级人民法院（2016）鲁 16 民终 610 号民事判决书。

196. 山东省德州市中级人民法院（2017）鲁 14 民终 1570 号民事判决书。

197. 山东省德州市中级人民法院（2017）鲁 14 民终 1579 号民事判决书。

198. 山西省吕梁市中级人民法院（2015）吕民一终字第 730 号民事判决书。

199. 山西省吕梁市中级人民法院（2015）吕民一终字第 1044 号民事判决书。

200. 山西省运城市中级人民法院（2015）运中民终字第 2075 号民事判决书。

201. 山西省阳泉市中级人民法院（2016）阳中民终字第 147 号民事判决书。

202. 陕西省榆林市靖边县人民法院（2013）靖民初字第 02609 号民事判决书。

203. 陕西省榆林市中级人民法院（2014）榆中民一终字第 00062 号民事判决书。

204. 陕西省咸阳市渭城区人民法院（2015）渭民初字第 00420 号民事判决书。

205. 陕西省咸阳市中级人民法院（2015）咸中民终字第 01033 号民事判决书。

206. 上海市第二中级人民法院（2010）沪二中民一（民）终字第 1730 号民事判决书。

207. 上海市嘉定区人民法院（2013）嘉民一民初字第 6405 号民事判决书。

208. 上海市第二中级人民法院（2013）沪二中民一民再字第 3 号民事判决书。

209. 上海市闵行区人民法院（2014）闵民一民初字第 12571 号民事判决书。

210. 上海市闵行区人民法院（2015）闵少民初字第 2 号民事判决书。

211. 上海市第二中级人民法院（2015）沪二中少民终字第 37 号民事判决书。

212. 上海市第一中级人民法院（2015）沪一中民一民终字第 897 号民事判决书。

213. 上海市第一中级人民法院（2015）沪一中少民终字第56号民事判决书。

214. 四川省成都市中级人民法院（2008）成民终字第296号民事判决书。

215. 四川省成都市金牛区人民法院（2012）金牛民初字第65666566－1号民事判决书。

216. 四川省南充市顺庆区人民法院（2013）顺庆民初字第828号民事判决书。

217. 四川省宜宾市翠屏区人民法院（2013）翠屏民初字第1209号民事判决书。

218. 四川省宜宾市中级人民法院（2013）宜民终字第872号民事判决书。

219. 四川省成都市中级人民法院（2013）成民终字第3997号民事判决书。

220. 四川省华蓥市人民法院（2014）华蓥民初字第966号民事判决书。

221. 四川省绵阳市梓潼县人民法院（2015）梓民初字第1324号民事判决书。

222. 四川省绵阳市中级人民法院（2015）绵民终字第2565号民事判决书。

223. 四川省南充市阆中市人民法院（2015）阆民初字第1512号民事判决书。

224. 天津市第二中级人民法院（2015）二中民一终字第1128号民事判决书。

225. 新疆维吾尔自治区克拉玛依市中级人民法院（2015）克中法民申字第7号民事裁定书。

226. 新疆生产建设兵团第八师中级人民法院（2015）兵八民一终字第521号民事判决书。

227. 云南省昆明市五华区人民法院（2006）五法西民初字第487号民事判决书。

228. 云南省昆明市中级人民法院（2007）昆民三终字第854号民事判决书。

229. 云南省昆明市中级人民法院（2014）昆民二终字第1374号民事判决书。

230. 浙江省余姚市人民法院（2006）余民一初字第1633号民事判决书。

231. 浙江省宁波市中级人民法院（2009）浙甬民一终字第760号民事判决书。

232. 浙江省绍兴市中级人民法院（2010）浙绍民终字第917号民事判决书。

233. 浙江省嘉兴市中级人民法院（2011）浙嘉民终字第42号民事判决书。

234. 浙江省宜兴市人民法院（2013）宜民初字第2729号民事判决书。

235. 浙江省台州市黄岩区人民法院（2014）台黄民初字第839号民事判决书。

236. 浙江省杭州市中级人民法院（2014）浙杭民终字第28号民事判决书。

237. 浙江省杭州市中级人民法院（2014）浙杭民终字第39号民事判决书。

238. 浙江省无锡市中级人民法院（2014）锡民终字第01235号民事判决书。

239. 浙江省金华市中级人民法院（2014）浙金民终字第1392号民事判决书。

240. 浙江省温州市中级人民法院（2014）浙温民终字第1632号民事判决书。

241. 浙江省东阳市人民法院（2015）东民初字第197号民事判决书。

242. 浙江省绍兴市中级人民法院（2015）浙绍民终字第2023号民事判决书。